Ernst Meckelburg

Zeittunnel

Reisen an den Rand der Ewigkeit

WILHELM HEYNE VERLAG
MÜNCHEN

HEYNE SACHBUCH
Nr. 19/264

Bildnachweis

Aldus Archiv: 25. Archiv Autor: 13, 26, 27. Archiv für Kunst und Geschichte und VG Bild/Kunst: 6. dpa 5, 19, 21. Fluggesellschaft für Geodäsie, Geologie, Geophysik: 28. Giovetti, Dr. Paola: 7, 8. Hatsed, John B.: 14. Jahn, Robert G., Dunne, Brenda J., Princeton University: 17, 18. Janet & Colin Bord Photographic Library: 12, 23, Vor- und Nachsatz. Lucci, James: 9. Petersen's PhotoGrapic Magazine: 10. Schneider, Adolf: 11. Senkowski, Ernst: 15. The American Physical Society: 24. UPI: 20. Wächter, Ernst: 28. Walter-Verlag: 1, 2, 3, 4. Wenzel, Martin: 16.

Ungekürzte Taschenbuchausgabe
im Wilhelm Heyne Verlag GmbH & Co. KG, München
Copyright © 1991 by Albert Langen/Georg Müller Verlag
in der F. A. Herbig Verlagsbuchhandlung GmbH, München
Printed in Germany 1993
Umschlagfoto: ZEFA Zentrale Farbbild Agentur GmbH,
Düsseldorf/M. Tomalty
Umschlaggestaltung: Atelier Adolf Bachmann, Reischach
Satz: Filmsatz Schröter GmbH, München
Druck und Verarbeitung: Ebner Ulm

ISBN 3-453-06527-1

Dank

Dieses Buch widme ich allen meinen Freunden und Mitstreitern, all jenen, die – vom Außergewöhnlichen fasziniert – aufgebrochen sind, neue Horizonte abzustecken: Lt. Col. ret. Thomas E. Bearden, Flugabwehrspezialist; Professor David Bohm, Universität London; Gordon Creighton, Fellow of the Royal Geographical Society; Dr. Reinmar Cunis, ARD-Projektgruppenleiter (†); Erich v. Däniken, Autor; Professor David Deutsch, Universität Oxford; Dr. Larry Dossey, American Medical Association; Dr. Brenda Dunne, Princeton University; Dr. Ed Fredkin, Massachusetts Institute of Technology (MIT); Gert Geisler, Chefredakteur »esotera«; Siegmar Gerken, Verleger; Professor John Hasted, University of London; Dr. Andrew A. Hedri, Exopsychologe (†); Barbara Iwanowa, Parapsychologin, Moskau; Professor Robert Jahn, Princeton University; Professor Nikolai A. Kozyrew, Astrophysiker, Pulkowo-Observatorium, Leningrad; Jürgen Krönig, ZEIT-Korrespondent, England; Dr. Leslie LeShan, Psychologe (USA); Dipl.-Physiker Illobrand v. Ludwiger, Systemanalytiker; Dr. Bruce Maccabee, Bildanalytiker; Michael S. Morris, Kip S. Thorne und Ulvi Yurtsever, allesamt Astrophysiker am California Institute of Technology (CALTECH), Pasadena; Professor F. Moser, Technische Universität Graz; Professoren Harold E. Puthoff und Russel Targ, Stanford Institute International, Menlo Park (USA); Professor Ian H. Redmount, Physik-Department, Washington University; Professor Dr. Dr. P. Andreas Resch, Verleger und Dozent an der Lateran-Universität, Innsbruck, Rom; Professor Jack Sarfatti (USA); Professor Dr. E. O. Senkowski und Dr. med. V. Delavre, Gesellschaft für Psychobiophysik e. V.; Professor Daniel Shechtman (Israel); Professor Matt Visser, Washington University, St. Louis (USA); Ken Webster und Debbie, Dodleston, England; Dr. H. Wiesendanger, Buchautor und Inhaber der Presseagentur für Grenzgebiete der Wissenschaft; Dr. A. Fred Wolf, University of California, Los Angeles (USA). Sie alle trugen – direkt oder indirekt – durch zahlreiche Informationen und Anregungen zur Klärung der Zusammenhänge zwischen Zeit und Bewußtsein sowie einer Vielzahl bislang unerklärlicher Phänomene bei. Ihnen verdanke ich es, auch auf aktuelle Entwicklungen und Experimente hinweisen zu können.

Dank gebührt meinem Verleger Dr. Herbert Fleissner und meinem Lektor Hermann Hemminger, ganz besonders aber meiner Familie, die mich beim Zustandekommen dieses Buches in vielfältiger Weise unterstützte.

Ernst Meckelburg

Inhalt

I

Vorabend der Ewigkeit

Mutet es nicht wie eine Ironie des Schicksals an, wenn gerade Wissenschaftler von internationaler Reputation – Nobelpreisträger wie z. B. die Professoren Leon N. Cooper (USA) und Brian Josephson (England) – bereits vor Jahren erste Vorstöße zur Erweiterung unseres wissenschaftlichen Weltbildes hin zu einer viel umfassenderen Bewußtseins-»Physik« unternommen haben?

Nach Cooper bedeuten die zahllosen Ungereimtheiten im scheinbar festgefügten Lehrgebäude unserer heutigen Naturwissenschaften – Widersprüche in sich und sporadisch auftretende Anomalien –, daß sich die uns real erscheinende Welt, so wie wir sie sehen, in Wirklichkeit aus einer Vielzahl einander durchdringender Welten zusammensetzt.

Josephson sieht sogar echte Zusammenhänge zwischen den Veden – den aus ostasiatischen Denkschulen hervorgegangenen, mehr als 2000 Jahre alten indischen Religionsschriften – und modernen naturwissenschaftlichen Erkenntnissen. Er will festgestellt haben, daß intelligente Systeme das Gleichgewicht in der Natur zu ändern vermögen. Wohin das führen kann, kennen wir zur Genüge.

Keinesfalls enden die Naturwissenschaften da, wo »Wunder« beginnen. Psi-Phänomene und Zeitanomalien, aber auch kosmische und biologische Prozesse müssen lediglich in ein Koordinatensystem höherer Ordnung einbezogen werden, um besser verstanden zu werden. Erst wenn uns die eigentlichen Zusammenhänge um die Verflochtenheit unserer doch recht unvollständigen Welt mit dem Kosmos der zahllosen parallelen Universen voll bewußt wird, wenn diese Tatsache in unseren zukünftigen Denkmodellen Eingang findet, werden wir feststellen, daß alle hier erörterten, scheinbar anomalen Geschehnisse keinem unserer Naturgesetze widersprechen, sondern diese nur erweitern, verfeinern.

Die Veden lehren uns, daß das Universum keine selbständige, absolut unabhängige Einheit verkörpert. Es stehe vielmehr, so heißt es dort, in enger Wechselbeziehung zu einem homogenen Ganzen, dessen Bewegungen es zugleich verkörpere. Hiermit aber kann nur eine Art multidimensionaler »Überkosmos« holographischer Beschaffenheit gemeint sein. Die systematische Erkundung dieses Hyperraumes erscheint wichtiger noch als die sogenannte »Eroberung« des Weltraums. Sie wäre die Krönung allen wissenschaftlichen Forschens.

1 Eine Illusion wird zerstört

*»Jede Vermutung, die nicht auf
den ersten Blick verrückt
erscheint, ist aussichtslos.«
Freeman Dyson, Professor für
Theoretische Physik, Princeton*

Da behaupten doch drei erfahrene amerikanische Astrophysiker vom California Institute of Technology (Caltech), Pasadena, in der renommierten naturwissenschaftlichen Fachzeitschrift »Physical Review Letters« allen Ernstes, Zeitreisen – Abstecher in vergangene und zukünftige Zeitepochen – seien, wenn vielleicht auch erst in ferner Zukunft, mit den technischen Hilfsmitteln einer Hochzivilisation durchaus einmal machbar. Und sie belegen ihre Behauptung mit exakten Berechnungen, die jeder Physiker anhand des vorliegenden wissenschaftlichen Reports mühelos nachvollziehen kann.

Die Reaktion der Fachwelt auf die sensationelle Veröffentlichung der Pasadena-Wissenschaftler war beeindruckend. Wer auch immer sich bislang mit dieser bestechenden Theorie näher befaßte, mußte zugeben, daß sie keinen Gedankenfehler, keine Fehlkalkulation enthält. Das theoretische Fundament zukünftiger Zeitreisen scheint gesichert zu sein. Indes, die drei Zeit-Theoretiker lassen es mit bloßen Berechnungen nicht bewenden. Sie stellen erstmals ein realistisches

Zeitreise-Modell vor, das wissenschaftliche Kriterien erfüllt und vielleicht eines Tages Ausgangspunkt echter Zeitversetzungsexperimente sein wird.

Eines Tages? Wenn – wie jetzt nachzulesen – Reisen durch Raum und Zeit grundsätzlich möglich sind, dann am ehesten noch solche, die in die Vergangenheit führen. Dies aber würde bedeuten, daß SIE – die Zeitreisenden oder Temponauten aus der Zukunft – uns schon seit langem, seit Menschengedenken besuchen könnten. Möglicherweise kennen wir sie bereits, nur unter einem anderen Namen, etwa als »Ufonauten« – unsere humanoiden Nachfahren, die seit Jahrhunderten oder gar Jahrtausenden die irdische Geschichte bereisen, um diese vor Ort und Zeit zu erkunden. Sie wären Meister der Zeit, Menschen, welchen Aussehens auch immer, für die es weder Zukunft noch Vergangenheit, sondern nur ein Jetzt, d. h. Gleichzeitigkeit gibt. Aussteiger aus dem Meer der Zeit im wahrsten Sinne des Wortes.

Zugegeben, die Zeitreisetheorie mit all ihren durch sie heraufbeschworenen Paradoxa und Anachronismen – Widersprüche in sich – scheint dem »gesunden Menschenverstand«, der gewohnten zeitlichen Abfolge oder Kausalität aufs gröbste zu widersprechen, die ehernen Fundamente der Naturwissenschaften ins Wanken zu bringen. Dennoch. Es gibt heute zahllose Beispiele für die Manipulierbarkeit der Zeit, Indizienbeweise dafür, daß Zeitreisen bereits praktiziert werden. Und das schon seit der Antike.

Aber fragen wir uns zunächst einmal, was »Zeit« überhaupt ist, ob wir sie nach den Kriterien der neuen nacheinsteinschen Physik korrekt interpretieren.

Die allgemein akzeptierte Vorstellung vom Wesen der Zeit beschränkt sich im Routine-Alltag einzig und allein auf deren linearen Ablauf: vom Gestern zum Heute, von da zum

Morgen und Übermorgen ad infinitum. Umwälzende Erkenntnisse einer sich seit Jahrzehnten neu formierenden Physik und eine Fülle merkwürdiger Zeitanomalien, vor deren Auswirkungen niemand von uns sicher ist, zwingen allerdings zum Umdenken. Sie führen unser anerzogenes Verständnis vom geordneten Ablauf der Zeit häufig ad absurdum und lassen eine Neudefinition des Zeitbegriffs, wie sie schon 1905 von Albert Einstein in dessen Abhandlung über die Spezielle Relativitätstheorie gefordert wurde, dringend geboten erscheinen. Danach wäre Zeit nichts Unwiederbringliches, Endgültiges, sondern eher etwas Flexibles. Denn manchmal haben wir das Empfinden, daß sie für uns schneller oder gar auch langsamer vergeht, und mitunter kommt es uns so vor, als ob sie gar stillstehen würde.

Dieses von der objektiven Zeitmessung abgekoppelte subjektive Zeitempfinden beruht auf dem Gefühl eines jeden einzelnen, das durch eine Vielzahl innerer und äußerer Einflüsse zur Fehleinschätzung des eigentlichen Zeitablaufs verleitet wird. In solchen Fällen unterbindet unser Bewußtsein praktisch autosuggestiv jegliche objektive Zeiteinschätzung – Zeit wird zum Spielball des jeweiligen Bewußtseinsszenariums und damit flexibel. Was aber bedeutet schon »subjektiv« in einer Welt, in der die naturwissenschaftlichen Gesetzmäßigkeiten von ehedem durch sensationelle neue Erkenntnisse einer bewußtseinsabhängigen Physik mehr und mehr an Relevanz verlieren und demzufolge umformuliert werden müssen? Was überhaupt sind dann Zeit und Realität? Raffinierte Trugbilder unseres Bewußtseins?

Sollte dies alles zutreffen, wäre zu fragen, was sich hinter dem geistigen Prinzip »Bewußtsein«, das sich so hartnäckig unserem direkten Zugriff entzieht, an Substanziellem verbirgt. Etwa unser unzerstörbares Ich, das selbst den körperlichen Tod zu überleben vermag?

Eines dürfte sicher sein: Zwischen unserem Bewußtsein und dem, was wir für gewöhnlich als Zeit bezeichnen – unsere Jetzt-Realität –, gibt es Zusammenhänge, die sich kaum erahnen lassen. Die Beweise häufen sich, daß wir uns mit unserem physikalisch nicht erfaßbaren Bewußtsein immer wieder neu auf eine von unendlich vielen anderen, ebenso gültigen Realitäten einzustellen vermögen, ähnlich wie bei einem Fernsehempfänger, der uns auf Knopfdruck unterschiedliche Programme und Szenen beschert.

Vielleicht läßt sich die von uns hier und jetzt empfundene Realität am besten mit einem vierdimensionalen Traum (gelegentlich mehr mit einem Alptraum) vergleichen, einem nie endenden Traumgeschehen in einem holographischen, multidimensionalen Universum (David Bohm), gemanagt von unserem unsterblichen Bewußtsein, unserem ureigensten Selbst.

Dies würde auch erklären, warum wir gelegentlich mit uns völlig unverständlichen Phänomenen konfrontiert werden wie Telepathie, Hellsehen, Vorauswissen (Präkognition), dem berührungslosen Verbiegen und Bewegen selbst massiver, schwerer Gegenstände (Psychokinese), Erscheinungen und Stimmen Hinübergegangener – mit Psi-Effekten, deren Ursachen offenbar in anderen Realitäten oder gar in parallelen Welten zu suchen sind.

Da werden Menschen auf unerklärliche Weise in Nullzeit über Hunderte oder Tausende von Kilometern von hier nach dort versetzt, ohne zu wissen, wie ihnen geschah. Da verschwinden Personen, intakte Schiffe und Flugzeuge von einer Sekunde zur anderen auf Nimmerwiedersehen, und niemand weiß zu sagen, wo sie abgeblieben sind. Verschluckt von einer für uns unvorstellbaren Fremdrealität –

14

einem Raumzeit-Strudel, aus dem es nur allzuoft kein Entrinnen mehr gibt. Wie kann so etwas geschehen? Sind es womöglich jene geheimnisvollen Schwarzen und – als Pendant hierzu – Weißen Löcher en miniature, die unter bestimmten, unerwünschten Umständen spontane Verbindungen zwischen unserer Welt und anderen Realitäten herstellen, solchen, um deren Entdeckung sich unsere Astrophysiker vergeblich bemühen? Rätsel über Rätsel.

Doch damit nicht genug. In jüngster Zeit kommt es immer wieder vor, daß sich elektronische Kommunikationsgeräte selbständig machen und sogar im abgeschalteten Zustand Botschaften »Jenseitiger«, kontaktfreudiger Parallelweltler oder, so unglaublich dies auch klingen mag, von Menschen aus anderen Zeitepochen vermitteln.

Was aber ist dann »Zeit«, wenn alle an diesem erst vor wenigen Jahren in England stattgefundenen Experiment Beteiligten ausschließlich JETZT zu leben glauben? Ist dies noch die gleiche brave Zeit, von der wir annehmen, daß sie sich meßtechnisch bändigen läßt?

Das Vorauswissen um später tatsächlich eintreffende Ereignisse zeigt einmal mehr, daß es in unserem scheinbar streng kausal festgelegten Zeitablauf mitunter auch Raum-Zeit-»Kurzschlüsse« gibt, versteckte Kanäle im Mikrokosmos, durch die Zukünftiges in die Gegenwart projiziert wird. Aufgrund zutreffender Rückwärts-Informationen könnte man folgern, daß unser aller Zukunft zumindest in groben Umrissen »vorprogrammiert« ist. Wie anders ließe sich das akausale Prinzip der Präkognition sonst erklären, an dessen Funktionsweise Physiker in aller Welt schon seit Jahrzehnten herumrätseln?

Der für seine unorthodoxen Ideen bekannte Northeimer Physik-Theoretiker Burkhard Heim hat mit seinem Postulat einer sechs Koordinaten oder Dimensionen umfassenden

Weltstruktur das Fundament für ein neues naturwissenschaftliches Paradigma gelegt, das nicht nur biologische und geistige Existenzformen, sondern auch nachtodliche Bewußtseinszustände, ja sogar die Möglichkeit paralleler Welten miteinbezieht.

Vielleicht sind es jene in jüngster Zeit sich mehrenden mysteriösen Kreise und komplizierten symmetrischen Formationen in Englands Getreidefeldern, durch die sich unsere »Nachbarn« im multidimensionalen Universum über Raum, Zeit und Dimensionen hinweg mit uns in Verbindung setzen möchten. Vielleicht wollen Sie uns bedeuten, daß es neben unserer Realität noch viele weitere gibt, die es zu entdecken gilt – friedlichere, was aufrichtig zu wünschen wäre.

II

Das Jahrtausend-Rätsel –
Dem Mysterium Zeit auf der Spur

*Das Schlagwerk der Wanduhr mir gegenüber riß mich jäh
aus tiefstem Schlaf. Im Zimmer war es taghell. Deutlich
erkannte ich den Stand des Stundenzeigers. Er deutete die
achte Stunde an. Wie üblich, zählte ich mit. Es war der
zweite oder dritte Glockenschlag, der mich wieder ins Land
der Träume schickte. Ich träumte, träumte, träumte . . .*

*Tage, ja Wochen schienen seit meinem erneuten Einschla-
fen vergangen zu sein. Ein gewaltiges Traumepos entfaltete
sich vor meinem geistigen Auge, eine schier endlose Geschichte. Und dann war ich unvermittelt wieder hellwach.
Zwei, drei Schläge noch. Alsdann verstummte der Stören-
fried. Sofort fiel mein Blick auf das Zifferblatt. Der Stundenzeiger stand beharrlich auf acht.*

*Mit einem Mal begriff ich, daß ich dies alles in nur drei oder
vier Sekunden geträumt hatte. Ich war fasziniert, aber auch
ein wenig verwirrt. Zählen endlos lange Träume etwa nach
Sekunden? Benötigen sie überhaupt Zeit oder finden sie gar
in einer Welt jenseits der unsrigen statt, parallel zu unserer
dreidimensionalen Existenz? Führt unser Bewußtsein während des Schlafs vielleicht ein Eigenleben?*

*Durch jenes Kindheitserlebnis und eine Fülle weiterer trau-
matischer Begebenheiten, die, losgelöst von alltäglichen
Abläufen, offenbar anderen Gesetzmäßigkeiten unterliegen, war mein Interesse am Mysterium »Zeit« – an allem*

mit ihr verbundenen scheinbar anomalen Geschehen – für immer geweckt. Doch sollte es viele Jahre dauern, bevor mir bewußt wurde, daß es die »Welt«, so wie sie sich uns als »einzige wahre Realität« darstellt, gar nicht gibt, daß sie eher einem endlosen Gedanken gleicht – einem Traum, der sich selbst träumt, ohne Anfang, ohne Ende.

Es sind jene Träume, mit denen sich Pedro Calderon und Johann Gottfried Herder in ihren Werken befassen. Sie scheinen damals schon etwas von dem geahnt zu haben, was heute immer mehr zur Gewißheit wird.

1   Versuch einer Analyse

Mit der Zeit befassen sich Philosophen, Gelehrte und Religionsstifter schon seit dem frühesten Altertum. Buddha, Siddhartha Gautama (etwa 560 bis 480 v. Chr.) war es, der die Zeit sinnvoll mit einem Wagenrad verglich. Jeder Punkt des Radreifens, der mit dem Boden in Berührung komme, entspräche einem »Jetzt«.

Die ununterbrochene, sich fortwährend wiederholende Folge von Jetzt-Punkten – das Rad in seiner Gesamtheit – symbolisiert recht anschaulich das Prinzip der Zeit, eine Dimension, die bis zum Ende des 19. Jahrhunderts in der Physik nur wenig Beachtung fand. Bis dahin lag nämlich den Naturwissenschaften und der Technik die von Euklid begründete, gegenständliche Geometrie zugrunde. Euklid von Alexandria (etwa 365 bis 300 v. Chr.), einer der bedeutendsten Mathematiker seiner Zeit, vermittelte in seinen »Stoicheia« – den »Elementen der Mathematik« – eine einzigartige Zusammenfassung des damaligen mathematischen Wissens. Und diese Mathematik wurde ausschließlich in der Sprache der Geometrie geschrieben, die den Begriff »Zeit« nicht kennt, weil sie im überschaubaren dreidimensionalen Bereich angesiedelt ist.

Erst die von Einstein und Minkowski entwickelten Relativitäts- und Gravitationstheorien haben gezeigt, daß man, um zu einer sinnvollen Darstellung der neuen physikalischen

Erkenntnisse zu gelangen, zu allgemeinen Geometrien übergehen muß. Und diese schließen nun einmal Abläufe in der Zeit – Bewegungen dreidimensionaler Gebilde (materielle Körper) in der überall vorkommenden Zeit – zwangsläufig mit ein.

Wie wir bereits feststellten, ist der Begriff »Zeit« vieldeutig. Er umfaßt zwei streng voneinander zu trennende Zeitkategorien: *subjektive* und *objektive* Zeit.

Unter *subjektiver* Zeit versteht man eine Zeitqualität, die ausschließlich vom menschlichen Bewußtsein wahrgenommen oder mehr noch empfunden wird. Sie existiert unabhängig von Zeitmeßinstrumenten jedweder Art und scheint, je nach Bewußtseinszustand, unterschiedlich schnell zu vergehen.

Die *objektive*, physikalische Zeit wird hingegen von mechanischen oder elektronischen Meßinstrumenten – Uhren, Schwingquarzen usw. – registriert. Noch zu Beginn unseres Jahrhunderts glaubte man, daß diese »objektive« Zeit unabhängig von unserem Zeitempfinden mit konstanter Geschwindigkeit »ablaufe«, was jedoch durch Einsteins Spezielle Relativitätstheorie widerlegt wurde. Denn: Eine relativ zu einem Beobachter bewegte »Licht«-Uhr geht langsamer als eine ruhende Uhr. Sie hat nämlich einen längeren Weg zurückzulegen.

Vom subjektiven Zeitempfinden wissen wir, daß es zu ganz erheblichen Fehleinschätzungen fähig ist. Der von physikalischen Zeitmessungen abgekoppelte »Zeitsinn« wird von ständig ins Bewußtsein und in unbewußte Kanäle einströmenden Informationen und Eindrücken aus der Außenwelt beeinflußt. Wird diese Informationsflut z. B. während des Schlafes plötzlich unterbrochen, so kann es in der Folge zu beträchtlichen Mißinterpretationen unseres Zeitempfindens kommen.

Da unser Tagesbewußtsein während des Schlafes die Aufnahme externer Informationen verweigert, gibt es für den Schlafenden auch keine objektiven Zeitvergleichsmöglichkeiten. Sein Zeitsinn ist blockiert. Für den Schläfer herrscht, subjektiv betrachtet, Zeitlosigkeit oder Nullzeit. Will der Schlafende die Dauer seiner Abwesenheit von der Außenwelt feststellen, bedarf er einer Uhr mit Weckvorrichtung.

Viele Menschen, die z. B. aus beruflichen Gründen täglich zu einer bestimmten Zeit aufstehen müssen, haben im Laufe der Jahre einen von äußeren Einflüssen unabhängigen, biologischen Weckmechanismus entwickelt. Für diese »innere Uhr«, bei der sich häufig subjektives Zeitempfinden und objektive Zeitmessung bis in den Sekundenbereich einander nähern, sind nach Meinung der Mediziner gewisse Enzyme – hochmolekulare Eiweißstoffe – verantwortlich, die den Ablauf chemischer Umsetzungen beschleunigt zum Gleichgewichtszustand führen. Heute kennt man bereits Dutzende solcher innerer »Schrittmacher«. Der Zeitsinn des Menschen steht offenbar im umgekehrten Verhältnis zu dem von »Schrittmachern« vorgegebenen Tempo. So erscheinen z. B. aus ärztlicher Sicht die Bewegungen eines Fieberkranken hektisch beschleunigt. Der Kranke selbst aber glaubt Vorgänge um sich herum langsamer als sonst, fast zeitlupenartig ablaufen zu sehen und unterliegt hiermit der Selbsttäuschung. Eintauchen in kaltes Wasser löst eine gegenteilige Reaktion aus. Beim Abkühlen auf Werte niedriger als die der normalen Körpertemperatur läßt das Arbeitstempo eines Tauchers nach. Gleichzeitig wird sein Zeitsinn derart angeregt, daß ihm Aktivitäten anderer Personen beschleunigt vorkommen. Daß das Zeitbewußtsein durch den Konsum von Alkohol und Drogen ganz erheblich beeinflußt wird, ist nichts

Neues. Unter Alkoholeinwirkung scheinen die biologischen »Schrittmacher« verlangsamend zu wirken. Daher ist das Reaktionsvermögen eines Trinkers schlechter als das eines nüchternen Menschen. Für ihn vergeht die Zeit einfach schneller.

Die Zeit erscheint uns verhältnismäßig lang, wenn wir auf etwas warten müssen, und erstaunlich kurz, wenn unser Tag mit einer Vielzahl von Beschäftigungen ausgefüllt ist. Ein bei schlechtem Wetter ausschließlich zu Hause verbrachtes Wochenende kommt uns kürzer als ein ereignisreiches vor, da es kaum etwas Erinnernswertes enthält. Wir übergehen es geflissentlich. Die aktionsgeladenen Urlaubstage scheinen hingegen viel mehr Zeit in Anspruch genommen zu haben.

Dies alles sind subjektive Zeitempfindungen, an die wir uns seit frühester Kindheit gewöhnen – unrichtige Einschätzungen unserer Bewegungen in der Zeit, die mit der Realität nur wenig gemeinsam haben.

Die unmittelbare Ankoppelung der Dimension »Zeit« an die Technik der Zeitmessung mittels Uhren oder elektronischer Zeitmeßgeräte, die unsachgemäße Vermengung der Begriffe Zeit und Uhrzeit, ist eines der Haupthindernisse auf dem Wege zur Entwicklung eines qualifizierten Zeitbewußtseins, das auch bestimmte metaphysische Aspekte wie z. B. das Vorauswissen mit einbezieht. Bei der Zeitmessung ermittelt man lediglich die Pausen zwischen zwei nicht gleichzeitigen Ereignissen. Diese Intervalle sollen den Augenblick des *Jetzt* anzeigen, was bedeutet, daß die übrige Zeit davor und danach ebenso portioniert werden kann. Daß diese herkömmliche Art der Zeitmessung weder auf Abläufe kosmischen Ausmaßes noch auf subatomare Prozesse übertragbar ist, gilt durch neue Erkenntnisse in nahezu allen Bereichen der Physik als erwiesen. Einsteins

Spezielle Relativitätstheorie hat die große Unbekannte »Zeit« transparenter werden lassen, was in folgenden Feststellungen zum Ausdruck kommt:

— Raum und Zeit sind keine materiellen Dinge und damit unzerstörbar.

— Nichts kann im Raum existieren, was nicht zugleich auch in der Zeit vorhanden ist, und umgekehrt.

— Die Zeitkoordinate (vierte Dimension) ist weder eine Gerade noch ein Kreis, sie gleicht vielmehr einer in sich selbst zurücklaufenden Spirale, was einen endlosen Verlauf symbolisiert. Diese Feststellung schließt auch die Frage nach einem möglichen Anfang und Ende der Zeit aus und deutet auf die Gleichzeitigkeit allen Geschehens hin.

— Die Zeit ist vom Standort des Beobachters, den er zu einem bestimmten Zeitpunkt einnimmt, abhängig. So besitzt jedes Bezugssystem seine eigene spezifische Zeit, was z. B. beim Betrachten weit entfernter Sternsysteme verständlich wird. Somit besitzt irgendein beliebiger Bezugspunkt in unserem Raum-Zeit-Universum – z. B. ein anderer Planet in unserer Milchstraße – die gleiche Realität wie unser »Hier und Jetzt«.

— Bei Geschwindigkeiten knapp unterhalb der des Lichtes (etwa 300 000 Kilometer pro Sekunde) kommt es zu einer Erscheinung, die *Zeitdilatation* (Zeitdehnung) genannt wird. Bewegte Uhren (ein Raumschiff als riesige Uhr gedacht) gehen langsamer.

— Die Annahme, daß die »Zeitgeschwindigkeit« konstant sei, beruht auf einem Trugschluß. Sie wird rhythmisch (durch regelmäßige Bewegung) gemessen. Verlangsamt man diesen Rhythmus, so verlangsamt sich hierdurch auch die Zeit als solche.

— »Zeitabläufe« sind relativ, und sie hängen von der Größe der beteiligten Objekte ab. An großen Massen dauern sie länger als an kleinen. Das Alter von Galaxien zählt nach Milliarden von Jahren, das von Kernteilchen hingegen nur nach Bruchteilen von Sekunden. So beträgt die Lebensdauer der Mesonen – Elementarteilchen, die durch ihre Bindekräfte für den Zusammenhalt von Protonen und Neutronen im Atomkern sorgen – ganze 10^{-15} Sekunden, ein Dezimalbruch mit 14 Nullen hinter dem Komma.

Zum Thema »Zeit« in einem in sich verschachtelten, holographischen Universum befragt, meinte der bekannte englische Physiker David Bohm einmal, daß in jedem einzelnen Augenblick die gesamte Zeit, also Vergangenheit und Zukunft enthalten sei. Er argumentiert: »Versuchen wir nun, in der Gegenwart aus der Vergangenheit die Zukunft vorauszusagen, dann wird das, was wir vorherzusagen versuchen, die Vergangenheit der Zukunft sein oder, anders ausgedrückt, das Wissen, das in einem zukünftigen Augenblick existieren wird. Auf der Grundlage dessen, was wir gegenwärtig wissen, sagen wir voraus, daß wir in der Zukunft imstande sein werden, dies und das zu wissen. Demnach ist die Gegenwart unbeschreibbar, nicht spezifizierbar.«

Die Schwierigkeit, die Zeit qualitativ und quantitativ korrekt zu erfassen, beruht auf einem echten Mangel an Objektivität, was nach Niels Bohr darauf zurückzuführen ist, daß »wir im großen Existenzdrama gleichermaßen Zuschauer und Akteure sind«. So wird denn zur Feststellung des jeweiligen »zeitlichen Standortes« heute immer noch fein säuberlich zwischen Vergangenheit, Gegenwart und Zukunft unterschieden, obwohl wir genau wissen, daß, von einem höherdimensionalen Betrachtungsort aus, überall in unserem Universum Gleichzeitigkeit herrscht.

Demnach wäre es grundfalsch, der *Vergangenheit* einen Phantomstatus verleihen zu wollen, werden doch in jeder

Sekunde sämtliche Aktivitäten der physikalischen und geistigen Welt auf irgendeine Weise registriert. Ein Baum setzt z. B. Jahresringe an, die nicht nur Rückschlüsse auf dessen Alter, sondern auch auf frühere klimatische Verhältnisse zulassen. Archäologische Funde geben über die Lebensbedingungen vergangener Kulturen, über deren Aufstieg und Niedergang Aufschluß, Gemälde und Tonwerke künden vom schöpferischen Wirken früherer Meister usw.

Gegenwart und Zukunft bauen auf dem Fundament des Vergangenen auf. Vergangenheit kann schon deshalb nicht unreal sein, weil Realität – unser Heute – nicht aus Unrealem entsteht, genausowenig, wie sich ein Etwas aus einem Nichts bildet. In gleicher Weise sind die Erinnerungen an das Gestern genauso greifbar wie die Erfahrungen von heute. Vergangenes hat also irgendwo auf der Zeitkoordinate seinen Platz. Die Realität des Vergangenen anzuzweifeln hieße umgekehrt, die der Gegenwart, die auf vergangenen Ereignissen aufbaut, in Frage zu stellen.

Wenn auch, wie allgemein angenommen, die *Zukunft* völlig ungewiß oder zumindest noch nicht ausgeformt ist, gibt es doch Hinweise dafür – und die Erfahrung scheint dies zu bestätigen –, daß bestimmte Ereigniseintritte unausweichlich, gewissermaßen »vorprogrammiert« sind.

Es kann einfach nicht sein, daß sich die Zeit von der Gegenwart her in eine Nichtexistenz erstreckt. Schon deshalb nicht, weil in unserem in die vierte Dimension – die Zeit – gekrümmten Universum immer etwas geschieht, weil sonst, wäre es anders, der Entropiesatz seine Gültigkeit verlieren würde.

Die letzten Meter eines Videofilmes sollen zukünftige Ereignisse versinnbildlichen. Auch dieser Teil des Films (die Zukunft) existiert bereits, nur daß die einzelnen Bildabschnitte noch nicht auf die Leinwand (in unsere Welt) projiziert wurden – ihre Realität ist aber virtuell, d. h. versteckt vorhanden.

Wer »Zukunft« sagt, meint zunächst zahllose Pseudozukünfte. Doch nur eine dieser in unsere Welt projizierten Zukünfte hat die Chance, hier real zu werden. Und dieses breite Angebot an Eintrittsmöglichkeiten, dieser Fächer aus Pseudozukünften dürfte auch der Grund dafür sein, daß bei Zeitreisen sogenannte *Zeitparadoxa* und *Anachronismen* gar nicht erst entstehen.

Wenden wir uns jetzt dem Vergangenheit und Zukunft verbindenden Phantom *Gegenwart* zu. Real erscheinen uns einzig und allein die Momente des Überganges vom Vergangenen zum Gegenwärtigen und von da zum Zukünftigen, winzige Zeitfragmente, die wir hier gleich noch physikalisch präzisieren wollen.

Unser Leben umfaßt, um beim eingangs zitierten Wagenradbeispiel zu bleiben, die Abfolge zahlloser Jetzt-Punkte. Es gleicht einem Film aus Milliarden von Einzelbildern, einem kontinuierlich ablaufenden Streifen, der selbst im Augenblick des Todes weiterspult, indem er sozusagen automatisch von »Normal-Acht« auf »Super-Acht«, unsere geistige Fortexistenz, umschaltet.

Was wir als »Jetzt« bezeichnen, wird schon im nächsten Augenblick zur Vergangenheit, und was in diesem Moment noch als Zukunft gilt, ist gleich danach schon Gegenwart. Ein Jetzt läßt sich, einfach ausgedrückt, als wandelbarer Punkt zwischen zwei nicht meßbar langen Schenkeln – der Vergangenheit und Zukunft – definieren. Zukünftiges und Vergangenes erstrecken sich entlang dieser Zeit- oder Weltlinie von jenem »wandelnden Fixpunkt« (dem Jetzt) aus, vorwärts bzw. rückwärts, hin zu den fernen Gestaden unseres Universums, um sich dort irgendwo im Nebel einer höherdimensionalen Ordnung, im für uns nicht mehr Wahrnehmbaren zu verlieren.

Schon die alten Inder versuchten, den flüchtigen Augenblick, den wir als »Jetzt« bezeichnen, dadurch weiter einzuengen, daß sie die Sekunde in 300 Millionen Teile unterteilten – Einheiten, die der Lebensdauer von erst in unserem Jahrhundert entdeckten Kernteilchen erstaunlich nahekommen. In neuerer Zeit sind, zumindest theoretisch, noch viel kleinere Zeiteinheiten, sogenannte »Zeitquanten« oder *Chronone*, im Gespräch. Die Dauer eines solchen hypothetischen Zeitquants wird dadurch errechnet, daß man den Durchmesser des kleinsten bekannten Materieteilchens, d. h. die kleinste meßbare Wegstrecke von etwa 10^{-14} cm durch die höchste in unserem Universum gemessene Geschwindigkeit – die des Lichtes mit knapp 300 000 Kilometer pro Sekunde – teilt. Man erhält auf diese Weise die vorläufig kleinste, physikalisch erfaßbare Zeiteinheit von 10^{-24} Sekunden, einen Dezimalbruch mit 23 Nullen (!) hinter dem Komma.

Experimentell festgestellte Werte für die mittlere Lebensdauer der Elementarteilchen-Resonanzen (π-Mesonen) sprechen für die Existenz eines solchen Zeitquants. Daß dieses Quant bei 10^{-24} Sekunden liegen muß, wurde auch durch Experimente mit schweren Protonen (positiv geladene Kernteilchen) nachgewiesen.

Ohne diese kleinsten Zeiteinheiten – winzige Jetzt-Punkte entlang der Zeitlinie – würden wir innerhalb des komplizierten Zeitgefüges schnell die Orientierung verlieren. Die Erfassung und Unterscheidung von Jetzt-Punkten ist jedoch nur dann möglich, wenn man einige vor, andere wiederum nach einem Jetzt anordnet. Ereignisse, die nach der Gegenwart eintreten, bezeichnet man gewohnheitsmäßig als Zukunft, solche, die davor liegen, als Vergangenheit. Gäbe es

27

nicht den willkürlich gewählten Bezugspunkt »Jetzt«, so könnten wir tatsächlich nicht zwischen Vergangenheit und Zukunft unterscheiden.

Sir Arthur Eddington beschrieb einmal die Bewegung von Objekten in unserer Raumzeit-Welt recht anschaulich: »Die Aufteilung in Vergangenheit und Zukunft ist mit unseren Vorstellungen von Ursache und freiem Willen eng verwandt. Innerhalb eines genau festliegenden Schemas vermag man Vergangenheit und Zukunft ausgeformt vor sich liegen zu sehen. Beide sind in gleichem Maße der Erforschung zugänglich wie z. B. weit voneinander entfernte Sektoren innerhalb unseres Universums. Ereignisse treten nicht ein, sie existieren bereits, und wir bewegen uns lediglich auf sie zu.«

Eines steht fest: Ohne gewisse Aktivitäten in der Zeit – meist biologische Abläufe wie z. B. Veränderungen in der Natur – könnten wir das, was gemeinhin als »Zeit« bezeichnet wird, überhaupt nicht wahrnehmen. Der Faktor »Zeit« erhält erst durch gewisse Relationen, durch ständiges Vergleichen mit anderen Bezugsgrößen, einen Sinn. Das aber führt zwangsläufig zu Mißverständnissen. So wird denn im Alltag alles, was sich »im Laufe der Zeit« ereignet, unweigerlich mit der Zeit selbst gleichgesetzt. Die Zeit aber ist, ihrem eigentlichen Wesen nach, offenbar etwas ganz anderes – etwas, das durch Anpassung an unterschiedliche Systeme äußerst vielseitig in Erscheinung zu treten vermag.

Es wird notwendig sein, aufgrund der hier aufgezeigten Interpretationsmängel einschlägige Zeittheorien neu zu überdenken, überlieferte, einengende Zeitvorstellungen über Bord zu werfen. Dies gilt unter anderem auch für den Richtungssinn der Zeit. Eine dieser erwiesenermaßen falschen Vorstellungen besteht nämlich in der Annahme, daß alle Bewegungen in der Zeit stets vorwärts gerichtet sein müßten, wobei zu fragen wäre, was unter einem zeitlichen Vorwärts oder Rückwärts überhaupt zu verstehen ist.

Um sich in der Zeit rückwärts zu bewegen, müßte man schneller als Licht sein, d. h. die Lichtteilchen (Photonen) überholen. Überlichtgeschwindigkeit läßt sich nur dann erreichen, wenn wir die Lichtschranke durchbrechen, das von Einstein beschriebene Raumzeit-Universum verlassen und uns durch ein Raumzeit-freies Gebilde bewegen, das in der modernen Physik als *»Hyperraum«* bezeichnet wird. Wegen der durch überlichtschnelle Bewegungen im Hyperraum zu erwartenden Paradoxa hielt man solche Rückwärtsbewegungen im makrokosmischen Bereich noch bis vor kurzem für ausgeschlossen, eine Annahme, die aufgrund neuerer Erkenntnisse über die Struktur der Zeit dringend der Revision bedarf. Und diese physikalisch untermauerten Erkenntnisse waren es, die zum Umdenken zwangen, die letztlich dazu führten, den wie Science-fiction anmutenden Gedanken an echte Zeitmanipulationen – »Reisen« in der Zeit – neu zu beleben, deren Durchführbarkeit auszuloten.

Als Gerald Feinberg, Physik-Professor an der Columbia-Universität, im Jahre 1967 die Existenz überlichtschneller Teilchen, sogenannter Tachyonen postulierte, geriet die Hypothese von der einseitigen Ausrichtung des Zeitpfeiles arg ins Wanken.

Unabhängig von Feinbergs Tachyonen-Theorie – sie beschreibt bislang noch nicht isolierte Teilchen, von denen behauptet wird, daß sie seit ihrer Entstehung überlichtschnell dahineilen – stellt sich die Frage, ob es nicht bereits bekannte Partikel gibt, die sich rückwärts in der Zeit bewegen, »zeitreisende« Elementarteilchen, die die Kausalität außer Kraft setzen. Darf es sein, daß die *Wirkung vor der Ursache* kommt? Und sollte dies zutreffen, würde dann unser physikalisches Weltbild immer noch stimmen?

2 »Zeitreisende« im Mikrokosmos

Im Jahre 1932 entdeckte Carl David Anderson, ordentlicher Professor für Physik am California Institute of Technology (Caltech) in Pasadena, in der kosmischen Strahlung ein seltsames Teilchen, das im unbewegten Zustand die Masse und sonstigen Eigenschaften eines Elektrons, im Gegensatz zu diesem jedoch eine elektrisch positive Ladung besaß. Anderson, der für seine Entdeckung vier Jahre später den Nobelpreis erhielt, war damals durch Zufall auf etwas gestoßen, das, genau genommen, in unserem Universum nichts zu suchen hatte: ein Antiteilchen, das man wegen seiner umgekehrten elektrischen Ladung *Positron* nannte. Dieses Anti-Elektron, das man in einer Nebelkammer sichtbar machen konnte, ließ sich später sogar künstlich erzeugen. Beschießt man nämlich Atomkerne mit Photonen, deren Gesamtenergie mehr als eine Million Elektronenvolt (MeV) beträgt, so entstehen hierbei sowohl Elektronen als auch Positronen.

Als Antiteilchen ist dem Positron, dem Zwilling des Elektrons, nur eine kurze Lebensdauer beschieden. Die Begegnung der Zwillinge verläuft tödlich. Sobald sich Positron und Elektron auch nur nahekommen, wandeln sich ihre Massen blitzschnell in Strahlung um. Sie zerstrahlen, um, unter Bildung von meist zwei Photonen, zu verschwinden. In diesem stärksten uns bekannten Zerstörungsprozeß wird hundertmal mehr Energie frei als z. B. bei der im Inneren der Sonne stattfindenden Kernfusion, dem Verschmelzen von Atomkernen.

Dieses gegenseitige Auslöschen von Materie und Antimaterie hat etwas Unheimliches an sich. Der Vorgang bedarf, im Gegensatz zur Kernfusion, keiner Zündtemperatur von mehreren Millionen Grad Celsius. Der Vernichtungsprozeß vollzieht sich nach der von Einstein für die wechselseitige Umwandlung von Masse in Energie aufgestellten Beziehung $E = m \cdot c^2$ (Energie = Masse mal dem Quadrat der Lichtgeschwindigkeit) im »kalten« Zustand. Ein schleichendes Inferno.

Die Positronen sollten nur wenige Jahre nach ihrer Entdeckung für eine weitere Überraschung sorgen. Ausgesprochen sensationell wirkte die Feststellung von Richard Feynmann, Professor für theoretische Physik am gleichen Institut wie C. D. Anderson, daß sich Positronen unter bestimmten Bedingungen in der Zeit rückwärts bewegen. Im Bereich subatomarer Teilchen würde es demnach zu einer kurzzeitigen Umkehrung des Zeit-Richtungspfeiles kommen. Für diese sensationelle Entdeckung wurde Feynmann sowohl mit der Einstein-Medaille als auch, im Jahre 1965, mit dem Nobelpreis ausgezeichnet.

Nach dem geglückten Nachweis von Anti-Elektronen (Positronen) setzte weltweit die Jagd nach weiteren Antiteilchen, nach Antiprotonen und -neutronen, Antineutrinos, nach Antimaterie schlechthin ein. Mit Hilfe eines vom Max-Planck-Institut für Kernphysik entwickelten neuartigen Spektrometers konnten Heidelberger Kernphysiker am Protonensynchrotron-Beschleuniger in Genf nachweisen, daß bei einer Energie von etwa 1940 MeV Protonen und Antiprotonen sogar verhältnismäßig lange stabil bleiben, bevor sie wieder auseinanderfliegen. Materie und Antimaterie brauchen sich demnach nicht sofort und in jedem Fall gegenseitig auszulöschen. Es scheint kernphysikalische Bedingungen zu geben, die eine vorübergehende friedliche Koexistenz der beiden ungleich geladenen Teilchenspezies nicht ausschließen. Sowjetischen Wissenschaftlern soll mit Hilfe eines Teilchenbeschleunigers sogar der Nachweis von Antihelium-Atomen gelungen sein.

Inzwischen hat die Antiteilchen-Safari ihren Fortgang genommen. Wenn Professor Bogdan Povhs (CERN, Genf) Vermutung, im Mikrokosmos gäbe es Mechanismen, die eine sofortige Vernichtung von Materie und Antimaterie verhinderten, zutreffen sollte, dürften wir damit rechnen, daß unseren Kernphysikern schon bald die Isolierung noch größerer Antimaterie-Einheiten gelingen wird.

Darf man aus der irdischen Präsenz von Antiteilchen und Antiatomen auf die Existenz von Universen schließen, die sich ausschließlich aus Antimaterie zusammensetzen? Heute ist man mehr denn je davon überzeugt, daß es derartige Antiwelten gibt – spiegelverkehrte Universen, die sich von unserer Welt physikalisch nur durch ihre entgegengesetzte Ladung und damit auch durch einen umgekehrten Zeitrichtungspfeil unterscheiden. Manche vermuten sie weit außerhalb unseres Universums, andere wiederum wollen sie in unserer »unmittelbaren« Nachbarschaft angesiedelt wissen.

An den Grenzen unseres Sonnensystems endet auch schon die Möglichkeit, exakte Informationen über die Existenz von Antimaterie einzuholen. Der unserem System am nächsten gelegene Stern – Proxima Centauri – könnte indes bereits ein Anti-Stern sein. Natürlich sind außerhalb unseres Sonnensystems der Spekulation keine Grenzen gesetzt. Vielleicht gibt es – ähnlich wie im Mikrokosmos – zu jeder Galaxis eine entsprechende Anti-Galaxie, eine Art Parallelwelt, in der andere physikalische Gesetzmäßigkeiten herrschen. Vielleicht besteht unser gesamtes Universum je zur Hälfte aus Materie und Antimaterie. Und möglicherweise liegen Antimaterie-Welten jenseits der Schwarzen Löcher, jenen Öffnungen im Hyperraum, denen man aufgrund gewisser in ihnen auftretenden Anomalien ohnehin einen physikalischen Sonderstatus einzuräumen hat.

Einige Astrophysiker spekulieren, daß es zwischen Materie- und hypothetischen Antimaterie-Welten eine »superheiße« Trennschicht geben könnte, die eine gegenseitige Vernichtung der beiden Universen verhindert. Vielleicht bedarf es nicht einmal einer solchen energetischen Barriere. Es wäre durchaus denkbar, daß die Zeit oder eine andere Dimension höherer Ordnung eine ähnliche Trennfunktion erfüllt und beide Welten gegeneinander verriegelt.

Der griechische Philosoph Platon (427–347 v. Chr.) war mit seiner Idee vom pulsierenden Universum, dessen Zeitpfeil periodisch die Richtung ändert, Gerald Feinbergs Tachyonen-Hypothese, die das Phänomen der *Rückwärts-Zeit* beinhaltet, genau um 2400 Jahre voraus. In seinem Werk »Politikos« äußert er die Vermutung, daß die Entwicklung in unserer Welt am Ende eines jeden Zyklus zum Stillstand käme und dann umgekehrt verliefe. In einem solchen – von uns aus betrachtet – *Rückwärts-Universum* müßten die Toten auferstehen und die zum Leben erweckten immer jünger werden. Nachdem sie ihre Kindheit in umgekehrter Folge durchlaufen hätten, würde ihre Existenz dadurch ausgelöscht, daß sie schließlich wieder im Mutterleib verschwänden. Geburt würde für sie Tod und Tod das Erwachen zu neuem Leben bedeuten. Der uns pervertiert erscheinende Lebenslauf eines Anti-Weltlers wäre für diesen ganz normal.

Feinberg konnte mit seiner verwegenen Tachyonen-Theorie Platons Idee vom Rückwärts-Universum weiter präzisieren, modifizieren und in Einsteins relativistisches Weltbild einbeziehen. Mit seinem aufsehenerregenden Artikel »Possibility of Faster-than-Light-Particles« (»Möglichkeit überlichtschneller Teilchen«) löste er seinerzeit in der Fachwelt eine lebhafte Diskussion über jene Teilchen aus, die allem Anschein nach einem anderen Universum und damit einem (von uns aus gesehen) offensichtlich umgekehrt orientierten Zeitsystem angehören. Einem Anti-Universum etwa? Kann es sein, daß es solche Teilchen gibt, die, aus der Zukunft kommend, in die Vergangenheit reisen, und dies nicht nur kurzzeitig wie die Positronen? Zweifel kam auf. Sollte die geniale Tachyonen-Theorie zu guter Letzt doch noch an der Relativitätstheorie scheitern, die besagt, daß ein gewöhnliches Teilchen nahe der Lichtgeschwindigkeit eine unendlich große Masse bekommt, so daß es niemals die »Lichtmauer« zu überschreiten, ja, nicht einmal zu erreichen vermag? Und dann noch das Problem mit der Verletzung der Zeitordnung (Kausalität). Sieht z. B. ein Beobachter, wie von Punkt A aus mit einem Tachyonen-Gewehr ein Tachyon abgefeuert wird, das ein Ziel bei Punkt B zerstört, könnte dies ein anderer an einem differenten Ort in umgekehrter Reihenfolge wahrnehmen. Von ihm aus gesehen würde das Tachyonen-Geschoß Punkt B verlassen und bei Punkt A in den Gewehrlauf schlüpfen. Wie, so fragen sich unsere Physiker, sollte ein zweiter Beobachter eine derart unsinnige Ereigniskette deuten?

Doch ordnen wir der besseren Übersicht wegen zunächst einmal die Elementarteilchen entsprechend ihrer Geschwindigkeit:

Tardyonen (Klasse I) sind Teilchen, die sich stets langsamer als Licht fortbewegen (bestimmte Kernpartikel und Elektronen); je mehr sie sich der Lichtgeschwindigkeit nähern, desto stärker nimmt ihre Energie zu.

Luxonen (Klasse II) bewegen sich mit Lichtgeschwindigkeit und können dabei unterschiedliche Energiewerte annehmen. Hierzu gehören unter anderem Photonen, Gravitonen – Träger des Gravitationsfeldes – und die elektrisch neutralen Neutrinos.

Tachyonen (Klasse III) Hypothetische Teilchen, deren Geschwindigkeit für einen Beobachter in unserem Bezugssystem größer als die des Lichts ist. Beläßt man sie in ihrem spiegelverkehrten System, erkennt man die in ihrer Welt herrschenden umgekehrten Gesetzmäßigkeiten an, so sind sie nicht nur mit der Relativitätstheorie vereinbar, sondern ergänzen diese sogar.

Die Masse bzw. Energie der Tachyonen ist reell, d. h. tatsächlich vorhanden. Von *unserem* Universum aus gesehen besitzen sie jedoch negative Energie und keine wirkliche Masse. Theoretisch verhalten sie sich genau umgekehrt wie Teilchen der Klasse I, d. h. sie büßen mit zunehmender Geschwindigkeit an Energie ein. Bei unendlich hoher Geschwindigkeit nimmt ihre Energie den Wert Null an.

An der »Lichtmauer« sinkt die Tachyonengeschwindigkeit auf Null und entspricht dann der Lichtgeschwindigkeit, wobei die Energie den Wert unendlich erreicht. Es scheint, als besäßen die Tachyonen von ihrer Seite her ebenfalls keine Chance, die »Lichtmauer« zu durchbrechen, weil sie sich nicht auf Werte kleiner als die Lichtgeschwindigkeit »abbremsen« lassen. Gelänge dies dennoch, würden sie sich scheinbar aus dem »Nichts« kommend urplötzlich in unserer Welt materialisieren, so müßten wir annehmen, daß sie, wegen ihrer Rückwärtsgeschwindigkeit, aus der Zukunft stammen. Die Zukunft kann aber kein »Nichts« sein, da ja aus Vergangenem und Gegenwärtigem wieder etwas Reales, eben etwas Zukünftiges, entstehen muß. Anders ausgedrückt: Sie ist kein Vakuum, sondern stellt vielmehr ein ausgewogenes Produkt aus vergangenen und zukünftigen Möglichkeiten dar.

Da unser zeitfreies Bewußtsein aufgrund seines immateriellen Charakters die »Lichtmauer« mühelos zu überspringen vermag und damit jenseits unserer Raumzeit-Welt (im Hyperraum) operiert, kann es dort womöglich mit Tachyonen zusammentreffen, die mit Informationen über zukünftige Ereignisse »beladen« sind. Diese Informationen aus der eigenen oder anderer Menschen Zukunft könnten – als Traumerlebnisse verschlüsselt – vom Unbewußten angezapft werden, um von dort allmählich ins Tagesbewußtsein vorzudringen. Auf diese Weise ließe sich das oft verblüffende Wissen um zukünftige Ereignisse – Prophezeiungen und Präkognition (Vorauswissen) – erklären, ohne physikalische Gesetzmäßigkeiten, ohne das Kausalitätsprinzip zu verletzen. Dies alles setzt natürlich voraus, daß Tachyonen tatsächlich existieren.

Skeptiker fragen sich, ob es überhaupt eine Möglichkeit gibt, die Existenz von Tachyonen auf physikalischem Wege zuverlässig nachzuweisen, wenn diese doch in unserer Welt nicht direkt in Erscheinung treten können.

Vor einigen Jahren haben denn auch australische Wissenschaftler den Versuch unternommen, Tachyonen in der kosmischen Höhenstrahlung nachzuweisen. Immer dann, wenn hochenergetische Teilchen aus dem Weltall auf die höheren Schichten unserer Atmosphäre treffen, erzeugen diese beim Aufprall zahlreiche Sekundärteilchen, die sich als Teilchenschauer mit nahezu Lichtgeschwindigkeit dem Erdboden nähern. Sollten bei diesem Vorgang auch Tachyonen in Erscheinung treten, so würden sie die Teilchenschwärme überholen und Sekundenbruchteile früher auf der Erde eintreffen.

Zum Auffangen dieser Sekundärteilchen und ihrer Tachyonen-»Vorreiter« benutzten die Wissenschaftler sogenannte Teilchenzähler (Szintillatoren), an die Elektronenvervielfacher, d. h. Verstärker für schwache Elektronenströme, angeschlossen waren. Spezialschaltungen ermöglichten es, sowohl Teilchenschauer als auch vorausgegangene »Einzelereignisse« zu erfassen. Tatsächlich gelang es den Wissenschaftlern mehrfach, »nicht-zufällige Ereignisse« festzuhalten, die stets vor den Teilchenschauern eintrafen. Allem Anschein nach handelt es sich hierbei um Tachyonen, die sich – »innerhalb« ihres für uns nicht realen Universums – mit Überlichtgeschwindigkeit der Erde nähern. Letzte Beweise für die Richtigkeit dieser Vermutung stehen allerdings noch aus.

Schützenhilfe für den Nachweis der Existenz überlichtschneller Teilchen kommt auch von anderer Seite. K. Scharnhorst, Physiker an der Berliner Humboldt-Universität, konnte unlängst erstmals mathematisch nachweisen, daß Photonen unter bestimmten quantenphysikalischen Voraussetzungen die Lichtgeschwindigkeit, wenn auch nur ganz minimal, überschreiten. Er will festgestellt haben, daß die Geschwindigkeit von Photonen, die sich senkrecht zwischen zwei im Abstand von nur einem Tausendstel Millimeter aufgestellten Platten bewegen (Casimir-Effekt), um 10^{-36} Kilometer pro Sekunde höher als die Lichtgeschwindigkeit liegt. Dies entspräche einem Dezimalbruch mit 35 Nullen hinter dem Komma.

Dennoch: Diese unvorstellbar kleine Überschreitung der nach Einstein sakrosankten Lichtgeschwindigkeit könnte nach Ansicht von Paul Davies von der University of Newcastle (England) für die heutige Physik »unübersehbare Folgen haben«, vor allem, was die Verletzung der Kausalität anbelangt. Davies schränkt allerdings ein, daß in unserem Universum alles darauf angelegt ist, den Scharnhorst-Effekt unbeobachtbar zu machen.

Indes: Ahoron Davidson, Physiker an der Ben-Gurion-Universität (Israel), versucht die Kausalitätsproblematik geschickt zu umgehen, indem er das Tachyonen-Szenarium in eine höhere Dimensionalität verlagert. Er meint, daß sämtliche Elementarteilchen in unserem dreidimensionalen

Universum von einer höheren, vierdimensionalen Warte aus zwangsläufig zu Tachyonen werden. Selbst die langsamsten unter ihnen würden dieses höherdimensionale »Gebilde« – den Hyperraum – mit Überlichtgeschwindigkeit durcheilen. Mit seinen Gleichungen, die das Vorkommen höherdimensionaler Tachyonen beschreiben sollen, vermeidet Davidson geschickt Widersprüche zu Einsteins Allgemeiner Relativitätstheorie. Mehr noch: Davidson ist fest davon überzeugt, daß die von ihm postulierten Tachyonen höherer Ordnung umgekehrt auch zum besseren Verständnis der vierten Dimension, der Zeit, beitragen könnten. Der Frage nach etwaigen durch überlichtschnelle Teilchen ausgelösten Paradoxa und Anachronismen weicht er mit der Bemerkung aus, daß niemand genau wisse, was »Kausalität« in einer höherdimensionalen Welt bedeute. Vielleicht sind wir es, die die Zeitfolge falsch interpretieren, vielleicht gibt es eine solche überhaupt nicht.

III

Realität paradox – Ungewöhnliche Zeitphänomene

Am 4. Dezember 1970 startet Bruce Gernon, ein erfahrener Pilot, mit seiner »Beechcraft Bonanza A 36« von Andros Island (Bahamas) nach dem etwa 400 Kilometer entfernten Palm Beach (Florida). Über den Bahama Banks fällt ihm eine seltsame, elliptisch geformte Wolke am sonst blauen Himmel auf. Sie wird mit beängstigender Schnelligkeit größer, nimmt innerhalb weniger Minuten gigantische Ausmaße an. Gernon versucht sie zu umfliegen, stellt aber fest, daß die »Wolke« inzwischen beide Seiten der Maschine sowie das Flugzeugheck erreicht hat. Sie bildet einen Ring um ihn. Nur vor ihm bleibt noch eine tunnelartige zylindrische Öffnung. Er fliegt mit Höchstgeschwindigkeit in sie hinein, in der Hoffnung, aus der bedrohlichen Situation schnellstens wieder herauszukommen.
Die Wände des »Tunnels« werden immer enger. Sie leuchten in einem unwirklich schimmernden Weiß. Gernon hat den Eindruck, als ob sich das Wolkenmaterial in diesem Tunnel im Uhrzeigersinn drehe. Während der letzten 20 Sekunden scheinen die äußeren Enden der Tragflächen sogar die Wände zu berühren. In der Maschine herrscht totale Schwerelosigkeit.
Als Gernon auf der »anderen Seite« mit heiler Haut herauskommt, erschrickt er zum zweiten Mal: kein blauer Himmel, kein blaues Wasser, sondern mattgrüner Dunst, der

jede Fernsicht unterbindet. Die Bordinstrumente funktio-
nieren nicht mehr, der Sprechfunkkontakt ist unterbrochen.
Nichts geht mehr. Gernon ist verzweifelt.
Dann, ganz plötzlich beginnt der Schleier aufzureißen und
bildet Streifen, die allmählich durchlässiger werden. Boden-
sicht. Unter der Maschine liegt Miami Beach. Doch an der
Flugzeit gemessen, sollte er eigentlich erst über Bimini sein.
Nach der Landung in Palm Beach stellte man fest, daß der
Flug statt der üblichen 75 Minuten nur 45 Minuten gedau-
ert hatte, und dies, obwohl Gernons Flugstrecke sogar um
80 Kilometer länger als normal war. Doch damit nicht
genug. Statt der sonst benötigten 40 Gallonen Flugbenzin
hatte er ganze 28 Gallonen verbraucht.
Läßt man einmal die »verdächtige« ringförmige Wolke
völlig außer acht, so gibt es für die Zeit- und Benzineinspa-
rung keine rationale Erklärung. Könnte es nicht sein, daß
Gernon auf dem Wege nach Palm Beach eine »Abkürzung«
durch Raum und Zeit aufgenötigt bekam, die ihn über ein
zeitneutralisierendes, unsichtbares Universum führte und
die Bordzeit um mindestens 30 Minuten verkürzte, wäh-
rend für den Rest der Welt die Uhren richtig gingen? Die
Einsparung an Treibstoff könnte ein Indiz für diese phanta-
stisch anmutende Hypothese, für seine vorübergehende
Zeitlosigkeit sein.

1   Flexibel wie ein Gummiband

Einsteins Spezielle Relativitätstheorie besagt unter anderem, daß bewegte Uhren, d. h. solche, die z. B. in einem Flugzeug oder Raumschiff installiert sind, verglichen mit Uhren, die auf der Erde einen festen Standort einnehmen, langsamer gehen. Das wurde bereits vor Jahren, wenn auch nur im Nanosekundenbereich, durch Vergleichsmessungen mit Uhren an Bord schnell fliegender Flugzeuge, die die Erde in verschiedenen Richtungen umrundeten, exakt nachgewiesen.

Beim relativistischen Raumflug, also bei Reisegeschwindigkeiten ab etwa 90 Prozent der Lichtgeschwindigkeit (rd. 270 000 km/s), macht sich die sogenannte Zeitdehnung (Zeitdilatation) schon ganz gewaltig bemerkbar. Und dieses Phänomen bietet, zumindest theoretisch, gewisse Möglichkeiten zur indirekten Überwindung der Zeit. Wenn wir nämlich unter Einsatz unkonventioneller Antriebssysteme bei biologisch vertretbaren Dauerbeschleunigungen extrem hohe Geschwindigkeiten erreicht haben – Werte, die der Lichtgeschwindigkeit schon recht nahe kommen – bewegen wir uns bereits in dem von Einstein und dessen Lehrer Hermann Minkowski relativierten Universum, in dem der Raum gekrümmt ist und die Zeit, je nach Standort des Beobachters, verlangsamt oder beschleunigt wird.

Der in den Weiten des Alls entschwindende Astronaut altert

demnach – abhängig von der gewählten Beschleunigung des Raumfahrzeuges – wesentlich langsamer als z. B. das auf der Erde zurückbleibende Bodenpersonal, ein Vorgang, der als »Zwillingsparadoxon« (auch Uhrenparadoxon) bekannt geworden ist.

Wer allerdings glaubt, sich dieses Phänomens als einer Art Jungbrunnen bedienen zu können, täuscht sich. Ein mit relativistischen Geschwindigkeiten dahineilender Astronaut altert, relativ betrachtet, in gleichem Maße wie die auf der Erde Zurückgebliebenen. Zwischen beiden liegen unvorstellbare Entfernungen, und allein diese sind es, die den Zeitablauf auf der Erde – vom Raumfahrzeug aus gesehen – rasant beschleunigen und dadurch *die Zeit* auf der Erde schneller vergehen lassen. Für den Raumfahrer wird die Erd-Zeit kontrahiert.

Die durch den relativistischen Raumflug für den Astronauten gegebenen Möglichkeiten der Zeitüberbrückung durch Zeitdehnung sind, unter Abzug der an Bord verbrachten Jahre, ausschließlich auf Reisen in die irdische Zukunft beschränkt. Sie ermöglichen weder die Herstellung des früheren Zeitstatus von Astronauten noch Reisen in die Vergangenheit und erfüllen damit auch nicht die Kriterien echter Zeitreisen. Diese setzen, so paradox das auch zunächst erscheinen mag, viel höhere Geschwindigkeiten als die des Lichtes bzw. völlig neue »Transporttechniken« voraus. Nur auf diese Weise ließen sich »Bilder« vergangener Ereignisse einfangen und längst verflossene Vorgänge beobachten.

Doch untersuchen wir zunächst einmal die beschränkten Möglichkeiten des relativistischen Raumfluges. Wie kommt es überhaupt zur Zeitdehnung an Bord eines Raumfahrzeuges, zu dem bereits erwähnten Zwillings- oder Uhrenparadoxon?

Das Uhrenparadoxon läßt sich noch am ehesten an unstabilen Elementarteilchen, z. B. an μ-Mesonen erläutern. Diese mittelschweren Masseteilchen kommen in der natürlichen, aus dem Kosmos stammenden Höhenstrahlung vor. Sie lassen sich aber auch künstlich erzeugen. Die in der Höhenstrahlung enthaltenen μ-Mesonen weisen – von der Erde aus gesehen – jedoch stets eine viel größere Lebensdauer als die künstlich erzeugte Mesonen-Spezies auf. Das gab den Wissenschaftlern zu denken. Durch Messungen stellte man fest, daß die kosmischen Mesonen fast mit Lichtgeschwindigkeit, die künstlich erzeugten hingegen wesentlich langsamer fliegen. Sie durchlaufen das Hundert- bis Tausendfache dieser Strecke, ohne zu zerfallen, da ihre Lebensdauer durch die Zeitdehnung – von der Erde aus beobachtet – um einen von dem holländischen Physiker Hendrik Lorentz errechneten Faktor vergrößert wird. Dieser verzögerte Zerfall von Mesonen höchster Geschwindigkeit bestätigt das Einsteinsche Zwillingsparadoxon einwandfrei.

Verläßt ein Raumfahrer mit hoher Geschwindigkeit die Erde, um nach einer bestimmten Zeit auf einer geschlossenen Bahn zurückzukehren, so wird ein Beobachter auf der Erde, der Relativitätstheorie entsprechend, feststellen, daß die Uhr des Astronauten vorgeht. Gemessen an irdischen Uhren ist dieser jünger geworden.

Betrachtet man jedoch den Vorgang aus der Sicht des Astronauten, so bewegt sich der Beobachter auf der Erde in Richtung des Raumschiffs. Folglich müßte der Astronaut seinerseits feststellen, daß der Beobachter auf der Erde weniger gealtert und relativ jünger geworden ist. Wie aber ist dieser Widerspruch zu verstehen?

Nach Einstein beruht dieses Paradoxon auf der falschen Annahme, daß für das Raumschiff dieselben Verhältnisse gelten wie für den erdgebundenen Beobachter. Gerade das ist jedoch nicht der Fall, denn das Raumschiff muß, um zur Erde zurückzukehren, seine Richtung ändern. Dies aber erfordert eine Beschleunigung, die der Astronaut z. B. als Zentrifugalkraft spüren kann. Beobachter und Raumschiff sind in dieser Hinsicht also keinesfalls in der gleichen Situation, da ja die Erde ihre Richtung nicht ändert.

Nahezu lichtschnelle interstellare Reisen dürften allenfalls mit photonenbetriebenen Raumfahrzeugen möglich sein. Sie könnten aufgrund der relativistischen Zeitverschiebung eine Expedition zum etwa 4,27 Lichtjahre entfernten Alpha Centauri, die mit nuklearbetriebenen Fahrzeugen rd. 600 Jahre in Anspruch nehmen würde, auf rd. 7 Jahre verkürzen. Unter der Voraussetzung, daß bei der Hinreise die Beschleunigung sowie bei der Rückkehr die Bremsung jeweils 1 g (Maßeinheit für Beschleunigung bzw. Bremsung) beträgt, würde z. B. die Fahrt zum Zentrum der Milchstraße und zurück 38 Jahre, die zum etwa 2 Mio. Lichtjahre entfernten Andromedanebel ganze 52 Jahre dauern. Fragt sich nur, mit welchen Mitteln die zur Erzielung des hier aufgezeigten Zeitdilatationsphänomens erforderlichen Reisegeschwindigkeiten erreicht werden können. Chemische Antriebsaggregate, mit denen sich, nach Professor Eugen Sänger, maximale Reisegeschwindigkeiten von 50 000 km/h (etwa 14 km/s) erzielen lassen, aber auch nuklear-elektrische (bis 100 000 km/h) und elektrische Ionen-Antriebssysteme (max. 500 000 km/h), dürften für den relativistischen Raumflug immer noch zu langsam sein. Dagegen räumt Sänger sogenannten »Photonen-Raumschiffen«, deren Antrieb durch Lichtteilchen (Photonen) erfolgt, zumindest theoretisch eine Chance ein: Der Bereich der Photonenraketen geht in den letzten Ausläufern einerseits bis in die Höhen der Fixsterne, andererseits bis in die Wunderwelt der relativistischen Mechanik.

Doch Vorsicht! Wenn wir von Photonenraketen mit einer erträglichen Beschleunigung von 1 g, nur 10 t Nutzlast, 10 t Antriebssystem und 200 t Startgewicht ausgehen, benötigen wir eine Leistung von 600×10^6 Megawatt, um in 2×3 Jahren 98 Prozent der Lichtgeschwindigkeit zu erreichen. Das ist etwa das Tausendfache dessen, was die gesamten irdischen Kraftwerke noch vor Jahren produzierten. Hinzu kommt, daß es bei Photonen-Raumschiffen auch Schwierigkeiten mit geeigneten Schutzmaßnahmen gegen kosmische Strahlung geben könnte. Denn lichtschnelle Raumfahrzeuge wären einem viel stärkeren Strahlen- und Partikelbombardement als konventionelle Vehikel ausgesetzt.

Mit der von R. W. Bussard konzipierten »interstellaren Rammdüse« würde man für eine Reise zum bereits zitierten Alpha Centauri und zurück immer noch 38 Jahre benötigen. Die Rammdüse soll nach dem Prinzip eines Fusionsgenerators arbeiten. Sie würde auf thermonuklearem Wege das mittels eines Schirms am Bug aufgefangene interstellare Gas (vorwiegend Protonen) und das Verbrennungsprodukt mit erhöhter Geschwindigkeit hinten wieder ausstoßen. Denkbar wären ferner Antriebe mittels Laserfusionsgeneratoren und reine lasergetriebene Raumfahrzeuge. Geradezu phantastisch mutet auch das Prinzip des bombenangetriebenen Weltraumfahrzeug-Projekts »Orion« an, bei dem am Heck explodierende Atombomben kräftige Impulse auf die Stoßdämpfer und somit auf die Nutzlast übertragen. Nach Schätzung von Experten lassen sich nach diesem »Hauruck«Prinzip Reisegeschwindigkeiten von höchstens 10 Prozent der Lichtgeschwindigkeit, also etwa 30 000 km/s erreichen, um auf dem Umweg über eine viele Jahre dauernde Raumexpedition in die eigene Zukunft zu reisen. Nach eingehender Untersuchung aller zur Zeit realisierbaren oder doch theoretisch denkbaren Antriebssysteme kommt man zu dem enttäuschenden Schluß, daß Antriebe, die nach dem Impuls-Reaktionsprinzip arbeiten, d. h. die Materieteilchen oder Photonen ausstoßen, für interstellare »Zeit«-Reisen praktisch ungeeignet sind. Wichtigstes Handicap ist die Tatsache, daß die Masse eines Objekts – hier des Raumfahrzeugs – mit zunehmender Geschwindigkeit immer größer wird und bei Erreichen der Lichtgeschwindigkeit schließlich den Wert »unendlich« annimmt. Wir werden uns daher nach anderen, effizienteren Möglichkeiten zur Umgehung der Zeitbarriere umsehen müssen, solchen, die dem Astro-/ Temponauten auch die Chance der Rückkehr in die Realzeit – die eigene Gegenwart – erlauben.

Gehen wir zunächst einmal der Frage nach, wie sich echte Zeitversetzungen und Zeitanomalien – ganz gleich, ob »natürlicher« oder künstlich hervorgerufener Art – äußern würden. Untersuchen wir einmal, ob es bereits Hinweise auf nachgewiesene Fälle von Zeitdehnung bzw. Zeitraffung gibt, die wiederum Rückschlüsse auf das Wirken zeitverändernder Mechanismen zulassen.

2 Zeitmanipulationen

Wann immer Menschen auf unvorhergesehene Weise direkt oder indirekt in den Bannkreis einer anderen Realität geraten, hat dies seltsame, häufig erst später bemerkte Zeitanomalien zur Folge. Wir sprechen von Raffung bzw. Dehnung der Eigenzeit, von Zeitkontraktion bzw. Zeitdilatation – Phänomenen, wie sie unter anderem auch aus der Ufo-Szene her bekannt sind.

Benötigt man für eine bestimmte Wegstrecke, ohne absichtlich Abkürzungen zu benutzen oder die Geschwindigkeit zu erhöhen, viel weniger Zeit als sonst, so würde dies für den hiervon unmittelbar Betroffenen wie im Fall des Piloten Bruce Gernon eine Zeitraffung bedeuten. Isoliert betrachtet, könnte man für diesen interessanten Fall möglicherweise eine an den Haaren herbeigezogene »natürliche« Erklärung bemühen. Es dürfte aber nur wenigen bekannt sein, daß Zeitanomalien – durch was oder von wem auch immer ausgelöst – gar nicht einmal so selten sind.

In der Nacht vom 15. zum 16. Juli 1972 gegen 02.30 Uhr waren der Musikprofessor A. Brunelli und dessen Freund, ein im Ruhestand lebender Industrieller, S. Porchietto, mit dem Wagen von Balnearia (Argentinien) losgefahren, um nach einem ausgedehnten Festbankett ins 180 km entfernte heimatliche Córdoba zurückzukehren. Gegen 03.10 Uhr mußten beide zu ihrem größten Erstaunen feststellen, daß sie sich an einer Stelle befanden, die nur knapp 30 Kilometer von Córdoba entfernt war. Nachträglich fiel ihnen auf, keine der zwischen Arroyito und Montecristo gelegenen kleinen Ortschaften bemerkt zu haben. Dabei kannten sie die benutzte Strecke wie ihre Hosentaschen.

Die gesamte Fahrt hatte nur eine Stunde gedauert. Gewöhnlich benötigten sie für die gleiche Strecke bei unverändertem Tempo mit Porchiettos Ford »Falcon« aber zwei Stunden. Als sie zu Hause den Treibstoffverbrauch kontrollierten, erlebten sie eine weitere Überraschung. Für die nächtliche Tour hatte man nur gut die Hälfte des üblichen Quantums Benzin verbraucht.

Die Männer wollen übrigens den Eindruck gehabt haben, als ob ihr Wagen während der Fahrt wie auf einem Luftkissen die Straße entlanggeglitten sei. Waren die beiden etwa ein Stück Wegs in der Zeit gereist, hatten sie unfreiwillig eine Abkürzung über die Zeitlosigkeit des Hyperraumes genommen, ohne dies gewahr zu werden? Oder litten sie doch nur unter Halluzinationen?

Ganz anders verhält es sich, wenn jemand zur Bewältigung einer bestimmten, ihm bekannten Strecke, ohne Umwege in Anspruch genommen oder die Geschwindigkeit gedrosselt zu haben, plötzlich viel mehr Zeit als sonst benötigt. Es scheint dann, als habe sich für die betreffende Person die Zeit auf unerklärliche Weise gedehnt. Handelt es sich hierbei um bloße Erinnerungslücken – ungewöhnliche Gedächtnisblockaden – oder um die zeitdehnende Wirkung eines höherdimensionalen »Feldes«?

Ein solcher Vorfall ereignete sich am 6. Januar 1976 in der Gegend von Hustonville im US-Bundesstaat Kentucky. Drei berufstätige Frauen – Louise Smith, Mona Stafford und Elaine Thomas –, die nach einem gemeinsamen Abendessen in einem Restaurant nahe Stanford gegen 23.15 Uhr die Rückfahrt nach Liberty angetreten hatten, sahen sich mit einem Mal von einem unbekannten Flugobjekt verfolgt, das ihnen kurz darauf eine Menge Unannehmlichkeiten bereiten sollte.

Obwohl Mrs. Smith ihren Fuß vom Gaspedal nahm, um auf diese Weise ihren aus unerklärlichen Gründen immer schneller werdenden Wagen abzubremsen, schien die Beschleunigung nur noch zuzunehmen. Zu ihrem Entsetzen mußte sie feststellen, daß die Bremsen versagten. Als die drei Frauen dann auch noch ein schmerzhaftes Brennen in ihren Augenhöhlen spürten, gerieten sie völlig aus der Fassung. Die rote Kontrollampe am Armaturenbrett leuchtete auf. Der Motor hatte ausgesetzt. Trotzdem raste der Wagen mit unvermindert hoher Geschwindigkeit die Straße entlang. Aber auch mit dieser schien etwas nicht zu stimmen. Unbegreiflicherweise war sie ihnen »völlig fremd«.

Kurz vor Hustonville schien ihr Orientierungssinn plötzlich wieder zu funktionieren, und Mrs. Smith gewann die Herrschaft über ihren Wagen zurück. Zu Hause angekommen,

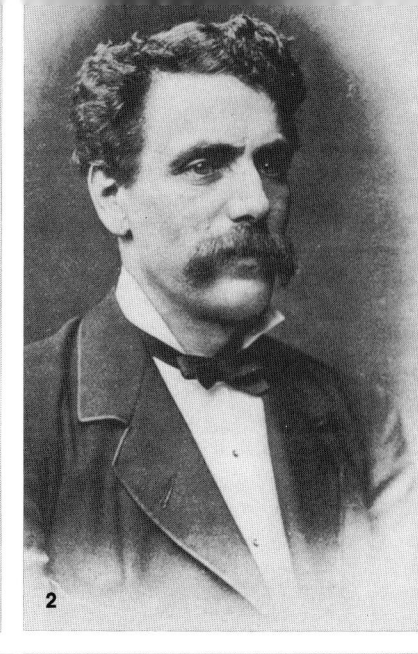

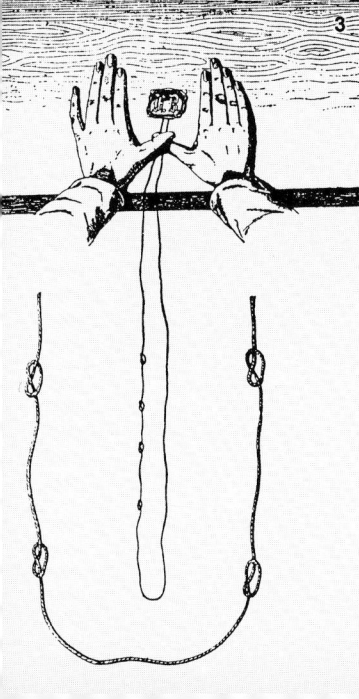

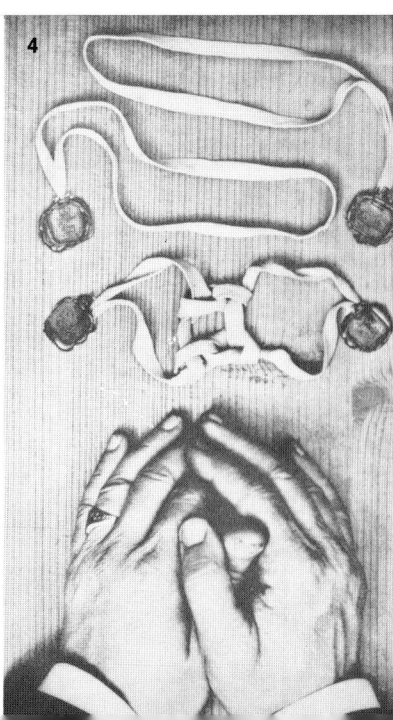

6

1, 2   Der deutsche Physiker Johann Karl Friedrich Zöllner (1834–1882) (links),
Begründer der Astrophysik, experimentierte seinerzeit mit dem amerikanischen
Psychokinese-Medium Henry Slade (rechts), um die Existenz einer vierten
Dimension, den Hyperraum, nachzuweisen.

3, 4   Bei dem berühmten Knotenexperiment vom 17. 12. 1877 ließ Zöllner von Slade
in einen geschlossenen (endlosen) Faden mehrere echte Knoten schlagen (links).
Später wurde das Experiment mit Lederstreifen erfolgreich wiederholt (rechts).
Zöllner wertete dies als Beweis für die Existenz einer vierten Dimension.

5   Einer der amerikanischen Bomber des Typs »B-25« geriet während des Zweiten
Weltkriegs nahe der burmesisch-indischen Grenze in eine kleine »Wolke« und
verschwand darin auf Nimmerwiedersehen. Ex-Captain Stuart C. Burdick (unten
rechts) schilderte dem Autor dieses Buches erstmals den Hergang des
aufsehenerregenden Zwischenfalls.

6   »Le Blanc-Seing« von René Magritte. Dieses Bild drückt aus, daß unsere Welt
»Risse« hat, in denen Menschen und Dinge spurlos verschwinden können.

machten die drei eine erstaunliche Feststellung: Die Fahrt von Stanford nach Liberty hatte 135 Minuten gedauert. Normalerweise brauchten sie für diese Strecke nur 45 Minuten. Für die fehlenden eineinhalb Stunden hatten die drei Frauen keine stichhaltige Erklärung, da sie sich ständig zu fahren wähnten.

Die amerikanische Ufo-Organisation APRO erfuhr auf Umwegen von diesem Zwischenfall. Wie so oft, war es auch diesmal wieder ein anerkannter Fachwissenschaftler, Dr. Leo Sprinkle, Psychologieprofessor an der Universität von Wyoming, der sich dieses Falles annahm und das mysteriöse Geschehen durch Anwendung von Hypno-Regressionstechniken – hypnotische Rückführung bis zur Zeit des Geschehens – und Lügendetektortests aufzuhellen versuchte. Ihm gelang es schließlich, die Gedächtnisblockaden zu durchbrechen und Erstaunliches zu Tage zu fördern.

Seinen Protokollen ist zu entnehmen, daß die drei Frauen auf nicht erkennbare Weise in ein parkendes Ufo transportiert und dort gründlich untersucht worden waren. Mrs. Thomas konnte sich in Hypnose sogar noch gut an das Aussehen der Fremden erinnern: 1,20 bis 1,40 m große Humanoide mit dunklen Augen, Hautfarbe grau.

Dr. Sprinkle ist von der Aufrichtigkeit der überprüften Personen und von der Realität ihrer Erlebnisse an Bord des Fahrzeuges fest überzeugt. Ihre »Verletzungen« an Hals, Rücken und Händen, das Brennen in ihren Augenhöhlen – Symptome, die erst nach zwei Tagen nachließen –, schließen nicht aus, daß es sich hierbei um ganz reale Folgeerscheinungen der medizinischen »Untersuchung« an Bord der fremden »Maschine« handelte.

Leider wird solchen Begegnungen der »unglaublichen Art« von offizieller Seite nur wenig Beachtung geschenkt. Skeptiker haben alle möglichen Argumente gegen die Anwendung der Hypno-Regression angeführt. Zusammen mit der äußerst bizarren Natur der Entführungsberichte liegt es natürlich nahe, nach der psychischen Verfassung der Betroffenen zu fragen. Halluzinieren sie? Sind sie gar schizophren oder zumindest leicht psychotisch?

Daß dies auf die durch Ufos Entführten – sogenannte Abductees – in der Regel nicht zutrifft, wurde 1984 durch ein Schlüsselexperiment bestätigt. Drei amerikanische Ufo-Forscher – Ted Bloecher, Budd Hopkins und Dr. Aphrodite Clamar, die bereits 22 Entführungsfälle untersucht hatten, davon 17 durch Hypno-Regression – wählten insgesamt zehn Personen aus, um sie gründlich psychologisch testen zu lassen. Ihre Absicht war es herauszufinden, ob sie unter mentalen Störungen litten, die für die geschilderten Erlebnisse verantwortlich sein könnten. Bei den Test-Personen handelte es sich um je einen College-Lehrer, Schauspieler, Tennislehrer, Elektroniker, Gemeinderichter, Geschäftsführer, Artisten, Radiotechniker, den Direktor eines Chemielabors sowie um eine Sekretärin.

Ein professioneller Psychologe, der keine Kenntnis davon hatte, daß es sich bei den Test-Personen um Abductees handelte, erhielt den Auftrag, deren Persönlichkeit zu untersuchen. Ihm wurde lediglich gesagt, daß alle Testpersonen etwas gemeinsam hätten und auf emotionale sowie psychische Stabilität hin untersucht werden sollten. Bei diesem Experiment wurden psychologische Standard-Tests wie Rorschach, TAT, Wechsler-Erwachsenen-Intelligenz-Skala, Minnesota Multiphasic Personality Inventory sowie »projektive Zeichnungen« usw. durchgeführt. Das von anderen unabhängigen Psychologen nachgeprüfte Ergebnis sorgte für eine Überraschung: Alle getesteten Personen erwiesen sich als völlig normale, nichtpsychotische Persönlichkeiten. Sie wurden samt und sonders als sehr korrekte, ungewöhnliche und interessante Personen charakterisiert.

Ergänzend hierzu meinte die Psychologin Dr. Slater: »Wenn die berichteten Entführungen konfabulierte Phantasieprodukte wären, die auf dem beruhen, was wir über Geisteskrankheiten wissen, so könnten sie allenfalls von pathologischen Lügnern, paranoiden Schizophrenen und erheblich gestörten, außergewöhnlich selten hysterischen Charakteren stammen.«

Der amerikanische Hypnosearzt Dr. McCall bekräftigt die Zuverlässigkeit von Regressionstechniken mit der Bemerkung, daß Nicht-Entführte niemals den Streß und Terror einer Abduction imitieren könnten, wie sie von tatsächlich Entführten in Hypnose wiedererlebt werden. Die von ihm gesammelten Erfahrungen sprechen eindeutig dagegen.

Budd Hopkins hat gemeinsam mit drei Psychiatern und zwei Psychologen etwa 180 Zeugen von Ufo-Entführungen untersucht. Unter ihnen befanden sich drei promovierte Wissenschaftler, ein US-Bundesrichter, ein Armee- und ein Polizeioffizier sowie ein Psychotherapeut. Niemand von ihnen konnte aus seinen Erlebnissen irgendwelchen persönlichen Nutzen ziehen. Aber alle mußten damit rechnen, sich lächerlich zu machen, sich hierdurch beruflich zu schaden. Im einzelnen gelangten Hopkins und Mitarbeiter zu folgenden Erkenntnissen:

– Entführte empfinden eine tiefe Scham und leiden unter sozialer Entfremdung, weil ihre Erfahrung von anderen nicht verstanden und akzeptiert wird;

– Menschen können entführt worden sein, ohne sich bewußt daran zu erinnern;

– viele Entführte tragen ähnlich aussehende Narben, die offenbar bei der Entnahme von Zellgewebe entstanden sind;

– häufig sind diese Personen mehrmals entführt worden usw.

Was gegen die vielfach vorgebrachte Halluzinationstheorie spricht, wird durch den »Special Blue Book Report« der amerikanischen Luftwaffe deutlich, wonach weniger als zwei Prozent der Ufo-Sichtungen auf Halluzinationen beruhen. In gleicher Weise widersprechen ihr die zahlreichen physikalischen und psychischen Begleiterscheinungen, die Anwesenheit weiterer Zeugen und die relative Gleichheit der Berichte aus unterschiedlichen Kulturkreisen.

Ende der sechziger Jahre will der aus Wisconsin stammende Rechtsanwalt Raymond Shearer nach einer bis in die späten Nachtstunden dauernden Besprechung in Madison auf der Heimfahrt mit seinem Wagen eine traumatische Begegnung mit »Fremdentitäten« gehabt haben. Sie sollte ihm nicht nur eine jener typischen Zeit- oder Erinnerungsverluste bescheren, sondern auch seinen Charakter und sein Verhalten gegenüber seinen Mitmenschen innerhalb weniger Wochen von Grund auf verändern. Und dies im negativen Sinne: Nervös, von unerklärlichen Ängsten getrieben, geriet der früher friedfertige Shearer jetzt des öfteren mit seiner Ehefrau in Streit. Er zankte sich mit seinen Klienten und verlor jegliches Interesse an seiner Praxis. Dafür engagierte er sich ohne erkennbaren Grund um so mehr in der Lokalpolitik.

Sein Vater konnte ihn schließlich dazu überreden, die Hilfe erfahrener Psychotherapeuten einer nahegelegenen Klinik in Anspruch zu nehmen. Nach Wochen vergeblichen Bemühens, die Hintergründe seines sonderbaren Verhaltens aufzuhellen, entschlossen sich die Ärzte zur Anwendung hypnotischer Regressionstechniken. Im Verlaufe mehrerer Hypnose-Sitzungen konnten schließlich die Gedächtnisblockaden aufgehoben und die Ursachen für Shearers merkwürdiges Verhalten festgestellt werden: Er hatte eine sehr realistische Nahbegegnung mit »Fremdentitäten« erlebt – eine Begegnung der III. Art, wie die Ufologen sagen.

Von den diversen Hypnose-Sitzungen liegen Tonbandprotokolle vor, die darauf schließen lassen, daß Shearer, wie so viele andere Abduzierte vor ihm, medizinisch getestet und im Sinne der Fremden indoktriniert worden war. Allein der Teil des Gesprächs mit dem Kommandanten des Flugobjekts, der sich auf den bizarren Zeitbegriff der Fremden bezieht, macht stutzig, könnte letztlich auf deren Fortbewegungstechnik hindeuten:

Hypnotherapeut: »Sie wurden von dem (Ufo-)Kommandanten nach der Zeit gefragt. Sagten Sie ihm diese?«

Shearer: »Ich hielt meine Uhr ins Licht, das von dem Ufo ausstrahlte. Es war 01.47 Uhr. Er fragte mich, welche ›Art von Zeit‹ wir benutzten. Ich fand diese Frage sehr komisch, aber ich stellte mir vor, daß er wissen wollte, wie wir die Zeit messen. Daraufhin informierte ich ihn über die Bedeutung unserer Zeitmessung – die Dauer eines Tages, Monats und Jahres. Er sagte, daß wir lernen sollten, genauer mit der Zeit umzugehen.«

Hypnotherapeut: »Was meinte er damit?«

Shearer: »Er sagte, daß es so etwas wie Zeit entsprechend unserer Vorstellung überhaupt nicht gäbe. Seine Leute besäßen die Fähigkeit, *die Zeit zu verzerren*, d. h. zu beschleunigen, zu verlangsamen oder sie anzuhalten. Um dies ebenfalls tun zu können, müßten wir erkennen, daß die ›Zeit‹ nur in unserer Vorstellung existiere. Ein kleines Kind habe (bei uns) überhaupt keinen Zeitbegriff. Eine Minute könne ihm wie eine Stunde und ein Tag wie eine Ewigkeit erscheinen. Erst mit den Jahren würde sich bei uns eine falsche Zeitauffassung einstellen.«

Ahmed Jamaludin berichtet über einen besonders krassen Fall von Zeitdehnung, der, allerdings ohne erkennbare

Anwesenheit eines Ufos, bei einem Angehörigen der chileni-
schen Armee vorgekommen sein soll. Am 25. April 1977
löste sich der Armeekorporal Armando Valdes vor den
Augen von sechs maßlos verblüfften Soldaten buchstäblich
in Luft auf. Sofort wurde Alarm gegeben. Fünfzehn Minuten später, während die Suche nach ihm noch in vollem
Gange war, tauchte er ebenso unvermittelt wieder auf – mit
»Wochenbart«. Nach seiner Armbanduhr waren fünf Tage
verstrichen. An den Ort seines fünftägigen Aufenthalts
konnte er sich nicht erinnern. Halluzinationen eines notori-
schen Aufschneiders, Schwindlers? Wenn es eines überzeu-
genden Beweises bedurft hätte: Wochenbärte wachsen be-
kanntlich nicht in einer Viertelstunde.
Erinnerungen steigen in mir auf. Mein Traumerlebnis fällt
mir ein: In nur wenigen Sekunden Realzeit hatte ich ein
kaum endenwollendes phantastisches Spektakel erlebt –
eine Seifenoper aus einer anderen Welt.

3   Das Nullzeituniversum

Wenn sich Ufos, anstatt wegzufliegen, vor unseren Augen
(scheinbar) in Nichts auflösen, d. h. sich dematerialisieren,
oder wenn Menschen, irgendwelche Gegenstände, ja sogar
ganze Schiffe und Flugzeuge plötzlich, d. h. ohne erkennbaren Übergang, von der Bildfläche verschwinden, fragen wir
uns verständnislos, welchen Weg sie genommen haben
mögen, wo sie abgeblieben sind. Das momentane lautlose
»Auflösen« von Materie gleich welcher Art läßt darauf
schließen, daß die hiervon betroffenen Objekte keinesfalls
zerstört wurden, sondern daß sie lediglich aus unserer
dreidimensionalen Welt entschwunden und dafür in einer
anderen, für uns nicht sichtbaren Realität aufgetaucht sind.

Das für einen solchen Realitätswechsel in Anspruch genommene Durchgangsuniversum, in dem die Zeit, wie wir sie verstehen, einen »Dornröschenschlaf« hält, wird in der modernen Physik als »Hyperraum« bezeichnet. Ihm wollen wir unsere Aufmerksamkeit widmen, um gewisse Zeitanomalien, aber auch Psi-Phänomene besser verstehen zu können.

Alle Strukturen (Gebilde), die mehr als drei Dimensionen (Länge, Breite, Höhe) umfassen, also auch solche, die die vierte Dimension – die Zeit – beinhalten, gelten als »Hyperraum«, wobei die Silbe »Raum« natürlich nur im übertragenen Sinne zu verstehen ist. Es handelt sich hierbei um etwas, das über (griech.: »hyper«) unserem gewohnten dreidimensionalen »Lebens«-Raum steht. Genauer ausgedrückt: Der Hyperraum ist ein für unsere Sinne unvorstellbares Gebilde, in dem wir berührungslos integriert sind. Unvorstellbar deshalb, weil bereits die einfachste Hyperraumstruktur, der vierdimensionale »Raum in der Zeit« in unserem Bewußtsein keine Entsprechung hat, von Gebilden, die aus noch mehr Dimensionen bestehen, ganz zu schweigen.

Das theoretische Konstrukt »Hyperraum« ist zwar mathematisch und, ähnlich den frühen primitiven Atommodellen, stark vereinfacht auch modellhaft darstellbar, läßt sich aber nicht unmittelbar physikalisch, sondern letztlich nur durch Schlußfolgerungen aus Anomalien nachweisen.

Schwieriger wird es, wenn wir uns Wechselwirkungen zwischen unserer Welt und dem vierdimensionalen Hyperraum oder gar einem multidimensionalen Gebilde, wie z. B. die von dem Physiker Burkhard Heim konzipierte sechsdimensionale Trans-Welt, vorstellen sollen. Lösen wir uns daher zunächst einmal von allzu abstrakten Hyperraum-Vorstellungen und begeben wir uns in die Niederungen einer »Welt«, die wir besser zu überschauen vermögen – in ein

Schattenuniversum, dessen »Bewohner« aus nur zwei Dimensionen (Länge und Breite) bestehen. Nehmen wir an, diese zweidimensionalen Wesen (Flächenwesen) hätten ebenfalls eine ihrer 2 D-Situation angepaßte Physik, ja sogar eine Relativitätstheorie entwickelt. Müßten sie »Besuch« aus einer anderen Dimension (Höhe) nicht ebenso merkwürdig empfinden wie wir, wenn wir uns plötzlich irgendwelchen ungewohnten Erscheinungen gegenübersehen?

Die Flächenlandbewohner könnten sich beispielsweise unter den für sie »höherdimensionalen« Objekten – die Realität des Dreidimensionalen –, wie Würfel, Kugeln und Pyramiden, absolut nichts vorstellen. Im Flächenland würde jede in sich geschlossene Kurve, wie z. B. ein Kreis, die von ihr umschlossene Fläche – ihre Welt – hermetisch von der Außenwelt (Fläche außerhalb des Kreises) abriegeln. Um in diese 2 D-Welt zu gelangen, müßte sich ein außerhalb des Kreises befindlicher Flächenlandbewohner schon in die für ihn unvorstellbare dritte Dimension, die Höhe, bemühen. Nach Überwindung der »Kreislinienmauer« würde der Eindringling vor den Augen verblüffter Flächenländler innerhalb des Kreises plötzlich aus dem Nichts entstehen – ein Materialisationsvorgang. Ähnliches erleben mitunter Zeugen von Ufo-Manifestationen, und gerade solche blitzartig erfolgenden Materialisationsprozesse lassen Rückschlüsse auf Herkunft und Operationsmodus jener seltsamen Himmelsobjekte zu.

Für Flächenwesen würden Dinge, die wir in ihre Weltebene verbringen oder hinüberprojizieren, »flächenhaft-materiell« erscheinen. Sie müßten plötzlich auftauchende Linien erkennen und mit Hilfe ihrer Geometrie eventuell auch Krümmungen am »eingetauchten« Objekt berechnen können. Hieraus würden sie womöglich schließen, daß die merkwürdigen Erscheinungen flächenhaft wären.

Wissenschaftler dieser 2 D-Welt, die eine Flächenwelt-Relativitätstheorie postuliert haben, könnten aufgrund des plötzlichen, unerklärbaren Auftauchens eines Objekts behaupten, daß da noch eine weitere Dimension – genannt Höhe – wäre, die, in Verbindung mit ihrer Fläche, ein gar sonderbares Gebilde (z. B. einen Würfel) ergäbe. Und dieses Objekt wäre für Flächenwesenbegriffe etwas höchst Seltsames – eine Art »Hyperraum«. Nach den Gesetzen der Flächenweltmathematik wäre das plötzlich aufgetauchte Ding etwas durchaus Reales, wenn man es sich von dort aus gesehen nur in eine bestimmte Richtung (wohin, wissen die 2 D-Wesen natürlich nicht) erweitert denkt.

Würden wir durch eine Papierfläche – die »Welt« der Flächenwesen – einen Finger stecken, dann wäre der Eindringling für sie sogar physisch spürbar – er hätte sich »vollmaterialisiert«. Projizieren wir ihn hingegen mittels einer Lichtquelle als Schatten in die Ebene der Wesen, dann könnten die Zweidimensionalen diese Projektion zwar »sehen«, sicher aber nicht »spüren«. Eine solche Manifestation wäre für sie »halbmateriell« – sichtbar zwar, aber nicht greifbar. Sie erschiene ihnen wohl materiell, wäre aber dennoch bildhaft-immateriell. Analoge Beziehungen dürfte es auch zwischen dem Ufo-Phänomen und uns geben.

Besonders intelligente Zweidimensionale mit Kenntnissen in der Flächenwelt-Relativitätstheorie müßten bald erkennen, daß asymmetrische Gebilde, wie z. B. schiefwinkelige Dreiecke, nur durch Umkippen oder Umstülpen – also unter Inanspruchnahme der in ihre Welt nicht einbezogenen dritten Dimension, der Höhe, zur Deckung gebracht werden können. Ähnlich hilflos stehen auch wir der Aufgabe gegenüber, Körper zur Deckung zu bringen, die wohl in ihren Seiten und Winkeln übereinstimmen, jedoch spiegelverkehrt symmetrisch aufgebaut sind. Versuchen wir doch einmal, einen rechten und einen linken Handschuh zur Deckung zu bringen, so daß Daumen auf Daumen liegend *beide* Innenflächen nach vorn weisen. Aufgrund der spiegelverkehrten Beschaffenheit des Handschuhpaares ist dies, trotz vollkommener Deckungsgleichheit beider Einzelteile, unmöglich. Fazit: Dieses Problem ist zumindest innerhalb unserer dreidimensionalen Welt nicht zu lösen. Uns fehlt hierzu ganz einfach eine weitere, d. h. die vierte Dimension, in die wir mit einem der beiden Objekte ausweichen können, um es von dort aus durch »Umkippen« mit dem in unserer Welt zurückgebliebenen Objekt zur Deckung zu bringen. Wäre jemand imstande, eine solche Aufgabe zu lösen, so käme dies einem indirekten Beweis für die Existenz einer übergeordneten Dimension und damit auch der des Hyperraums gleich. Tatsächlich gelang es denn auch dem deutschen Physiker Johann Karl Friedrich Zöllner (1834–1882), Begründer der Astrophysik, mit Hilfe des bekannten englischen Psychokinesemediums Henry Slade, diesen Beweis zu erbringen, wenn auch nicht unter den heute üblichen strengeren Versuchsbedingungen. Einer der einfachsten und zugleich eindrucksvollsten Versuche Zöllners zum Nachweis der Existenz von zumindest einer weiteren Dimension war sein berühmtes »Knotenexperiment« mit Lederstreifen vom 8. Mai 1878, eine »vierdimensionale Knotenschürzung ohne Trennung der materiellen Moleküle«, wie es in Zöllners Versuchsbericht zu lesen stand.

Zwei 44 Zentimeter lange und 5 bis 10 Zentimeter breite Lederstreifen waren mit Siegellack auf einer Tischplatte sicher befestigt. Unter Zöllners darüber ausgebreiteten Händen verschlangen sich, in Anwesenheit des Mediums Slade, die Lederstreifen auf physikalisch unerklärliche Weise miteinander. Bei einer Knotenschürzung über eine höhere Dimension mußten die Streifen eine Verdrehung in der Längsachse aufweisen, was während dieses Experiments tatsächlich der Fall war.

Die Existenz von zumindest einer übergeordneten Dimension läßt sich anhand des »Möbius-Bandes« – genannt nach seinem Erfinder, dem deutschen Mathematiker August Ferdinand Möbius (1790–1868) – auch modellhaft nachweisen. Es kommt dadurch zustande, daß man die zwei Enden eines langen Papierstreifens nach einer halben Drehung um seine Längsachse zusammenklebt. Dadurch erhält man eine Fläche, die, wovon sich jeder selbst überzeugen kann, nur *eine einzige* Seite besitzt. Nimmt man diesen Endlos-Streifen zwischen Daumen und Zeigefinger, so läßt sich mit dem Bleistift eine zusammenhängende Linie vom Daumen zum »gegenüberliegenden« Zeigefinger ziehen, indem man den Streifen einmal umfährt. Wären wir nun Flächenwesen, dann würde der Weg vom Daumen zum gegenüberliegenden Zeigefinger für uns recht weit werden, da wir uns nur in der Ebene des Streifens fortbewegen können. Der kürzeste Weg aber, die direkte Verbindung zwischen Daumen und Zeigefinger, wäre uns verwehrt. Die dritte Dimension – die Dicke des Papiers – liegt als Hindernis dazwischen. Doch ist gerade an dieser Stelle die Entfernung zwischen beiden Orten (Daumen und Zeigefinger) extrem gering: Statt vielleicht 1000 Millimeter mißt sie hier nur den Bruchteil eines Millimeters.

Könnten unsere Flächenwesen ein Loch durch den Papierstreifen bohren, d. h. die dritte Dimension – hier die Dicke – überwinden, so befänden sie sich *sofort* auf der anderen Seite des Streifens. Das Loch im Papierstreifen, die Papierdicke an sich, wäre ihr Hyperraum, der Nullzeit-Übergänge zum benachbarten Flächenland-Universum erlauben würde. Und hier spätestens entdeckt man Analogien, einerseits zu Professor John A. Wheelers bizarren Mini-Raumfallen, den sogenannten »Wurmlöchern«, von denen es im Universum nur so wimmelt, andererseits zu Schwarzen und Weißen Löchern, kosmischen Gravitationsgullys, die zumindest theoretisch Reisen durch Raum und Zeit, ja sogar Versetzungen in andere, physikalisch entartete Universen ermöglichen sollen.

Der zeitlose Hyperraum ist allgegenwärtig. Man findet ihn demnach in den unergründlichen Weiten des Makrokosmos wie in den subatomaren Extremitäten des Mikrokosmos. Wem er sich öffnet, der erlebt Sonderbares – eine Welt voller Überraschungen.

4   Deportiert in eine andere Realität

Voller Ungeduld hastet der belgische Großfinanzier Alfred Loewenstein über den Rasen des Londoner Flugplatzes Croydon, gefolgt von seinem Bereitschaftstroß – einem Sekretär und zwei Stenotypistinnen. Draußen auf der Startbahn flimmert in der Hitze des Juli-Spätnachmittags die Silhouette seiner silberfarbenen dreimotorigen »Fokker VII«. Die Motoren laufen bereits auf Hochtouren, denn der Start der Maschine steht unmittelbar bevor.

Captain Alfred Loewenstein – Finanzgenie, Sportler und Lebemann in einer Person – hat den Rückflug nach Brüssel angetreten. Donald Drew von den Imperial Airways, Pilot bei Loewensteins Fluggesellschaft, öffnet die Drosselklappe, startet und dreht die »Fokker« in den Wind. Es ist der 24. Juli 1928. Ein schöner, ruhiger Sommertag neigt sich dem Ende zu. Die leichte Brise vom Kanal her sorgt für ideales Flugwetter.

Drew läßt die Maschine auf 3600 Fuß klettern und geht dann gemächlich in die Horizontalfluglage über. Danach gibt er Lympne Airfield seine Position durch. Aus der Hauptkabine dringt das monotone Geklapper einer Schreibmaschine. Es ist wie immer – die tägliche Routine hat begonnen, Hektik ist angesagt.

Etwa auf halbem Wege über dem Kanal steht Loewenstein auf und betritt seine Privattoilette, um sich zu waschen und zu rasieren. Wenig später vernehmen seine Angestellten das Schaben eines Rasiermessers und das Rauschen der Wasserleitung. Plötzlich verstummen die Geräusche. Man hört nur noch das eintönige Brummen der Flugzeugmotoren.

Zehn Minuten verstreichen. Loewensteins Sekretär wird unruhig. Besorgt klopft er an die Toilettentür und fragt, ob etwas vorgefallen sei. Keine Antwort. Als er nach wiederholtem Klopfen die Tür mit einem Reserveschlüssel öffnet, verschlägt es ihm die Sprache. Die Kabine ist leer, Loewenstein verschwunden. Man steht vor einem Rätsel, da es in dem Räumchen nur einen winzigen Notausstieg und eine noch kleinere Sichtluke gibt. Beide sind fest verschlossen, konnten von dem Verschwundenen selbst auf keinen Fall geöffnet worden sein. Wie wohl auch?

Nach Loewensteins mysteriösem Verschwinden herrscht an Bord der Maschine große Aufregung. Hektisch durchsuchen seine Leute sämtliche Kabinen auf mögliche Verstecke, immer noch in der Hoffnung, Loewenstein habe ihnen vielleicht nur einen Streich spielen wollen. Die Vermutung trügt, jede Hoffnung schwindet.

Der Sekretär weist den Piloten an, die Maschine eine Weile über dem Meer kreisen zu lassen, um nach dem Vermißten Ausschau zu halten. Obwohl alles dagegen spricht, daß Loewenstein das Flugzeug auf natürliche Weise verlassen hat, will er dennoch nichts unversucht lassen. Alles umsonst. Die Suche endet ergebnislos. Es scheint, als habe sich Loewenstein in Luft aufgelöst.

Nach Erreichen der französischen Küste landet Drew die Maschine gleich am Strand nahe Dünkirchen. Minuten später erfährt die Welt vom unerklärlichen Verschwinden des Alfred Loewenstein.

War hier etwa Selbstmord im Spiel? Freunde, die seine kometenhafte Karriere von Anfang an verfolgt hatten, bezweifelten dies. Loewenstein hatte das Leben zu sehr geliebt, als daß er freiwillig in den Tod gegangen wäre. Hatte ihn vielleicht doch jemand aus der Kabine gestoßen, um dann sofort wieder den Notausstieg fest zu verschließen? Kaum. Alle Angestellten sagten später unter Eid aus, daß zur fraglichen Zeit niemand die Hauptkabine verlassen hatte.

Als einen Monat später Loewensteins Leiche von einem französischen Trawler aus dem Kanal gefischt und anschließend zur Untersuchung freigegeben wurde, vermerkten die Gerichtsmediziner in ihrem Protokoll lapidar: Tod durch Ertrinken. Nichts deutete auf Gewaltanwendung hin. Loewensteins Leiche gab das Geheimnis seines merkwürdigen Verschwindens nicht frei.

Es gibt aber auch Fälle, in denen Abgängige für immer verschollen bleiben. Niemand vermag zu sagen, ob die Bedauernswerten vielleicht im Zustand »zeitlicher Erstarrung« irgendwo zwischen den Dimensionen der Ewigkeit entgegendämmern oder ob sie in andere Welten, in andere Zeiten verschlagen wurden – als »Geisterfahrer« entlang den Nebenstraßen unserer Geschichte.

In der Zeit zwischen 1940 und 1950 verschwanden in der Nähe des amerikanischen Städtchens Mt. Glastonbury im Bundesstaat Vermont mehrere Menschen auf bislang ungeklärte Weise. Einer von ihnen war der 75jährige Middie Rivers, der die dortige Gegend wie seine Westentasche kannte und sich dadurch gelegentlich als Fremdenführer ein paar Dollar nebenbei verdiente.

Am 12. November 1945 begleitete er wieder einmal eine Touristengruppe durch unwegsames, gebirgiges Gelände. Niemand konnte ahnen, daß dies seine letzte Führung sein sollte. Rivers verschwand urplötzlich vor den Augen seiner zu Tode erschrockenen Gruppe. Sie befanden sich zum Zeitpunkt des unglaublichen Geschehens nur wenige Meter hinter ihm.

Obwohl kurze Zeit später Polizeibeamte und Hunderte von Freiwilligen die ganze Gegend durchkämmten, verlief die Suche ohne Ergebnis. Rivers blieb für immer verschwunden.

Fünf Jahre später kam es in Mt. Glastonbury selbst zu einem weiteren Zwischenfall dieser Art, der bis heute ungeklärt ist. Frank Jepson hatte seinen achtjährigen Sohn Paul im Auto zurückgelassen, um rasch ein paar Besorgungen zu machen. Als er zurückkam, war sein Sohn verschwunden. Niemand hatte ihn aussteigen sehen. Die Polizei leitete sofort eine Suchaktion ein. Spürhunde kamen zum Einsatz. Ergebnis: negativ. Paul Jepson war und blieb unauffindbar.

Ein ähnlicher Fall wie der des alten Rivers ereignete sich in einem der bekanntesten Nationalparks von Tennessee. Im Sommer 1969 machte der siebenjährige Dennis Martin mit seinen Eltern im Great Mountains-Nationalpark einen Spaziergang. Er lief nur ein paar Schritte vor seinen Eltern her, als das Unfaßbare geschah: Dennis verschwand von einer Sekunde zur anderen. Eben noch war er voll im Blickfeld seiner Eltern, greifbar nahe, im nächsten Augenblick gab es ihn schon nicht mehr.

Weit mehr als tausend Freiwillige durchkämmten im Verlaufe einer umfassenden Suchaktion die ganze Umgebung. Man durchforschte die entlegensten Winkel, obwohl sich die Tragödie direkt vor den Augen der unglücklichen Eltern abgespielt hatte. Schließlich wurde die Suche ergebnislos abgebrochen. Dennis blieb verschwunden. Offenbar war auch er von einer anderen Realität vereinnahmt worden. Unser Verstand will solche »Seitensprünge« der Natur nicht wahrhaben. Wir alle sträuben uns gegen das unfaßbare Geschehen. Und dennoch ...

Trotz winterlichen Wetters hatten sich Jackson und Martha Wright im Februar 1975 mit dem Auto nach New York auf den Weg gemacht. Front- und Heckscheibe ihres Wagens waren schon nach kurzer Fahrdauer wieder total zugeschneit, so daß sie im Lincoln-Tunnel kurz anhielten, um den lästigen Schneebelag zu entfernen. Während sich Martha an der Heckscheibe zu schaffen machte, kratzte Jackson den Schnee von der Frontscheibe. Als er bei der Arbeit kurz hochschaute, war seine Frau verschwunden, wie weggepustet. Sie hatten sich nur für wenige Sekunden aus den Augen verloren. Ein paar Sekunden zuviel, möchte man meinen. Martha Wright wurde nie wiedergesehen.

Spurlos verschwand auch der damals sechsundzwanzigjährige Carl Robert Dish, ein erfahrener Hochfrequenztechniker, der im Auftrag des National Bureau of Standards in der Antarktis zusammen mit seinen Kollegen einen Spezialsender ausprobierte. Am 7. Mai 1965 verließ Dish seine Funkbude, um die nur wenige Meter entfernte Basisstation aufzusuchen. Zuvor hatte er sein Kommen telefonisch angemeldet. Zwischen beiden Baracken war sogar ein Leitseil gespannt, das bei dichtem Schneetreiben mehr Sicherheit gewähren sollte. Als Dish nach 45 Minuten immer noch nicht eingetroffen war, machten sich die Männer der Byrd-Station vorsorglich mit Kettenfahrzeugen und Schlittenhunden auf den Weg, um ihn zu suchen. Die fieberhafte Suche dauerte volle drei Tage und wurde schließlich auf ein Gebiet im Umkreis von 60 Kilometern ausgedehnt. Man wollte sicher gehen. Vergebens. Auch Dish füllt inzwischen die umfangreiche Liste der auf unerklärliche Weise Verschollenen.

Einer der merkwürdigsten Fälle der kanadischen Kriminalgeschichte behandelt das unerklärliche Verschwinden des zwölfjährigen Farmersohns Michael Norton bei hellichtem Tage. Obwohl seine Tätigkeiten, die dem tragischen Ereignis vorausgingen, mühelos rekonstruiert werden konnten, war dem eigentlichen Geschehen mit kriminalistischer Logik nicht beizukommen.

Michael hatte die Gewohnheit, jeden Morgen nach dem Frühstück, bevor er seine Geschwister zur Schule brachte, die Kühe zu melken, eine selbst auferlegte Arbeit, die er gern verrichtete, wollte er doch später auch einmal Farmer werden wie sein Vater.

An einem kalten Novembermorgen des Jahres 1928 schlenderte er wie üblich mit Melkschemel und Eimer versehen frohgemut zur Stallung hinüber, gefolgt von den wohlgefälligen Blicken seiner Eltern und seiner Tante, die zusammen mit zwei Farmarbeitern noch immer am Frühstückstisch saßen. Seine Mutter war ihm noch nachgeeilt, um ihm ein warmes Tuch gegen die Kälte umzubinden. Sie konnte nicht ahnen, daß sie ihren Sohn nie mehr wiedersehen würde.

Eine Stunde war vergangen. Ruth Norton wunderte sich über Michaels langes Ausbleiben und rief ihm zu, er solle sich beeilen, damit er nicht zu spät zur Schule komme. Da der Junge keine Antwort gab, ging sein Vater selbst zum Stall, um nachzuschauen. Was er zu sehen bekam, verwunderte ihn sehr. Der Melkschemel lag umgestoßen am Boden, der Eimer, zur Hälfte mit Milch gefüllt, stand daneben. Das war nicht die Art, wie Michael seinen Pflichten nachkam. Alles deutete darauf hin, daß sein Sohn noch während des Melkens durch irgend etwas gestört worden war. Aber durch was?

Norton suchte jeden Winkel der Stallung ab, ohne auch nur eine winzige Spur von Michael zu entdecken. Schließlich beteiligten sich die ganze Familie und Nortons beide Arbeiter an der Suche. Systematisch kämmten sie die ganze Farm und deren nähere Umgebung ab. Vergeblich. Michael war nirgends zu finden.

Über das Ausbleiben seines Sohnes ernsthaft besorgt, fuhr Norton in das nahegelegene Burton Falls, um den Ortssheriff zu benachrichtigen. Kurze Zeit danach traf dieser mit Gefolge auf der Farm ein, um sofort mit der Suche zu beginnen. Der Spürhund, den einer der beiden Hilfssheriffs mitgebracht hatte, sollte auch schon bald »fündig« werden. Die von ihm gewitterte Spur führte von der Küchentür direkt zum Kuhstall und von dort gleich wieder nach draußen.

Unschlüssig bewegte sich das angeleinte Tier im Zickzack hin und her, doch bald hatte es die Fährte des Jungen wieder aufgenommen. Sie führte geradewegs zu einer nicht eingezäunten südlichen Weide, die sowohl vom Haus als auch von einem nahegelegenen Weg aus nicht einsehbar war.

Als der Suchtrupp etwa die Mitte des Stück Weidelandes erreicht hatte, hielt der Hund, der bislang ungestüm vorwärtsgeprescht war, plötzlich inne. Ungeduldig forderte der Hundeführer das Tier zum Weitersuchen auf. Aber der Hund winselte nur und blickte seinen Führer verständnislos an. Er schien sich seiner Sache nicht mehr sicher zu sein und begann allmählich in immer größer werdenden Kreisen um eine fiktive Stelle am Boden zu rotieren, um Michaels Spur wiederzufinden. Sein Geruchssinn kapitulierte vor etwas, das sich der Hundeführer nicht erklären konnte. Was auch immer die Männer versuchten: Die Spur des Jungen schien an einer bestimmten Stelle zu enden. Es war, als habe ihn von da aus jemand (oder etwas) »nach oben« entführt. Die

Fakten lagen auf der Hand. Michael Norton war nach Verlassen des Stalles bis etwa zur Mitte der Weide gegangen und zu der Stelle gekommen, wo er, zumindest physisch, zu existieren aufgehört hatte. Allem Anschein nach war er in etwas hineingeraten, aus dem es kein Entrinnen mehr gab.

Zu den am häufigsten geäußerten Hypothesen, mit denen man Michaels Verschwinden zu erklären versuchte, gehörten die, er sei möglicherweise in ein unterirdisches, bis dahin unentdeckt gebliebenes Flußbett, in einen alten, stillgelegten Brunnen oder ganz einfach in einen Erdspalt gerutscht. Sie alle wurden schon bald wieder verworfen, nachdem Vermessungsingenieure und Geologen das Terrain überprüft und keinerlei Bodenanomalien entdeckt hatten. Von dem fraglichen Gelände war sogar eine Luftbildaufnahme gemacht und diese analysiert worden. Es ergaben sich jedoch keine Anhaltspunkte für versteckte Erdrisse oder Bodenverwerfungen.

Einige Tage nach Michael Nortons Verschwinden geschah etwas Eigenartiges, das darauf hinzudeuten schien, daß er sich nach wie vor in unmittelbarer Nähe des elterlichen Anwesens »unsichtbar« aufhielt. Als die Nortons schon alle Hoffnung, ihren Sohn jemals wiederzusehen, aufgegeben hatten, glaubten sie mit einem Mal seine Stimme zu vernehmen. Sein »Mum« (»Mutti«) klang wie ein verzweifelter Hilferuf, und er kam eindeutig von draußen. Die Nortons stürzten sofort ins Freie und riefen mit Leibeskräften nach ihrem Sohn. Dann hielten sie inne, um auf Antwort zu warten. Weit und breit war niemand zu sehen. Wieder vernahmen sie ein zaghaftes »Mum«.

Das Ehepaar Norton war sich einig, daß es Michael war, der nach ihnen gerufen hatte. Um sicherzugehen, daß ihnen niemand einen üblen Scherz gespielt hatte, suchten sie sofort alle Nebengebäude ab, ohne dort jemanden zu finden. Immer wieder riefen sie den Namen des Jungen. Ihr Rufen blieb jedoch unbeantwortet. Eine halbe Stunde später, als sie sich im Hof ihres Anwesens aufhielten und verzweifelt in die Dunkelheit starrten, vernahmen sie erneut den Ruf »Mum«, dem diesmal ein deutliches »Wo seid ihr?« folgte.

In den darauffolgenden Wochen besuchten viele Menschen Nortons Farm, und einige von ihnen wollten ebenfalls die entkörperte Stimme Michaels, der immer wieder um Hilfe rief, gehört haben. Im Laufe der Zeit wurde jedoch die Stimme schwächer und schwächer, bis sie eines Tages völlig verstummte.

Nicht lange nach dem tragischen Ereignis verkauften die Nortons ihre Farm und suchten sich eine neue Bleibe. Das Interesse der Öffentlichkeit an Michael Nortons Schicksal ebbte ab. Sein Fall wurde ad acta gelegt.

Ein phantastisch anmutender Aspekt bietet sich all denen, die das Wesen von Raum und Zeit nach den Vorstellungen Albert Einsteins flexibler als bisher interpretieren. Demzufolge könnte Michael durch eine Laune der Natur im Strom der Zeit verschwunden, d. h. in eine andere, für uns nicht erkennbare Realität versetzt worden sein. Vertreter der Neuen Physik schließen heute – zumindest theoretisch – die Möglichkeit einer spontanen Versetzung von Personen und Sachen nicht aus. Vielleicht führte einer der Schritte, die der Junge an jenem verhängnisvollen Morgen gemacht hatte, in eine andere, d. h. in eine vergangene oder zukünftige Zeitepoche bzw. in eine Art Parallelwelt, was auch immer wir uns hierunter vorzustellen haben. Seine verzweifelten Rufe, seine zusammenhanglosen Äußerungen und andere Merkmale lassen darauf schließen, daß er in einer »Umgebung« weilte, die sich noch am anschaulichsten mit einer Nebellandschaft bezeichnen ließe. Dennoch hat es den Anschein, als ob sich Michael frei bewegen konnte. Ungeachtet der Tatsache, daß er aus dem Kreis seiner Familie physisch verschwunden war, schien er sich doch noch längere Zeit in der Nähe der Nortonschen Farm aufgehalten zu haben: räumlich nahe, jedoch zeitlich versetzt, so daß er nicht körperlich (materiell) in Erscheinung treten konnte.

Wenn Michael tatsächlich Opfer einer unfreiwilligen Zeitversetzung geworden ist, müßte er womöglich in einer Zeit aufgetaucht sein, in der es entweder die Nortonsche Farm noch gar nicht gab oder in der sie schon längst wieder verfallen war. Dies könnte die Orientierungslosigkeit und Hilflosigkeit des Jungen erklären. Eine einfache Analogie soll dieses widersprüchliche Phänomen verdeutlichen helfen.

Zwei Nachbarn unterhalten sich im Hausflur miteinander. Der eine steht am Fuß der Treppe, der andere im dritten Stock. Beide unterhalten sich problemlos, können sich aber gegenseitig nicht sehen, da sie sich auf zwei verschiedenen »Ebenen« befinden, die im Falle Norton unterschiedlichen Zeitperioden entsprechen. Michael, der seiner bisherigen Zeit näher stand als der für ihn unnatürlichen Situation, konnte durch seine enge Verbundenheit mit jener die normalerweise undurchdringliche Mauer der Zeit überwinden und Hilferufe aussenden, die in der zeitlichen Realität seiner Eltern dann auch sporadisch vernommen wurden.

Möglicherweise verursachte eine äußerst selten auftretende physikalische Anomalie eine »Öffnung« im Raumzeit-Gefüge, in die der Junge wie von einer jener tückischen Windhosen rein zufällig hineingesaugt wurde.

Eine solche Anomalie könnte sich z. B. durch ungewöhnliche »Nebel« oder Leuchterscheinungen bemerkbar machen. Vielleicht war es ein solch instabiles Gebilde, dem sich Michael ahnungslos näherte, um von einer bestimmten

Stelle aus in das Zentrum eines »Zeitwirbels« transportiert und von dort in eine andere Zeitperiode versetzt zu werden.

5 Vom Himmel geholt

Fälle unerklärlichen Verschwindens zu Lande wie im Falle des Farmerjungen Michael Norton, aber auch auf hoher See – und dies nicht nur im berüchtigten Bermuda-Dreieck – ereignen sich häufiger, als man gemeinhin annehmen möchte. Seltener sind hingegen Berichte über das plötzliche Verschwinden von Militärflugzeugen, die mit modernsten Kommunikationsgeräten, Bordradar, Sicherheits- und Rettungseinrichtungen ausgerüstet sind.

Im März 1962 beobachteten Soldaten einer in Korea stationierten Kampfeinheit, wie ein amerikanisches Jagdflugzeug in ein unwirklich erscheinendes »wolkenförmiges« Gebilde hineinflog und nie mehr zum Vorschein kam. Offenbar war es mitten im Einsatz von etwas Unerklärlichem vereinnahmt worden.

Charles Berlitz schildert in seinem Buch »Spurlos« einen ähnlichen Fall, der sich bereits im Januar 1960 an einem sonnigen Tag bei fast wolkenlosem Himmel nahe dem US-Luftwaffenstützpunkt Kindley auf den Bermudas zugetragen haben soll. Gegen 13 Uhr Ortszeit starteten fünf Jagdflugzeuge vom Typ »Super Sabre« zum Übungsflug. Sie formierten sich und verschwanden etwa eine Meile von der Küste entfernt in einer großen Wolke.

Berlitz' Gewährsmann, der Augenzeuge Victor Haywood, berichtete später: »Fünf Maschinen flogen in die Wolke hinein, und nur vier tauchten aus ihr wieder auf. Auf den Radarschirmen wurde kein Absturz beobachtet, obwohl die Flughöhe bereits einige hundert Meter betrug. Auch wir sahen nichts herunterfallen. Nach wenigen Minuten wurde eine der »Super Sabre« als vermißt gemeldet und eine sofortige Suchaktion eingeleitet. Das Suchgebiet befand sich ja nur eine halbe Meile von der Küste entfernt, wo das Wasser ganz flach war. Es wurde nie etwas gefunden, was auf den Absturz eines Flugzeuges hingedeutet hätte ...«

»Wolken«, oder um was es sich hierbei auch immer handeln mag, spielen beim abrupten Verschwinden von Flugzeugen eine recht makabre Rolle. So auch im Falle des glücklosen amerikanischen Bomberpiloten Leutnant Reynards, der im Zweiten Weltkrieg während eines Einsatzes im burmesisch-indischen Grenzgebiet vor den Augen seiner Staffelkameraden in einer geheimnisvollen »Wolke« verschwand – für immer, wie es sich schon bald herausstellen sollte.

Wichtigster Zeuge dieses minutiös dokumentierten Zwischenfalls war Captain Stuart C. Burdick, der damals im Range eines Leutnants als Co-Pilot in der Maschine des Staffelführers mitflog und das mysteriöse Verschwinden von Reynards Maschine aus nächster Nähe beobachtete.

Dieser in der langen Geschichte des Verschwindens von Militärflugzeugen wohl einmalige Fall einer Direktbeobachtung aus knapp 70 Meter Entfernung zeigt typische Merkmale eines ungewöhnlichen Flugzeug-»Kidnapping« – ein Phänomen, das auch vor sehr großen, bewegten Objekten nicht Halt zu machen scheint.

Ex-Captain Burdick, der sich über diesen ominösen Zwischenfall 47 Jahre ausgeschwiegen hat, weil er hierfür bislang keine plausible Erklärung fand, lüftete jetzt sein Schweigen und schilderte dem Autor gegenüber erstmals den Hergang des tragischen Geschehens:

»Unsere Basis befand sich bei Moran, nahe dem auf meiner Karte verzeichneten Ort Moranhat. Wir operierten getrennt von unserer in China stationierten 490. Bomberstaffel, vorwiegend entlang der Nāgā-Hügel, die das indische Assam von Nordburma trennen.

Der Zwischenfall ereignete sich in einem Gebiet 20° 50′ nördlicher Breite und 95° 25′ östlicher Länge über einem in den Nāgā-Hügeln gelegenen Paß, weit entfernt vom Operationsbereich japanischer Jagdflugzeuge. Es war an einem Tag Ende August, Anfang September 1943 – so genau weiß ich das nicht mehr –, gegen 9 Uhr früh. Gerade als wir die Hügelkette erreicht hatten, tauchten plötzlich ein paar kleine Wolken vor uns auf, deren Formen von einer nur selten beobachteten Einheitlichkeit waren. Ich denke, sie waren gerade groß genug, um eine B-25 für Bruchteile einer Sekunde verdeckt zu halten, länger nicht.

Unsere Flughöhe betrug zu diesem Zeitpunkt etwa 8300 Fuß (2500 m), die Geschwindigkeit lag bei 210 Knoten (390 km/h). Reynard, der die rechte Flügelposition inne-hatte, befand sich bis zum völligen Eintauchen in die Wolke ständig in meinem Blickfeld. Er war ja nur 65 Meter von mir entfernt. Selbst wenn ich das Armaturenbrett vor mir beob-achtete, behielt ich ihn dank meines Rundumsichtgerätes dennoch fortwährend im Auge.

Plötzlich war Reynards Maschine verschwunden. Er kam einfach nicht mehr aus der Wolke heraus. Hätte er noch in der Wolke ein nichtvorhersehbares Ausweichmanöver durchführen müssen, so wäre mir dies zweifellos sofort aufgefallen.

Über Reynards plötzliches Verschwinden zutiefst erschro-ken, alarmierte ich sofort den Piloten, der binnen einer Sekunde eine Rechtskurve einschlug und mit der Suche begann. Wir kreisten etwa 10 bis 15 Minuten über der fraglichen Stelle seines Verschwindens, wobei wir sogar die vom Einsatzkommando angeordnete Funkstille unterbra-chen, um den Piloten der linken Flügelmaschine von dem

Vorfall zu unterrichten. Dieser aber hatte Reynards Verschwinden bereits bemerkt und beteiligte sich an der Suche. Alle Piloten waren mit Kehlkopfmikrophonen ausgestattet. Um mit den Piloten der anderen Maschinen sprechen zu können, brauchten sie nur einen Knopf am Steuer unmittelbar neben dem Auslöser für die Maschinengewehre zu drücken. Wäre Reynards Maschine während des Eintauchens in die verhängnisvolle Wolke tatsächlich abgeschmiert, hätte er dennoch genügend Zeit gehabt, über sein Zweiweg-Radio ›Mayday‹ zu rufen. Das aber war nicht der Fall.

Natürlich hatten wir nach unserer Rückkehr zur Basis dem Dschungel-Rettungsdienst gleich die genaue Position des Vermißten gemeldet. Eine sofort durchgeführte Suchaktion verlief ergebnislos. Die eingesetzten Hubschrauber entdeckten absolut nichts..., keine Überlebenden, keine Trümmer – nicht den geringsten Anhaltspunkt, der auf einen etwaigen Absturz hätte hindeuten können.

Wenn etwas derart Fremdartiges und Unerklärliches geschieht, ist man versucht, es aus seinem Bewußtsein zu verdrängen. Es gibt für solche Phänomene keine ›Fächer‹, in die man diese einordnen könnte. Erst in jüngster Zeit erfuhr ich, daß sich andernorts ähnliche Zwischenfälle in Wolken ereignet haben. Ich glaube, wir sollten mehr darüber nachdenken, daß Dinge geschehen, die nicht länger in unser gewohntes physikalisches Denkschema hineinpassen.«

Burdick, der bei seiner 41. Mission abgeschossen und verwundet worden war, verfaßte nach dem Krieg bis zu seiner Pensionierung technisches Schrifttum für die NASA.

Nahbegegnungen zwischen Abfangjägern und Ufos können ebenfalls dramatisch verlaufen und im ungünstigsten Fall mit einer Dematerialisation, dem totalen Verschwinden von Flugzeugen aus unserem Raumzeit-Gefüge enden. Ähnlich-

keiten mit den bisher geschilderten Fällen sind unverkennbar, wenn auch die Anlässe für solche Zwischenfälle ganz
verschieden sein dürften.

Am Abend des 23. November 1953 fing das Radargerät
einer amerikanischen Luftwaffenbasis in der Nähe des Su-
perior-Sees die Signale eines nichtidentifizierten Flugobjekts auf, das über dem Luftsperrgebiet Soo Looks schwebte. Von Kinross Field aus startete ein Abfangjäger, um den
Eindringling zu stellen. Die Einweisung des Jagdflugzeuges
erfolgte mittels Radar. Leutnant Felix Moncla hielt mit
seiner F-89 direkt auf das vorgegebene Ziel zu. Erst als er
steil nach oben zog, setzte sich das Ufo in Bewegung.

Neun Minuten lang verfolgten die Männer des Bodenradars
atemlos das Katz- und Mausspiel am Bildschirm. Der Abfangjäger schloß immer dichter auf. Die Verfolgungsjagd
hatte ihn inzwischen 120 Kilometer von der Küste wegge-
führt. Leutnant R. R. Wilson, Radaroffizier an Bord der
F-89, mußte mit seinem Radargerät das Fremdobjekt schon
längst geortet haben. Die Entfernung zwischen dem Abfangjäger und dem Ufo wurde immer kleiner. Als Moncla
den Eindringling eingeholt hatte, geschah etwas Unerwarte-
tes.

Die Radartechniker der Bodenstation konnten beobachten,
wie die ursprünglich zwei Radarechos plötzlich zu einem
einzigen »Blip« verschmolzen. Danach war auf dem Bildschirm nur noch ein Impuls zu sehen. Und dieses Objekt
schoß mit ungeheurer Geschwindigkeit davon. Geistesgegenwärtig markierten die Männer der Bodenkontrollsta-
tion die letzte Position des Jägers, um sofort eine Such- und
Rettungsaktion auslösen zu können. An ihr beteiligten sich
zahlreiche amerikanische und kanadische Flugzeuge sowie
Schiffe. Obwohl die Suchstelle genau bekannt war, fand
man dort von der Unglücksmaschine nicht die geringste

Spur – keine Wrackteile, keine Leichen, nicht einmal einen Ölfleck. Flugzeug, Pilot und Radaroffizier waren allem Anschein nach gar nicht abgestürzt, sondern in eine andere Realität übergewechselt. Von einer Sekunde zur anderen.

Solche Totalverluste werden mangels plausibler Erklärungen für das Vorgefallene meist streng geheimgehalten, um die Bevölkerung nicht zu verunsichern. Dennoch sickern im Laufe der Zeit bestimmte Einzelheiten über die Geschehnisse in die Presse und sorgen dann für allerlei Spekulationen. So berichtete Ende der siebziger Jahre ein amerikanischer Abwehrspezialist über einen Zwischenfall im kubanischen Luftraum, in den ein Düsenjäger vom Typ MIG-21 verwickelt war.

1967 hatten die Amerikaner auf der Homestead-Luftwaffenbasis südlich von Miami eine Staffel des Air Force Security Service (AFSS: Luftwaffen-Sicherheitsdienst) stationiert. Der Informant war seinerzeit für die 6947. AFSS-Abteilung tätig, die den gesamten Funkverkehr und die Radaraktivitäten der Kubaner überwachte. Abteilung A operierte mit etwa hundert Spezialisten auf der kleinen Tropeninsel Boca Chica Key, etwa 97 Meilen vom kubanischen Festland entfernt.

Eines Tages, im März 1967, hörte ein spanisch sprechender Abwehrbeamter, wie kubanische Radarcontroller ein nicht-identifizierbares Flugobjekt entdeckt hatten, das sich aus nördlicher Richtung der Küste näherte. Das Objekt bewegte sich beim Eindringen in den kubanischen Luftraum in einer Höhe von 10000 Metern mit nahezu Schallgeschwindigkeit.

Sofort schickte das kubanische Luftverteidigungskommando zwei MIG-21 nach oben, die über Bodenradar bis auf fünf Kilometer an das Fremdobjekt herangeführt wurden. Der Flugkörper glich einer helleuchtenden metallischen Kugel ohne erkennbare Markierungen und Anbauten, wie einer der Piloten die Bodenstation wissen ließ. Als das Objekt die Aufforderung zum Abdrehen ignorierte, gab das kubanische Luftwaffenkommando den Befehl, die Waffen scharf zu machen und den Eindringling abzuschießen. Daraufhin bestätigte der Flugzeugführer, daß das Objekt vom Bordradar aufgefaßt und eine Rakete abschußbereit sei.

Nur wenige Sekunden später vernahmen die Amerikaner über Funk einen Schrei. Der Flügelpilot meldete der Bodenkontrolle aufgeregt, daß die Führungsmaschine »explodiert« sei, allerdings ohne Flammen, Rauch und Trümmer zu hinterlassen. Die MIG habe sich vor seinen Augen buchstäblich in Luft aufgelöst. Kurz darauf wußten die kubanischen Radaroperateure zu berichten, daß das Ufo ganz erheblich beschleunige und sich in einer Höhe von mehr als 30 Kilometer in Richtung Südamerika entferne.

Unmittelbar nach dem Vorfall schickte die AFSS-Leitung einen verschlüsselten Bericht an das Hauptquartier der National Security Agency (NSA: Nationales Sicherheitsamt), dem unter anderem auch Kampfhandlungen mit fremden Flugobjekten gemeldet werden müssen. Die Mannschaft der A-Gruppe blieb indes uninformiert. Innerhalb weniger Stunden gingen Befehle ein, alle Tonbänder und sonstigen Aufzeichnungen der NSA zu überlassen, den Zwischenfall hingegen als »technisches Versagen« hinzustellen. Der Verschleierungsapparat hatte wieder einmal ganze Arbeit geleistet.

Geht man davon aus, daß die zahlreichen hier geschilderten Fälle in ihrer Substanz den Tatsachen entsprechen, erhebt sich sofort die Frage nach dem »Mechanismus«, der diesem unbegreiflichen Geschehen zugrunde liegt. Gewiß lassen sich solche Vorkommnisse nicht nach konventionell-physikalischen Schemata bewerten, in gewohnte Kategorien einordnen. Hier bieten sich mehr unorthodoxe Theorien an, denen, fernab okkulter Zwangsvorstellungen, quantenmechanische Gesetzmäßigkeiten und bewußtseinsintegrierende physikalische Prozesse zugrunde liegen dürften.

6 Mini-Tunnels zum Hyperraum

An einem Sommernachmittag im Jahre 1953 sah der Diplom-Biologe Alexandru Sift nahe der rumänischen Stadt Cluj (Klausenburg) eine grell leuchtende Kugel vom Himmel fallen und in einem Gebüsch niedergehen. Sift dachte natürlich sofort an einen Meteoriten. Als er sich der vermeintlichen Einschlagstelle näherte, mußte er jedoch verwundert feststellen, daß von dem mehrere Meter großen Objekt nichts mehr zu sehen war. Während er mit einem Stock die Zweige beiseite schieben wollte, wurden auf einmal dieser und ein Teil seiner Hand unsichtbar. Gleichzeitig spürte er eine starke Erwärmung seiner Fußsohlen und dann einen kalten Druck auf seinem gesamten Körper, der ihn schleunigst zum Rückzug zwang.

Sift scheint Glück gehabt zu haben. Wäre er vielleicht auch nur einen Schritt weitergegangen, hätte ihn womöglich das gleiche Schicksal wie Rivers, Jepson, Martin, Norton und all die vielen anderen im Niemandsland zwischen den Dimensionen Vermißten ereilt, Menschen, die ohne Vorwarnung in ihr Verderben liefen. Denn wenn Sift vorgibt, mit eigenen Augen gesehen zu haben, wie Stock und Vorderhand unsichtbar wurden, kann dies eigentlich nur bedeuten, daß jene vorübergehend in eine höhere Dimensionalität – den Hyperraum – eingetaucht waren. Jede andere Erklärung erscheint widersinnig.

Um das auch als Entstofflichungsphänomen (Dematerialisation) bekannte plötzliche Verschwinden von Objekten aus unserem »heimatlichen« Raumzeit-Universum verstehen zu können, müssen wir uns ein wenig mit den Schnittstellen zwischen unserer Welt und dem Hyperraum befassen. Gemeint sind jene geheimnisvollen, von dem Physiktheoretiker Professor John A. Wheeler, Princeton, als »*Wurmlöcher*« deklarierten Transittunnels zwischen unterschiedlich-dimensionalen Universen. Die Öffnungen – Ein- und Ausgänge – dieser Wurmlöcher bezeichnet er, in Anlehnung an die monströsen, allesverschlingenden kosmischen Schwarzen und Weißen Löcher, als Mini-Schwarze und Mini-Weiße Löcher. Berechnungen ergaben, daß diese blasenförmigen Winzlinge im Mikrokosmos einen Durchmesser von lediglich 10^{-33} cm aufweisen, was einem Dezimalbruch mit 32 Nullen hinter dem Komma entspricht –, zu klein, um auch nur annähernd anschaulich dargestellt zu werden. Die in der Geometrie des Raumes ständig auftauchenden und wieder verschwindenden Mini-Schwarzen Löcher denkt man sich als virtuelle, d. h. nur vorrübergehend existierende Teilchen, die Mini-Weißen Löcher hingegen als virtuelle Antiteilchen. Beide »Mini«-Teilchen werden ständig erzeugt und gleich darauf wieder zerstört. Und jedes dieser Mini-Bläschen enthält eine winzige Singularität, d. h. einen Bereich, der so stark gekrümmt ist, daß hier die geltende Physik drastisch verändert wird (gem. Roger Penrose). Von außen wären solche »Singularitäten«, die verschiedene Punkte im Hyperraum miteinander verbinden, nicht sichtbar. Statt dessen entsteht durch sie so etwas wie ein »Loch« im Raum, in das Gegenstände hineinfallen, aber nicht mehr herauskommen, was übrigens auch für dort eintreffende Signale gilt.

Wheeler meint, daß sich der »Raum der Quanten-Geometrodynamik mit einem Schaumteppich vergleichen läßt, der über eine sich wellenförmig bewegende Landschaft ausgebreitet ist... Die ständigen mikroskopischen Veränderungen im Schaumteppich – die neu auftauchenden und wieder verschwindenden Blasen – symbolisieren die Quantenfluktuation in der Geometrie.«

Rotierende Mini-Schwarze und -Weiße Löcher – nennen wir sie einmal respektlos kurz »Minis« – bilden den gekrümmten leeren Raum. Sie lassen sich im dreidimensionalen Raum als Ringe darstellen, die von mehreren geschlossenen zweidimensionalen Oberflächen umgeben sind. Diese Oberflächen – man bezeichnet sie (genau wie bei ihren kosmischen Entsprechungen) als »Ereignishorizonte«, d. h. Randgebiete der Minis – verhalten sich ähnlich wie einseitig wirkende Membrane. Sie erlauben nur den Zugang von außerhalb der Oberfläche nach innen. Weiße Löcher mit ihren »Anti-Ereignishorizonten« bewirken gerade das Gegenteil: Sie gestatten den Zugang nur von innen nach außen. Somit wären Mini-Schwarze Löcher implodierende, Mini-Weiße Löcher explodierende Gebilde. Beide heben sich im Normalfall gegenseitig auf.

Abdus Salam und Mitarbeiter vermuten, daß es »Minis« auf verschiedenen Organisationsebenen gibt, so unter anderem auch in einem hypothetischen »Biogravitationsfeld«, einem Schwerefeld begrenzter Reichweite, das aus schweren, selbstorganisierenden »Gravitonen« besteht. Jedes dieser Biogravitonen soll ein eigenes gekrümmtes, vielfältig verflochtenes Raumzeit-Kontinuum erzeugen und Vorgänge im typischen biologischen Organisationsbereich steuern. Salam spekuliert, daß die »Blasen« (gemeint sind die Mini-Schwarzen und -Weißen Löcher) im Biogravitationsfeld viel größer als die normalen Minis sind. Mit einem Durchmesser von etwa 0,001 mm könnten sie daher unsere sensorischen Wahrnehmungen unmittelbar beeinflussen. Er vermutet sogar, daß sich viele Psi-Phänomene durch die Existenz von Biogravitations-Wurmlöchern erklären lassen, die direkte, mehrdimensionale Verbindungen mit lebenden Systemen ermöglichen, wie dies z. B. bei Telepathie, Hellsehen oder Vorauswissen der Fall ist.

Während die künstliche Erzeugung kosmischer Schwarzer und Weißer Löcher zur Durchführung von Zeitmanipulationen großen Stils (Zeitreisen), wenn überhaupt, sicher noch lange auf sich warten läßt, sind entsprechende Aktivitäten auf biogravitativer Ebene schon seit langem möglich. Bob Toben, ein amerikanischer Wissenschaftstheoretiker, der sich ebenso wie die beiden Physik-Professoren Jack Sarfatti und Fred Wolf über die Einbeziehung biologischer und geistiger Komponenten in quantenphysikalische Prozesse Gedanken macht, ist der Auffassung, daß Personen, die über ein hohes Bewußtseinspotential verfügen, in ihren lokalen Biogravitationsfeldern auf künstlichem Wege Mini-Schwarze und -Weiße Löcher erzeugen können. Diese würden starke gravitative Krümmungen hervorrufen, die zu ganz erheblichen Verzerrungen in ihrer lokalen Raumzeit-Umgebung führten. Auf diese Weise käme es in den lokalen Zeitstrukturen der betreffenden Personen gegenüber der Realzeit zu Abweichungen, die sich als paranormale oder paraphysikalische Manifestationen äußerten. Nach diesem Modell müßten sich zumindest die rein personenbezogenen Fälle mysteriösen Verschwindens erklären lassen.

Der spekulative Aspekt, Wurmlöcher, d. h. deren Mini-Ein- und -Austrittsstellen, für das Verschwinden von Personen und Objekten verantwortlich zu machen, soll hier gar nicht bestritten werden, zumal die Mehrzahl der Physik-Theoretiker immer noch der Meinung ist, daß sich Quantenprozesse in einer sehr diskreten Größenordnung abspielen, in

Bereichen, die auf Makro-Objekte keinen Einfluß haben und daher Menschen nicht gefährlich werden können. Sie argumentieren, Wurmlöcher wären viel zu klein und instabil, um größere Objekte aufnehmen bzw. einen Transfer über den Hyperraum hin zu anderen Orten, in andere Zeiten oder gar in parallele Universen zu bewirken.

Doch Vorsicht! Matt Visser von der Washington University in St. Louis, Missouri, der sich schon seit geraumer Zeit mit dem Wurmloch-Aspekt und seinen Auswirkungen befaßt, sieht in den durch Quantenfluktuationen im Energiemeer des »leeren Raumes« (im Vakuum) gebildeten winzigen Wurmlöchern die Möglichkeit der Entstehung selbst »makroskopischer« (großer) Tunnels. Es könnte sie, so Visser, in Größenordnungen geben, die ohne weiteres »durchtunnelbar« wären und (wörtlich) »Zeitreisen erlaubten«. Quanten-Wurmlöcher wären auch in der Lage, komplette »Baby«-Universen zu bilden, die sich von unserer eigenen Raumzeit abkapseln wie kleine Blasen, die entstehen, wenn man ein bestimmtes Segment einer Ballonoberfläche vom Ballonkörper abklemmt. Und solche »Baby«-Universen müßten durch eine winzige Wurmloch-»Nabelschnur« ständig mit unserer Raumzeit in Verbindung stehen.

Vielleicht kommt es, wenn auch äußerst selten, unter bestimmten ungewöhnlichen physikalischen Bedingungen zu einer Kohärenz der Mini-Löcher, einem mächtigen Zusammenschluß gleichgerichteter Wurmlöcher, die sich dann, örtlich und zeitlich begrenzt, zu gefährlichen Fallgruben nach »drüben« formieren.

Solange die theoretische Physik, was die Funktionsmechanismen von Wurmlöchern und deren mögliche Wirkung auf Makrobereiche – unseren Lebensraum – anbelangt, selbst noch auf Spekulationen angewiesen ist, soll das hier vorgestellte Modell lediglich als Denkanstoß gewertet werden. Es ließe sich übrigens ohne weiteres auf medial verursachte Personen- und Objektversetzungen in Raum und Zeit – Teleportationen und Apporte –, Materialisationen und Dematerialisationen sowie auf viele andere paraphysikalische Phänomene anwenden.

7 Wege durchs Nichts

An einem schönen Sommerabend geht ein Mann die menschenleere Straße hinunter, um ein paar Ecken weiter am Kiosk kleine Besorgungen zu machen. Vor ihm tauchen plötzlich Nebelschwaden auf, deren Herkunft er sich nicht erklären kann. So, wie sie sich unaufhaltsam auf ihn zuschieben, verheißen sie nichts Gutes. Noch bevor er der Nebelmasse ausweichen kann, ist er von ihr eingehüllt. Ihn überkommt ein seltsames Gefühl, sein ganzer Körper beginnt zu vibrieren.

Die Nebel verdichten sich, die gewohnte Umgebung verschwindet, ist wie ausgelöscht. Hilflos steht er da, ohne Orientierung, voller Furcht, ersticken zu müssen. Nur wenige Augenblicke hält dieser bedrohliche Zustand an, dann verfliegen die Nebelschwaden. Der Mann kann wieder ganz normal sehen. Aber seine Umgebung hat sich total verändert. Sie erscheint ihm unwirklich. Nichts mehr von alledem, was er Sekunden zuvor noch wahrgenommen hat – die Straße, Laternen, am Straßenrand wahllos abgestellte Autos, Häuser und Geschäfte – dies alles ist mit einem Mal nicht mehr da.

Vor ihm breitet sich jetzt ein Urwaldszenarium aus, das einem kitschigen Tarzan-Streifen Ehre gemacht hätte. Die Realität hat ihn wieder. Aber was für eine? Sicher nicht die, aus der er jäh herausgerissen wurde.

Träumt er etwa, leidet er an Halluzinationen, an Amnesie? Keineswegs. Denn: Noch hat er seine Gedanken beisammen, weiß er genau, woher er gerade gekommen ist. Irgend etwas Merkwürdiges muß mit ihm geschehen sein, etwas, für das er im Augenblick keine Erklärung findet. Es gibt Wichtigeres zu tun. Er versucht sich zu orientieren, so schnell wie möglich heimzufinden.

Erst viel später wird der Mann erfahren, daß er an jenem bewußten Abend durch ein sehr seltenes Naturphänomen aus seiner gewohnten Realität »entführt« und in Bruchteilen von Sekunden quer durch Raum und Zeit in einen anderen Kontinent versetzt worden war, Tausende Kilometer von zu Hause entfernt.

So etwa könnte eine spontane Teleportation verlaufen, wenn jemand nichtsahnend in eine jener sporadisch auftretenden Schwachstellen in unserem Raumzeit-Gefüge gerät und für Anwesende übergangslos verschwindet. Dabei ist das Funktionsschema stets das gleiche:

– Entstofflichung (Dematerialisation); die Materie des Objekts gerät in einen »hyperfrequenten« Schwingungszustand, d. h., sie wird bei Schwingungen, die höher als die des elektromagnetischen Frequenzspektrums liegen, aus unserer Realität heraus-»gerüttelt«;

– Teleportation durch Mini-Schwarzloch/Weißloch-Tunnels (Wurmlöcher);

– in diesem Zustand Durchdringung etwaiger Hindernisse (Penetration) und

– Wiederverstofflichung (Rematerialisation) an einem x-beliebigen anderen Ort.

Anders als beim totalen Verschwinden einer Person oder eines Objekts aus unserem 4 D-Universum – deren Versetzung in eine andere Zeit oder in eine Parallelwelt – tauchen unfreiwillig an einem entfernten Ort in unserer Welt Teleportierte meist schon nach kurzer Zeit wieder auf und machen sich bemerkbar, es sei denn, der Versetzungsschock hätte bei ihnen eine bleibende Amnesie ausgelöst.

Fälle der eingangs konstruierten Art gibt es zur Genüge, und jährlich kommen neue hinzu. Über eine solche räumliche Versetzung wußte die argentinische Tageszeitung »Diario de Córdoba« im Jahre 1959 zu berichten. Dort will ein einheimischer Geschäftsmann bei hellichtem Tage von Bahía Blanca nach dem mehr als 1500 Kilometer entfernten Salta teleportiert worden sein, gerade als er mit seinem Wagen die Heimfahrt antreten wollte. Der Motor des vor seinem Hotel abgestellten Wagens lief schon, als ihm eine ungewöhnliche »Wolke« auffiel, die am Boden entlang auf ihn zugekrochen kam, noch bevor er Gas geben und wegfahren konnte. Dann schwanden ihm die Sinne. Als er wieder zu sich kam, stand er ohne seinen Wagen auf einer wenig befahrenen Landstraße unweit von Salta. Ein zufällig vorbeikommender Lkw-Fahrer nahm sich des völlig verstört wirkenden Mannes an und brachte ihn sofort zur nächstgelegenen Polizeistation. Durch ein kurzes Telefonat mit der Direktion des Hotels in Bahía Blanca konnte die Identität des »Entführten« rasch geklärt werden. Sein Wagen stand noch immer mit laufendem Motor auf dem Parkplatz vor dem Hotel. Seit seinem überstürzten »Aufbruch« waren offenbar nur wenige Minuten verstrichen. Sie entsprachen etwa dem Zeitraum, den der hilfsbereite Lkw-Fahrer für die Fahrt zum Polizeirevier benötigt hatte. Die riesige Entfernung zwischen Bahía Blanca und Salta selbst mußte der Ortsversetzte in Nullzeit zurückgelegt haben. Irgendwo in unserer Welt hatte es wieder einmal eine »undichte Stelle« gegeben, durch die ein Ahnungsloser unversehens über 1500 Kilometer weit teleportiert worden war.

Ein ähnlicher Teleportationsfall, in den ein Ehepaar mitsamt seinem Wagen verwickelt war, ereignete sich neun Jahre später in der Nähe von Buenos Aires (Argentinien). Dr. Vidal hatte mit seiner Frau an einem Familientreffen in Chascomús, etwa 120 Kilometer südlich von Buenos Aires teilgenommen. Kurz nach Mitternacht brachen sie auf, um andere Verwandte im etwa 150 Kilometer entfernten Maipú zu besuchen. Ihr Besuch zur nächtlichen Stunde war angemeldet.

Vor den Vidals fuhr auf der Nationalstraße 2 ein befreundetes Ehepaar, das sie zu deren Verwandten begleiten wollten und das nach kurzer Fahrdauer dort auch wohlbehalten ankam. Als das Ehepaar Vidal nach stundenlangem Warten immer noch nicht eingetroffen war, machte man sich Sorgen. Die Freunde suchten zusammen mit den Verwandten der Vidals die Wegstrecke zwischen Maipú und Chascomús gleich zweimal ab, ohne auch nur die geringste Spur von den Vermißten zu finden.

Genau 48 Stunden später meldeten sich die Vidals wohlbehalten aus Mexico-Stadt. Es war dies eine geradezu ungeheuere Distanz zum Ort ihres Aufbruchs. Dr. Vidal hatte, bar jeglicher mexikanischer Zahlungsmittel, das dortige argentinische Konsulat aufgesucht, um seinen verdutzten Angehörigen ein Lebenszeichen zukommen zu lassen.

Bei ihrer Rückkehr wurden die Vidals auf dem internationalen Flughafen von Buenos Aires von Freunden und Reportern umringt, die alle über den genauen Hergang dieses Ereignisses Näheres wissen wollten. Was Dr. Vidal zu berichten wußte, hörte sich wie eine zweitklassige Science-fiction-Story an, aber ... da gab es Beweise.

Als die Vidals in jener Nacht die Außenbezirke von Chascomús gerade verlassen hatten, gerieten sie mit ihrem Wagen plötzlich in »dichten Nebel«. Was daraufhin geschah, entzog sich ihrer Erinnerung. Die Vidals erwachten mit einem Mal aus ihrer Benommenheit, die sie überkommen hatte. Ihr Wagen war am Rande einer ihnen völlig unbekannten Straße geparkt. Seine Lackierung wies an einigen Stellen große Brandflecken auf, so als ob sie mit einem Schweißbrenner in Berührung gekommen wäre. Da der Motor noch völlig intakt war und sie offenbar keine körperlichen Schäden davongetragen hatten, setzten sie ihre Fahrt in der ihnen völlig unbekannten Gegend fort. Die eigentliche Sensation ließ indes nicht lange auf sich warten. In der Nähe eines größeren Ortes erkundigten sie sich bei Passanten nach dessen Namen. Als man ihnen mehrfach versicherte, daß sie sich in Mexico-Stadt befänden, wollten sie dies zunächst nicht glauben. Wie war es möglich, unvermittelt in einer 6000 Kilometer entfernten Stadt aufzutauchen, ohne sich des Fahrtverlaufs zu erinnern? Um eine solche Strecke in nur zwei Tagen zu bewältigen, hätten die Vidals ohne Unterbrechung eine Geschwindigkeit von etwa 130 Stundenkilometer einhalten müssen.

Da das Ehepaar behauptete, bis zu seiner Ankunft in der Nähe von Mexico-Stadt bewußtlos gewesen zu sein, müßte man annehmen, daß der eigentliche »Transport« keine 48 Stunden gedauert hat. Alles spricht dafür, daß im Fall Vidal eine Objektversetzung über eine große Distanz höchstwahrscheinlich in Nullzeit stattgefunden hat. Beider Uhren waren stehengeblieben. Sie zeigten immer noch die Stunde ihrer Abfahrt aus Chascosmús an. Ihre »Reiseroute« müßte demzufolge über den alles mit allem verbindenden Hyperraum verlaufen sein – unter Umgehung staatlicher Grenzen und Zollformalitäten.

Das Erlebnis der Vidals fand seinerzeit auch in den USA starke Beachtung. Ihr lädiertes Auto wurde von einer amerikanischen Studiengruppe später gegen ein funkelnagelneues umgetauscht. Neugierige Wissenschaftler ließen sich den Besitz eines vermutlich teleportierten Objekts etwas kosten.

Was aufhorchen und Schilderungen wie diese trotz ihres phantastischen Aspekts glaubhaft erscheinen läßt, ist das »Nebel«-Phänomen. Man findet es in nahezu sämtlichen Fällen spontaner Teleportation vertreten. Der bekannte amerikanische Buchautor John Keel spekuliert, daß die allen plötzlichen Versetzungen vorausgehenden Raumzeit-Verwerfungen in irgendeiner bislang nicht geklärten Weise mit den Aktivitäten des irdischen Magnetfeldes zusammenhängen. Er hält die mysteriösen Nebel für Nebenprodukte der am Dematerialisationsprozeß beteiligten »Kräfte«. Sie könnten ein Indiz dafür sein, daß sich am Teleportationsort ein plötzlicher Temperaturabfall mit anschließender Kondensation der Luftfeuchte bemerkbar macht, ausgelöst durch massiv auftretende magnetische oder elektrische Energien, die indirekt das Durchlöchern unseres Raumzeit-Gefüges verursachen.

Gut bezeugte Fälle von bewußt herbeigeführten Teleportationen der eigenen Person, sogenannten Autoteleportationen, in die nähere Umgebung, bei denen der »Nebel-Effekt« nicht in Erscheinung tritt, sind keine Seltenheit. Zu Beginn des 20. Jahrhunderts beschäftigte sich der Italiener Dr. Lapponi im Auftrag des Vatikans mit den Teleportationsfähigkeiten der Pansini-Brüder. Alfredo und Paolo Pansini – damals acht bzw. zehn Jahre alt – waren verschiedentlich aus verschlossenen Räumen verschwunden und kurze Zeit danach an entlegenen Orten wieder aufgetaucht. So verschwanden sie einmal aus dem elterlichen Haus in Ruvo, um eine halbe Stunde später nahe dem 30 Kilometer entfernten Barletta in einem Boot auf dem offenen Meer treibend aufgefunden zu werden. Ein anderes Mal sollen sie sich vor Zeugen auf einem öffentlichen Platz in Ruvo förmlich »in Luft aufgelöst« haben. Etwa 10 Minuten später wurden sie in Trani entdeckt, 20 Kilometer von Ruvo entfernt.

Ausgesprochen lästig waren die willkürlichen Teleportationen des jungen Philippino Cornelio Closa, dessen Eltern unter dem seltsamen Talent ihres Sprößlings sehr litten und das sie daher lange Zeit vor einer sensationsgierigen Öffentlichkeit verborgen hielten. Dann aber kam die Geschichte dem UPI-Korrespondenten Vincente Maliwan zu Ohren. Sie wurde veröffentlicht und sorgte im Jahre 1965 in in- und ausländischen Blättern für Schlagzeilen.

Cornelio besaß die ungewöhnliche Gabe, auf Wunsch teleportieren zu können; sie wurde während der Pubertät entdeckt. Wie viele andere Kinder in diesem Alter hatte er eine fiktive Freundin, ein geheimnisvolles, weißgekleidetes Mädchen, das ausschließlich in seiner Phantasie existierte. Und mit dieser Phantom-Freundin durchwanderte er tagträumend recht merkwürdige Welten. Doch was für andere Kinder in der Regel keine Nachwirkungen hat, sollte sich für Cornelio alsbald zu einem ungewöhnlichen Phänomen entwickeln. Bei den Begegnungen mit seiner »Spielgefährtin« kam es immer häufiger vor, daß er, ohne sich dessen richtig bewußt zu werden, verschwand und anderswo – im Hof oder auf der Straße – rematerialisierte. Für ihn war dies alles Realität, eine ganz natürliche Sache. Seine Entstofflichungen sollen sich im Klassenzimmer, auf der Straße und natürlich vor allem zu Hause vor den Augen verblüffter Anwesender zugetragen haben. Vor lauter Verzweiflung schlossen ihn die Eltern öfters in sein Zimmer ein. Mit geringem Erfolg, wie sich fast jedesmal herausstellen sollte. Cornelio dematerialisierte sich und erschien augenblicklich an einem anderen Ort, ohne sich hierbei etwas besonderes gedacht zu haben. Er wünschte sich ganz einfach nach draußen und schon geschah das, was anderen unfaßbar erschien.

Eine psychiatrische Untersuchung ergab, daß der Junge geistig völlig gesund war. Daraufhin vertraute ein ortsansässiger Geistlicher mit Einwilligung der Eltern das junge Teleportationstalent der Obhut eines amerikanischen Pastors namens Lester Sumrall an, der Cornelio vorsichtshalber zunächst einmal exorzierte. Danach sollen seine spontanen Teleportationen ausgeblieben sein.

Über einen ähnlichen aktuellen Fall wird aus Fermo (Italien) berichtet. Dort hat in den letzten Jahren ein äußerst kritisch eingestellter Physiker die willentlich herbeigeführten Teleportationen eines Fünfjährigen untersucht und für glaubhaft befunden. Zeugen beobachteten mehrfach, wie der Junge plötzlich – praktisch ohne Zeitverlust – im Freien stand, nachdem ihn seine Mutter gerade eben im Zimmer eingeschlossen hatte.

Es ist nur allzu verständlich, wenn man solchen Berichten aus dritter Hand zunächst mit Skepsis begegnet. Die meisten der bisher stattgefundenen Versetzungen erfolgten ohnehin spontan, so daß man bei nachträglich durchgeführten Untersuchungen ausschließlich auf Zeugenaussagen angewiesen war. Fehleinschätzungen, Übertreibungen, arglistige Täuschung oder gar Betrug lassen sich in solchen Fällen nun einmal nicht mit absoluter Sicherheit ausschließen. Seit Einführung elektronischer Test- und Überwachungsgeräte, seit Anwendung ausgeklügelter, von äußeren Einflüssen (z. B. vom Versuchsleiter) unabhängiger Sicherungssysteme ist das Entlarvungsrisiko für notorische Betrüger wesentlich größer geworden. Und gerade jetzt zeigt es sich, daß eine große Zahl von Teleportationen trotz rigoroser Sicherheitsmaßnahmen, selbst unter Laborbedingungen gelingt. An der Echtheit dieses phantastischen, zeitüberbrückenden Phänomens selbst besteht heute kein Zweifel mehr.

Viel häufiger noch als räumliche Versetzungen von Personen treten Objekt-Teleportationen in Erscheinung. Ein Fall, der interessierten Wissenschaftlern über den Wirkmechanismus sowohl von Teleportationen als auch von Apporten Aufschluß geben könnte, ereignete sich in Italien. Der weit über die Grenzen seines Landes hinaus bekannte italienische Parapsychologe Ernesto Bozzano (1862–1943) stellte im Jahre 1904 während einer spiritistischen Séance dem mit ihm befreundeten Medium Peretti die Aufgabe, einen Pyritblock (Schwefelkies), der in seiner zwei Kilometer entfernten Wohnung auf dem Schreibtisch lag, durch Teleportation herbeizuschaffen. Die Sitzung fand, wie damals üblich, bei Dunkelheit statt. Dennoch gab es zahlreiche Sicherheitsmaßnahmen, um Manipulationen zu unterbinden. Der »Kontrollgeist« des Mediums – Psychologen sprechen von der Teilpersönlichkeit des Unbewußten – ließ nach mehrmaligen Versuchsansätzen verlauten, daß seine Energie zur Rematerialisation des Objekts erschöpft sei. Als man daraufhin Licht machte, zeigte es sich, daß Möbel und Boden über und über dick mit Pyritstaub bedeckt waren.

Zu Hause angekommen, kontrollierte Bozzano sofort den zu teleportierenden Pyritblock und stellte dabei fest, daß etwa zwei Drittel desselben verschwunden waren.

Hatte es beim Wiedereintritt des entstofflichten Minerals in unsere Raumzeit vielleicht »Umdruckfehler« gegeben, war die höherdimensionale »Kondensationsmatrix«, an der sich ein virtuelles Objekt in unserer 3 D-Realität wieder niederschlägt, aufgrund äußerer, nichtkontrollierbarer Einflüsse etwa beschädigt worden? Solche Pannen bieten Wissenschaftlern eine Fülle von Möglichkeiten, die eigentlichen Ursachen paraphysikalischer Bewirkungen viel gründlicher als bei glatt verlaufenden Experimenten zu studieren. Mehr noch: Teilmaterialisationen wie diese dürften nachgerade der beste Beweis für die Echtheit solcher Phänomene sein.

Teleportationen und Apporte – ganz gleich, ob es sich hierbei um Versetzungen zum räumlichen oder zeitlichen Anderswo handelt – bedingen, daß die Eigenschwingungen des zu teleportierenden Objekts mit dem Schwingungsmuster des Hyperraumes, das jenseits des innerhalb unseres Universums geltenden elektromagnetischen Frequenzspektrums liegt, übereinstimmen. Erst wenn sich das Objekt mit dem Gebilde »Hyperraum« in Resonanz befindet, erfolgt sein Eintritt in diesen an der Wurmlochöffnung, d. h. dem Mini-Schwarzen Loch. Das so entmaterialisierte Objekt existiert dann zwar immer noch, jedoch im »virtuellen« Zustand, d. h., es ist mit unseren normalen Sinnen nicht mehr wahrnehmbar.

Der amerikanische Physiker Thomas E. Bearden, ehemaliger Nachrichtenoffizier, Taktiker und Spezialist für Luftabwehrsysteme, sieht dematerialisierte Objekte durch zwei räumliche »Drehungen« aus unserem materiellen Universum heraus- und in ein drittes »Biofeld« – er bezeichnet es als »Bewußtseinsfeld« – hineinrotiert. In ihm besitzen – so Bearden – Objekte einen Bewußtseinsstatus; sie sind dort sozusagen »Gedankenobjekte«. Durch ausschließlich mental zu verstehende Stimulationsprozesse – Bearden spricht von »kindling«, d. h. anfachen – will er umgekehrt entsprechende virtuelle Objekte über ein zweites und erstes Biofeld in das nullte Biofeld, das unserem materiellen Zustand entspricht, zurückversetzt wissen. Und diese Rematerialisation würde, sobald sich das virtuelle Objekt wieder im normalen (elektromagnetischen) Schwingungszustand befindet, am Wurmlochausgang, am Mini-Weißen Loch erfolgen.

Auf diese Weise lassen sich auch Apporte erklären, selbst solche, die ausschließlich auf der Existenz von gedachten (virtuellen) Objekten beruhen, Dinge, die es zuvor noch gar nicht gab – Wunschbilder unseres Bewußtseins, auf rein psychischem Wege in unsere 3 D-Welt hineinprojiziert.

Die amerikanischen Physik-Professoren Jack Sarfatti und Fred Wolf vermuten, daß sämtliche Abläufe in unserem Universum – Ereignisse und Bewegungen entlang der Weltzeitlinie – durch eine praktisch unbegrenzte Abfolge von De- und Rematerialisationen auf Quantenebene zustande-kommen. Diese rasanten kontinuierlichen Ent- und Ver-stofflichungen von Materiepartikeln, aus denen sich Belebtes wie Unbelebtes zusammensetzen, müssen dem Betrachter wegen der Trägheit unserer Sehorgane zwangsläufig als fließende Vorgänge erscheinen. Teleportationen ließen sich demzufolge als gewaltige »Quantensprünge« interpretieren, die uns nur deshalb so ungewöhnlich erscheinen, weil gewohnte, scheinbar kontinuierlich erfolgende Handlungs-abläufe jäh eine Unterbrechung erfahren und das Passieren des Hyperraumes keine Zeit beansprucht. Von uns aus gesehen ruht der Zeitablauf im Hyperraum, weshalb ein dort virtuell existierendes Objekt nach seinem Verschwin-den sofort wieder im Normalraum an einem anderen Ort oder zu einer anderen Zeit auftaucht. Bei experimentellen, d.h. willentlich ausgelösten Teleportationen hat es sich gezeigt, daß die zu teleportierenden Objekte mitunter auch längere Zeit im Hyperraum zurückbleiben können, was aber allem Anschein nach auf bestimmte Verhaltensmuster des Teleportationsmediums selbst zurückzuführen ist.

Daß Ufos nicht »fliegen«, sondern sich offenbar nach dem Teleportationsprinzip fortbewegen und somit De- und Re-materialisationstechniken beherrschen, geht aus verschie-denen, bilddokumentarisch belegten Fällen hervor, wie sie unter anderem in einem von der seriösen Ufo-Forschungs-gruppe MUFON (Mutual Ufo Network) herausgegebenen Berichtsband geschildert werden.

In einem Fall hatte ein damals 50 Jahre alter Amerikaner am 22. November 1966 in der Nähe der Nationalstraße 58 auf dem 1700 Meter hohen Willamette-Paß in Oregon ein plötzlich auftauchendes Flugobjekt gesichtet, dessen seltsamen Flugbewegungen seine Neugier erregten. Der Beobachter – ein in Biochemie promovierter Akademiker – war auf einen neben der Straße gelegenen schneebedeckten Hügel gestiegen, um von der gegenüberliegenden Bergkette einige Aufnahmen zu machen. Der Dunstschleier über dem felsigen Gebirgszug hatte sich eben aufzulösen begonnen. Gerade, als er sein drittes Bild machen wollte, erschien vor seinen Augen ein helles Objekt, woraufhin der Fotograf fast automatisch den Auslöser betätigte. Im gleichen Augenblick war das Objekt, das er nur ganz kurz im Sucher gesehen hatte, schon wieder verschwunden. Im Foto erscheint das Flugobjekt gleich dreimal kurz hintereinander, was auf einen kontinuierlichen De- und Rematerialisationsprozeß schließen läßt.

Ein zweiter Fall dieser Art, der die Teleportationshypothese erhärten könnte, ereignete sich am 5. Juli 1965 in Schweden. Der Schwede Barty Andersson aus Stockholm war an jenem Tag zur Kenai-Halbinsel in der Nähe von Anchorage (Alaska) aufgebrochen, mit der Absicht, dort am Cook Inlet zu fischen. Zuvor wollte er mit seiner 35-mm-Canon-Kamera noch eine Landschaftsaufnahme machen. Um selbst in einem Fischerboot sitzend auf dem Bild zu erscheinen, benutzte er ein Stativ und einen Selbstauslöser. Gerade als er diesen betätigt hatte und zum Boot gelaufen war, um sich in Position zu bringen, sah er plötzlich ein diskusförmiges Flugobjekt, das vom fernen Ufer abgehoben hatte, und blieb daraufhin wie versteinert stehen. Das Foto zeigt den Mann von hinten sowie sechs helle, fast durchsichtige, nach und nach größer werdende Querschnitte eines seltsamen Flugkörpers wie Kratzspuren auf der Filmschicht. Das Objekt war offensichtlich leicht gekippt herangeflogen und nach Aussage des Zeugen über einem nahen Hügel ganz plötzlich verschwunden. Vermutlich hatte sich das »Ding« vor Anderssons Augen dematerialisiert und gleich darauf wieder materialisiert. Hätte es sich ihm hingegen nur schnell genähert, ohne in Sekundenbruchteilen in unserer Welt zu verschwinden und sofort wieder aufzutauchen, wäre es im Bild nur als Wischer zu sehen.

Adrian Vance, Autor und versierter Fotoanalytiker, der sich auf solche Ufo-Bilder spezialisiert hat, gelangte nach Überprüfung aller technischen Fakten zu dem Schluß, daß der hier abgebildete Flugkörper unbekannter Herkunft im Verlaufe der nur Sekundenbruchteile während Aufnahmezeit mehrfach verschwunden und wieder aufgetaucht war.

Diplom-Physiker Illobrand von Ludwiger (MUFON-CES) hält es für möglich, daß es sich bei Ufos um kurzzeitig in unsere Welt projizierte, dort materiell oder quasi-materiell erscheinende Objekte handelt. In seiner Projektor-Theorie, die sich weitgehend auf Burkhard Heims »Einheitliche 6-dimensionale Quanten-Geometrodynamik« stützt, erhält die Vermutung neuen Auftrieb, daß Ufos Teleportationsmaschinen sind, die über eine höhere Dimensionalität, d. h. den Hyperraum operieren. Liegt es da nicht nahe, anzunehmen, daß sie, unabhängig von der Frage nach ihrer Herkunft, die dimensional untergeordnete »Zeit« total beherrschen, diese zum »Reisen« in der Zeit benutzen – quer über die Jahrhunderte hinweg? Diese Theorie verlangt, daß wir uns zunächst einmal mit Laborexperimenten befassen, die die Existenz des Teleportationsphänomens bekräftigen.

> »*Jede weit fortgeschrittene Tech-*
> *nologie ist von Magie kaum noch*
> *zu unterscheiden.*«
> A. C. Clark's »*Third Law*«

Teleportationsexperimente im Labor unter strengen Versuchsbedingungen, vor allem solche, in deren Verlauf man den Verbleib des zu teleportierenden Objekts »nahtlos« überwachen kann, bieten, im Vergleich zu spontanen Versetzungen von Personen, interessante Möglichkeiten, die Echtheit dieses und verwandter Psi-Phänomene glaubhaft nachzuweisen, die Qualität der Dimension »Zeit« neu zu bewerten.

Larissa Wilenskaja, Herausgeberin der grenzwissenschaftlichen Zeitschrift »Psi Research«, und James McClenon von der University of Maryland informierten die Fachwelt erst unlängst wieder über sensationelle Erfolge junger chinesischer Psychokineten beim Teleportieren von Minisendern und lichtempfindlichem Fotopapier – Aktivitäten, die in China als »Exceptional Human Functions« (EHF = außergewöhnliche menschliche Funktionen) bezeichnet werden. An diesen Experimenten, die unter anderem von der chinesischen Armee gefördert werden, sind Mitarbeiter des »Beijing Normal Institute«, der Pekinger Universität und des »Instituts für Hochenergiephysik«, Peking, beteiligt.

Die chinesischen Experimentatoren forderten eine der Versuchspersonen auf, einen winzigen, batteriebetriebenen Peilsender aus ihrer Hosentasche oder aus einem an ihrem Körper befestigten versiegelten Kasten an bestimmte Stellen innerhalb des Versuchsraumes bzw. in angrenzende Räume zu teleportieren. Dabei wurde streng darauf geachtet, daß die Versuchsperson das zu teleportierende Objekt nicht anfaßte.

Während der zahlreichen unter wissenschaftlicher Kontrolle durchgeführten Experimente dauerte es zwischen 24 Sekunden und 61 Minuten, um den Sender verschwinden zu lassen. Die Experimentatoren bezeichnen diesen Zeitraum als »Aufwärmzeit«. Bis zum Wiedererscheinen der Objekte vergingen zwischen 0 Sekunden und 56 Minuten.

Die an diesem Projekt beteiligten Wissenschaftler – Lin Shu-Lung, Chen Shou-Liang und Hsu Hung Chang –, die während des gesamten Teleportationsvorgangs das von dem Minisender abgestrahlte Signal auf einem Monitor verfolgen konnten, berichten einhellig über »wilde Signalschwankungen«. Gelegentlich soll das Signal sogar ganz verschwunden gewesen sein. In dieser Zeit dürfte sich das Objekt völlig im Hyperraum befunden haben. Nach Meinung der chinesischen Forscher durchlaufen teleportierte Objekte einen Prozeß der »Existenz zur Nicht-Existenz« und umgekehrt: »Wir glauben, daß diese ›Nicht-Existenz‹ nicht mit der totalen Auflösung eines materiellen Objekts gleichzusetzen ist. Möglicherweise ist die Existenz des dematerialisierten Objekts nur nicht mit konventionellen Detektoren nachweisbar.«

Dr. Lin Shu-Lung und seine Kollegen, die dies behaupten, sind davon überzeugt, daß Teleportationen normalerweise *sofort* erfolgen, also überhaupt keine Zeit in Anspruch nehmen. Wenn ein in Teleportation befindliches Objekt dennoch minutenlang im Hyperraum verweilt, müßte dies demnach bedeuten, daß der Teleporter es *selbst* dort im Nullzeit-Zustand beläßt, es willentlich »festhält« oder besser, es nicht »losläßt«, damit es in den Normalraum zurückfallen kann.

Im Verlauf ähnlicher Teleportationsexperimente, an denen gleichzeitig zwei Versuchspersonen beteiligt gewesen waren, wurde unbelichtetes Fotopapier aus einem versiegelten lichtundurchlässigen Beutel in einen anderen, auf die gleiche Weise präparierten leeren Sicherheitsbeutel teleportiert. Man hatte die Beutel mit Sicherheitsnadeln an ihre Jacken geheftet. Einer erhielt den Auftrag, das Fotopapier psychokinetisch in den leeren Sicherheitsbeutel zu teleportieren. Kurze Zeit nachdem das besonders gekennzeichnete Filmmaterial aus den Behältnissen verschwunden war – das Medium behauptete, es befände sich »zwischen« den Beuteln, d. h. zwischen den Dimensionen (im Hyperraum) –, tauchte es in dem bis dahin leeren Beutel auf. Die Siegel beider Beutel waren unversehrt. Als man den Empfängerbeutel in einer Dunkelkammer vorsichtig öffnete, stellte es sich heraus, daß das Fotopapier nach wie vor unbelichtet war. Schließt man aufgrund der strengen Sicherheitsmaßnahmen Betrug aus, muß auch das Fotopapier eine Route jenseits unseres Raumzeit-Universums eingeschlagen haben, da es andernfalls belichtet gewesen wäre.

Im Jahre 1983 besuchte ich John Hasted, Professor für experimentelle Physik am Birkbeck College der Universität London, eine wissenschaftliche Kapazität auf dem Gebiet paraphysikalischer Phänomene. Während eines langen, hochinteressanten Gesprächs, in dessen Verlauf er mir auch seine Versuchseinrichtungen erklärte, kamen wir schließlich auf die beiden von ihm getesteten Teleportationstalente Nicholas Williams und Stephen North zu sprechen.

North, der mithin die besten Ergebnisse erzielt hatte, bekam eines Tages von Hasted einen kleinen eiförmigen Behälter ausgehändigt, in dem sich drei Metallkristalle befanden. Dieses Kunststoff-Ei, bestehend aus zwei genau ineinanderpassenden Hälften, war nach dem Beschicken mit den

Kristallen fest verschlossen und versiegelt worden. Um 11.30 Uhr begann Stephen das Behältnis zu schütteln. Man konnte das von den Kristallen im Ei-Inneren verursachte Geräusch deutlich hören. Nach einigen Minuten aber blieb beim Schütteln das Rasseln aus, was nur bedeuten konnte, daß die Kristalle das Ei verlassen hatten. Dennoch wurde es zu diesem Zeitpunkt noch nicht geöffnet. Hasted bat Stephen, die Kapsel weiter zu schütteln und zu versuchen, die (offenbar teleportierten) Kristalle zurückzubekommen, d. h. zu apportieren.

Als sich dann nach einiger Zeit im Ei partout nichts rührte, öffnete man es, und Hasted fand dort anstelle der Kristalle zunächst eine Ein-Pfund-Note der Bank of England. Stephen meinte, er habe eine solche Banknote in der Tasche gehabt. Sie war tatsächlich verschwunden. Einer der Kristalle – ein Vanadium-Stäbchen – befand sich noch (oder wieder) im Ei, war aber in die Banknote eingewickelt. Die anderen Kristalle aus Zink bzw. Germanium fand man in Stephens verschlossener Gesäßtasche.

Daraufhin plazierte Hasted alle drei Kristalle wieder in die Kapsel und verschloß sie wie zuvor. Als man das Ei um 14.15 Uhr zum zweitenmal öffnete, lagen die drei Kristalle immer noch darin. Nach abermaligem Versiegeln schüttelte Stephen die Kapsel weiter, bis das Geräusch um 14.20 Uhr erneut verstummte. Beim Öffnen fand Hasted die Kapsel leer. Auch war der Geldschein diesmal in Stephens Tasche geblieben.

Natürlich bemühen sich Professor Hasted sowie die ebenfalls am Birkbeck College der Universität London dozierenden Professoren John Taylor und David Bohm – beide international anerkannte Physik-Theoretiker – für das Zustandekommen von Phänomenen wie diesen wissenschaftlich »koschere« Erklärungen zu finden. Aufgrund gewisser, beim Teleportieren und Apportieren von Objekten immer wieder beobachteter Eigentümlichkeiten, die Professor Hasted in seinem vielbeachteten Buch »The Metal Benders« sogar katalogisiert hat, glaubt man, für paraphysikalische Bewirkungen den quantentheoretisch erklärbaren »Tunneleffekt« verantwortlich machen zu müssen. Dieser besagt, daß eine kurzzeitige Verletzung des Energiesatzes (Entropiesatz) denkbar ist. Der Tunneleffekt, mit dem man übrigens in der Atomphysik den radioaktiven Alpha-Zerfall erklärt, besagt, daß atomare Teilchen auch dann noch durch einen im Atom existierenden »Energiewall« hindurchtreten können, wenn ihre Bewegungsenergie nach der klassischen Mechanik nicht ausreichen würde, um die beim Anlaufen gegen diesen Potentialberg auftretenden abstoßenden Kräfte zu überwinden. Wenn dieser Berg nicht zu dick ist, besteht eine gewisse Wahrscheinlichkeit dafür, daß ein Teilchen *innen* bis zur anderen Seite vordringt. Es tritt dort aus dem Berg heraus und bewegt sich dann als freies Teilchen weiter. Ein »quantentheoretisches« Teilchen durchtunnelt demnach den Potentialberg, was nach den Gesetzen der Schulphysik eigentlich nicht möglich ist. Ähnliche Prozesse dürften sich nach Meinung der Birkbeck-Wissenschaftler auch bei Teleportationen und allen anderen paraphysikalischen Phänomenen abspielen. Wie schon in der »Wurmloch«-Theorie detailliert dargelegt, könnte es, analog zum Tunneleffekt, infolge psycho- und biophysikalischer Vorgänge auch beim Teleportieren zum Durchdringen unseres Raumzeit-Gefüges kommen, ohne daß fundamentale physikalische Gesetze verletzt werden. Unser Makrokosmos scheint ebenfalls durch höherdimensionale »Energiewälle« von anderen Realitäten getrennt zu sein. Möglicherweise können diese »Wälle« schon durch den gezielten Einsatz geringer Energien, durch Energieschübe, durchlöchert werden, um, auf technischem Wege, Sofort-Versetzungen in Raum und Zeit einzuleiten.

Professor Bohm geht sogar so weit, zu behaupten, daß sich teleportierte und apportierte Objekte nicht physisch von einem Ort zu einem anderen bewegen, sondern daß sie an jeder Stelle, wo sie auftauchen, von neuem erschaffen werden (sich rematerialisieren). Er nimmt ferner an, daß sich solche »entfalteten« Objekte von selbst wieder »zusammenfalten« (sich dematerialisieren), über ein Paralleluniversum verschwinden und in neuen Positionen durch »Wiederentfalten« erneut sichtbar werden. Wenn auch die neu entfalteten Objekte denen in den vorherigen Positionen aufs Haar gleichen, bestünde dennoch ein gewichtiger Unterschied: *Man habe an jeder neuen Stelle neue Objekte vor sich.*

Wer glaubt, daß Wissenschaftler von Rang und Namen solche Möglichkeiten außer acht ließen, sie als Science-fiction einstufen würden, befindet sich im Irrtum. Der amerikanische Naturwissenschaftler Ivan Sanderson – ein persönlicher Freund von Albert Einstein – war schon vor Jahren zu einem persönlichen Gespräch über grenzwissenschaftliche Themen ins US-Verteidigungsministerium gebeten worden. Während einer lebhaft geführten Diskussion mit hohen Beamten des Pentagons wollte Sanderson wissen, ob man ihm einen Gedankenaustausch mit Fachleuten ermöglichen könne, die sich mit Teleportationsexperimenten beschäftigten. Die Reaktion seiner Gesprächspartner bezeichnete Sanderson als »verblüffend«. Einer der Beamten gab ihm barsch zu verstehen, daß man mit ihm über dieses Thema nicht zu diskutieren wünsche. Ein anderer meinte beschwichtigend: »Wie auch immer, wir nennen es nicht mehr ›Teleportation‹, sondern ganz einfach ›ITF‹«. Dies aber bedeutet soviel wie »Sofort-Versetzung« (engl. »instantaneous transference«).

Hieraus könnte man folgern, daß es in den USA und möglicherweise auch in anderen Ländern Bestrebungen gibt, die Teleportation zu technisieren, sie vom Zufall unabhängig zu machen, um sie im zivilen und/oder militärischen Bereich zu nutzen.

Auf den Einsatz solcher Techniken für nachrichtendienstliche Zwecke verweist übrigens auch G. A. Welk in seinem Beitrag »Proposed Use of the Apport Technique as a Means to Strengthen the U. S. Intelligence System« (»Mögliche Anwendungen von Apport-Techniken zur Unterstützung des US-Spionage-Systems«). Welk bedauert darin, daß die amerikanische Abwehr offenbar mehr auf die Nutzung von anderen Psi-Phänomenen fixiert zu sein scheint. Aufgrund zahlreicher geheimer Informationen aus der Sowjetunion glaubt er gerade in »voll entwickelten« Apport-Methoden wertvolle nachrichtendienstliche Möglichkeiten zu erkennen. Welks Beitrag datiert aus dem Jahre 1970. Was mag inzwischen aus der Technisierung der Teleportation geworden sein?

IV

Die Zukunft ist jetzt – Zeitreisen des Bewußtseins

Der Gedanke, daß das Bewußtsein die Basis des materiellen Universums ist, läßt sich bis auf Parmenides, George Berkeley, den Mathematiker Alfred North Whitehead und den berühmten Astronomen Sir James Jeans (1877–1946) zurückführen.

Jeans, der sich durch seine Beiträge zur kinetischen Theorie und statistischen Mechanik schon früh einen Namen gemacht hatte, war den physikalischen und philosophischen Aspekten der Neuen Physik sehr zugetan. Indem er unermüdlich für den Übergang von der klassischen Partikel- zur mehr »geisterhaften« Wellen-Realität eintrat, wollte er gleichermaßen die mentale Komponente »Bewußtsein« auch in physikalische Prozesse integriert wissen. Jeans stellte in seinen Abhandlungen stets das physikalisch nicht faßbare Bewußtsein über alles Materielle. Doch damit nicht genug: Seiner Zeit weit voraus, erkannte er im Bewußtsein die Matrix des materiellen Kosmos, den Ursprung allen Seins. In seinem Werk »Physics and Philosophy« (»Physik und Philosophie«) kommt dies besonders deutlich zum Ausdruck: »Die Relativitätstheorie hat eindeutig gezeigt, daß elektrische und magnetische Kräfte keinen Realitätsanspruch erfüllen; sie sind nichts mehr als unsere eigenen mentalen Konstrukte, was auf unsere zwecklosen Bemühungen, die Bewegungen der Partikeln zu verstehen, zurückzuführen ist. Gleiches gilt für die Newtonsche Gravitationskraft, die Energie, Kräftepaare und andere Konzepte, die ausschließlich zum besseren Verständnis der Vorgänge in der Welt eingeführt wurden. Alle haben sich lediglich als mentale Konstrukte erwiesen, die nicht einmal einem Objektivitätstest standhalten. Wenn Materialisten sagen sollten, welcher Anteil der Welt sich als ›materiell‹ bezeichnen ließe, müßte die einzig mögliche Antwort ›die Materie an sich‹ lauten. Ihre gesamte Philosophie würde zu einer tautologischen Phrase zusammenschrumpfen [den gleichen Sachverhalt mit zwei synonymen Begriffen wiedergeben], denn Materie müßte ja (per definitionem) materiell sein. Aber die Tatsache, daß soviel, von dem man denkt, es besäße eine objektive physikalische Existenz, sich letztlich als subjektives mentales Konstrukt erweist, muß als wichtiger Schritt hin zum Mentalismus gewertet werden.«

1 Bewußtsein als Organisator

> »Jeder von uns weiß, daß es so
> etwas wie ›Bewußtsein‹ gibt, da wir
> ja selbst ein solches besitzen. Folg-
> lich muß Bewußtsein ein Teil der
> Natur sein, allgemeiner gesagt, der
> Realität. Dies bedeutet, daß wir
> hierfür, unabhängig von den Geset-
> zen der Physik und Chemie, wie in
> der Quantentheorie dargelegt, Ge-
> setzmäßigkeiten einer ganz anderen
> Art in Erwägung zu ziehen haben.«
> W. Heisenberg in »Physics and
> Beyond«

Der Amerikaner Keith Floyd, der sich während vieler Jahre
seiner grenzwissenschaftlichen Forschungstätigkeit wie nur
wenige mit dem wesentlichsten Element unseres Seins – dem
menschlichen Bewußtsein – beschäftigte, meinte zu dessen
Nichtfaßbarkeit einmal ironisierend, der »Sitz« des Bewußtseins dürfte wohl niemals von den Neurochirurgen
gefunden werden, da es seine Existenz allem Anschein nach
weniger einem Organ oder Organen, sondern der Interak-
tion mentaler Energiefelder verdanke. Diese Energiemuster
würden, wäre dem nicht so, durch »chirurgische Eingriffe«
(sic) unterbrochen werden, und sie müßten daher schon
längst aus dem menschlichen Körper verschwunden sein.

Floyd folgert daraus, Neurophysiologen könnten deshalb niemals das finden, was sie außerhalb ihres eigenen Bewußtseins suchten, denn *wonach sie suchten sei genau das, was sucht.*

Hier wird treffend eine scheinbar ausweglose Situation offenbar: Wie sollte etwas, das wir uns wegen seiner nicht-materiellen Beschaffenheit nicht vorzustellen vermögen – besagtes Bewußtsein –, die Fähigkeit besitzen, Informationen über seine eigene Entstehung, Struktur, Funktion und seinen »Standort« zu erlangen?

Trotz dieser auf die Unzulänglichkeit der heutigen Wissenschaftstheorie zurückzuführenden Erklärungsmisere, wurden in den letzten Jahren vorwiegend von angesehenen Physik-Theoretikern löbliche Versuche unternommen, das Mysterium »Bewußtsein« wenigstens erweitert-physikalisch zu erfassen, wobei der Quantentheorie und quasi-holografischen Modellen große Bedeutung zukommt.

Daß es ein Bewußtsein gibt – was auch immer man sich hierunter vorzustellen hat – bleibt unbestritten. Denn: Ohne das Bewußtwerden seiner Selbst und seiner Umwelt wäre Leben undenkbar. Dem geistigen, aber keinesfalls irrealen Konstrukt »Bewußtsein« wird dadurch an Substanz verliehen, daß wir uns nicht nur durch unsere Sinnesorgane, sondern mehr noch durch unser Wollen und Handeln – durch die Auswirkungen der Gedanken – selbst erkennen.

Tiefenpsychologen sehen im Bewußtsein das direkte ich-integrierte Insgesamt des seelischen Erlebens, die Summe aller wichtigen oder gleichzeitig-präsenten Vorstellungen. Es hat ihrer Auffassung nach mehr als Relais und Umsetzer für Wahrnehmungen, Empfindungen und Erinnerungen an der »Oberfläche des seelischen Apparates« seinen Platz.

Diese eher vage, der tiefenpsychologischen Praxis möglicherweise genügende Definition des Bewußtseins läßt sich aus dem materialistischen Wissenschaftsdenken der Vergangenheit herleiten. Aufgrund wissenschaftlich nachgewiesener Zusammenhänge zwischen Bewußtsein und Physis (Psychosomatik, Automatismen, Geistheilungen) bzw. zwischen jenem und Materie (z. B. bei der Psychokinese) ist die Neudefinition des Bewußtseinsbegriffs eine zwingende Notwendigkeit. Die erwiesenen Zusammenhänge zwischen der »Software« – dem geistigen Prinzip – und der »Hardware« – dem Gehirn und der materiellen Welt – nötigen uns, die getrennte Betrachtungsweise aufzugeben und das Bewußtsein mit dem Komplex »Gehirn/Welt« in Beziehung zu bringen. In Anspielung auf die Software/Hardware-Allegorie meint Raymond Ruyer, Professor an der Universität von Nancy (Frankreich): »Beim Menschen, zu dessen biologischem Gedächtnis das kulturelle hinzukommt, ist der Reichtum der zerebralen Software – die verschiedenen ›Montageanleitungen‹ – so beschaffen, daß das, was sich bei den anderen Wesen wenig oder gar nicht voneinander trennen läßt, bei ihm sehr wohl separiert. Der Geist scheint eine Art Ingenieur zu sein, Geistmensch im Körpermenschen, der, ausgerüstet mit Millionen von ›Montageanleitungen‹, sich des Körpers als eines verfügbaren materiellen Apparates bedient.« Bewußtsein und Wahrnehmung sind somit untrennbar miteinander verbunden.

Bewußtsein ohne Bewußtseinsinhalte wäre unvorstellbar. Und dieses Bewußtsein muß zweifelsohne von irgendwoher stammen, damit wir uns unseres Selbst und unserer Umwelt bewußt werden können. Wahrnehmungen aber sind von der Welt, in der sie gemacht werden, abhängig, denn ohne Kontraste in ihr ist Wahrnehmung überhaupt nicht möglich. Anders ausgedrückt: Unser Bewußtsein ist so eng mit der Welt verknüpft, daß eine begriffliche Entflechtung beider Komponenten unmöglich erscheint.

Dieses unser Universum ist aus sich selbst bewußten Formen und aus Wechselwirkungen dieser Formen gebildet – Elementen, die durch gegenseitige Informationen zustande kommen. Es besteht in letzter Konsequenz nicht aus der uns vertrauten Materie und Energie, sondern aus reinem Bewußtsein.

Keiner scheint sich dem Modell eines abstrakten, völlig durchgeistigten Universums so weit genähert zu haben wie der berühmte englische Physiker und Astronom Sir James Jeans. In seinem Buch »Der Weltraum und seine Rätsel« heißt es doch: »Heute ist man sich ziemlich einig darüber und auf der physikalischen Seite der Wissenschaft nahezu völlig einig, daß der Wissensstrom auf eine nichtmechanische Wirklichkeit zufließt; das Weltall sieht allmählich eher wie ein großer Gedanke als wie eine große Maschine aus.« Wenn aber unsere Welt tatsächlich einem einzigen großen Gedanken gleichkäme – wer denkt da nicht unwillkürlich an Paracelsus' »Weltseele« (»anima mundi«) oder Ostys »Weltbewußtsein«? – gäbe es nichts, was sie von unserem Körperbewußtsein unterscheiden würde. Die Welt wäre Bewußtsein, und Bewußtsein wäre das, was wir in seiner nahezu unendlichfachen Gesamtheit als die »Welt« bezeichnen.

Hieraus resultiert: Ein Beobachter kann da, wo in Wirklichkeit ein immaterielles (subjektives) Bewußtsein existiert, lediglich materielle Objekte – Konstrukte unseres Bewußtseins – beobachten. Das Bewußtsein selbst ist für ihn nicht wahrnehmbar. Er kann es nur ahnen oder an ihm teilhaben. Jeans vergleicht das Bewußtsein allegorisch mit dem Gefühl, das ein Maler in seinen Fingern entwickelt, wenn er mit dem Pinsel über das noch unfertige Bild fährt: »In diesem Fall ist der Eindruck, die noch fertigzustellenden Teile des Bildes beeinflussen zu können, etwas mehr als

bloße Illusion... Oder, um es etwas aktueller auszudrük-
ken: Wir könnten uns z. B. die Elektronen als Gedankenobjekte, die Zeit hingegen als Denkprozeß vorstellen.«

Bob Toben, der in einem seiner vielbeachteten Bücher Bewußtsein und Psi-Phänomene in harmonischer Übereinstimmung abzuhandeln versucht, stößt mit einem von den
bereits erwähnten Physik-Professoren Jack Sarfatti und
Fred Wolf entwickelten Bewußtseinsmodell bis in spekulative Bereiche der modernen Physik vor: »Bewußtsein ist die
Totalität jenseits von Raum und Zeit, die sich ihrem inner-
sten Wesen nach als das wirkliche ›Ich‹ erweisen könnte.
Wir wissen jetzt, daß Bewußtsein und Energie eins sind, daß
alle Raumzeit aus Bewußtsein besteht, daß unsere normale
Wahrnehmung der Realität eigentlich ein Mix aus unendlich vielen Universen verkörpert, mit denen wir koexistieren, und daß das, was wir als unser ›Selbst‹ empfinden,
lediglich eine örtlich beschränkte Projektion unserer
[unendlich vielen] wahren ›Selbste‹ darstellt.«

Professor David Bohm vom Birkbeck College der Universität London unterscheidet in dem von ihm vertretenen holistischen, ganzheitlichen Weltbild – in ihm sind, stark vereinfacht ausgedrückt, dimensional unterschiedliche Realitäten harmonisch mit- bzw. ineinander verschachtelt –
zwischen einer *impliziten* (eingefalteten) und einer *expliziten* (entfalteten) Ordnung. Alles für uns nicht unmittelbar
Wahrnehmbare, d. h. Nichtmanifeste, ist entsprechend seiner Theorie Teil der eingefalteten Ordnung, alles andere,
Sichtbare – unsere materielle Welt insgesamt – Ausdruck
der entfalteten Ordnung.

Das Bewußtsein gehört Bohms Auffassung nach der impli-
ten, der verborgenen Ordnung an. Dennoch seien Bewußtsein nicht eine und Materie eine andere Sache. Bohm hält
Bewußtsein für einen »materiellen Prozeß«, in dem dieses

sich, wie alle Materie, ursprünglich in der eingefalteten Ordnung (Esoteriker sprechen vom »feinstofflichen« Zustand) befinde, um sich dann in irgendeiner entfalteten Ordnung zu manifestieren. So gesehen könnte man sich Bewußtsein als eine »subtile Form von Materie und Bewegung, einen subtileren Aspekt der kaum beschreibbaren ›Holobewegung‹« vorstellen. Letzterer gehören, so Bohm weiter, ganz unterschiedliche Erscheinungsformen an, etwa Licht, Elektronen, Klang, Neutronen und Neutrinos, aber auch mentale Prozesse wie Denken, Fühlen, Verlangen, Wollen usw.

Denkt man Bohms Theorie von der impliziten und expliziten Ordnung konsequent weiter, so drängt sich einem unwillkürlich der Gedanke an Professor Wheelers »Wurmloch«-Prinzip auf. Aus dem Bereich »zwischen« Schwarzem und Weißem Loch, dem Hyperraum, der in etwa Bohms impliziter Ordnung gleichzusetzen wäre, materialisiert oder entfaltet sich am Weißen Loch ein Etwas, das der expliziten Ordnung angehört – ein dreidimensionales, materielles Objekt. Vergleiche dieser Art, mögen sie auch noch so unvollständig sein, zeigen überdeutlich, wie fundamentale Ideen der Neuen Physik einander ergänzen, stützen und allmählich den Paradigmenwechsel herbeiführen.

Robert G. Jahn, Professor für Luft- und Raumfahrtwissenschaften, bis zu seinem Ruhestand Dekan der School of Engineering and Applied Science an der Universität von Princeton (USA), der während seiner langjährigen Forschungstätigkeit die Existenz von Psi-Phänomenen auch experimentell nachweisen konnte, faßt den Begriff »Bewußtsein« viel weiter als andere Naturwissenschaftler. Er meint, daß »im Kontext unserer Bewußtseinsvorstellungen jedes funktionierende Ding, das imstande ist, Information zu erzeugen, aufzunehmen oder zu verwenden, als ein Bewußtsein angesehen werden kann.« Hierauf aufbauend hat Franz Moser, Professor für Grundlagen der Verfahrenstechnik an der Technischen Universität Graz – selbst Princeton-Absolvent –, eine neue Arbeitshypothese zur Darstellung des Bewußtseinsbegriffs entwickelt, die er mir unlängst erläuterte. Von ihr nehme ich an, daß sie den ideenoffenen Kriterien der neuen, bewußtseinsbezogenen Physik voll gerecht wird:

– Es gibt nur einen »Urstoff«, auf den sich alles Sein zurückführen läßt – die Energie.

– In allen Seinsformen tritt ein Muster oder Ordnungsprinzip auf, für das der Begriff der »Information« benutzt wird.

– In allem Sein sind zwei Prinzipien zu finden: Energie und Information. Vereinfacht kann man auch sagen: Alles Sein ist Energie und Information. Diese Einheit wird »Bewußtsein« genannt. Man kann daher symbolisch schreiben: Energie (E) + Information (I) = Bewußtsein (B).

– Die Entwicklung von Bewußtsein erfolgt durch Selbstorganisation.

– Die Evolution des Bewußtseins erfolgt über die Seinsstufen Mineral, Pflanze, Tier, Mensch usw. Diesen Stufen entsprechen Bewußtseinsstufen. Das Bewußtsein wäre demzufolge hierarchisch gegliedert.

– Die Bewußtseinsrealität ist multidimensional, d. h. es gibt wesentlich mehr als nur die vier Dimensionen von Raum und Zeit. Sie umfaßt zwei Bewußtseinsbereiche, die einander vollkommen durchdringen: eine *biologisch reale Bewußtseinswirklichkeit*, in der die »normalen« Vorstellungen von Raum, Zeit und Kausalität gültig sind, und eine *Energie-Bewußtseins-Wirklichkeit*. In dieser sind die »normalen« Raumzeit-Vorstellungen nicht zutreffend.

– Aus all diesen Annahmen folgt: Jedwede Wesen oder Bewußtseinsformen existieren »gleichzeitig« in »zwei Wel-

ten«, einerseits in der biologischen Wirklichkeit, solange sie
»leben«, andererseits in der Energie-Bewußtseinsrealität
und dort *zeitlos* oder *ewig*.

Kürzer ausgedrückt: Der Bewußtseinsmensch überdauert
seinen Körpertod. Mosers dimensionsüberspannende,
ganzheitliche Bewußtseinsphilosophie, die durch ähnliche
Ideen und Theorien namhafter Wissenschaftler weiter an
Bedeutung gewinnt, ist als transzendenzoffen zu werten. In
sie fließen ständig neue wichtige Erkenntnisse ein, die letztlich zur Integration des Organisators »Bewußtsein« in unsere physikalische Realität (umgekehrt wäre es wohl richti-
ger) führen müßten.

2   Bewußtsein und Zeit

Ein erst vor kurzem in den USA angelaufener Science-
fiction-Streifen »Somewhere in Time« (»Irgendwo in der
Zeit«) nach einer Novelle mit dem Titel »Bid Time Return«
(»Gebiete die Zeit zurück«) von Richard Mathieson verfolgt die Idee, daß die Gegenwart durch mentale Konzentration, durch Eingriffe des Bewußtseins beeinflußt werden
kann.

Der Held der Geschichte vermag sich, da die Zeit nichts
anderes als ein Bewußtseinszustand ist, mittels mentaler
Techniken 60 Jahre in die Vergangenheit zurückzuversetzen, um dort – real existierend – seine einstige Geliebte
wiederzusehen. Als er ihr dann (in der Vergangenheit) eine
moderne Uhr schenkt, die sie ihm, bevor sie (in der Gegenwart) stirbt und noch *bevor* er seine Reise in vergangene
Zeiten antreten kann, zurückgibt, wird er mit unglaublichen Paradoxa konfrontiert, deren Problematik der Autor
geschickt zu umgehen versucht.

7

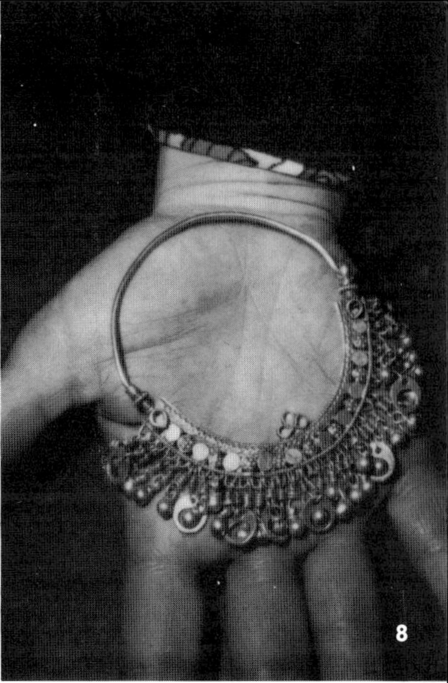

8

10

11

7   Das 1984 verstorbene italienische Apport-Medium Roberto Setti beschaffte zu Lebzeiten Hunderte alter Broschen, Goldringe, Schlüssel, Ketten, Armreife und wertvoller Steine über Raum und Zeit hinweg, praktisch aus dem Nichts.

8   Diesen wertvollen alten Armreif apportierte Setti bei einer Sitzung im Jahre 1980. Er befindet sich heute im Besitz seiner in den USA lebenden Tochter Dr. Lina Brady de Boni.

9   James Lucci aus Beaver, Pennsylvania (USA), fotografierte dieses sich offenbar gerade materialisierende Ufo am 5. August 1965.

10   Ein am 22. November 1966 auf dem Williamette-Paß in Oregon (USA) fotografiertes Ufo, das sich offenbar mehrmals hintereinander materialisierte und dematerialisierte. Es müßte sich somit über den Hyperraum fortbewegt haben.

11   Ufo über der Kenai-Halbinsel nahe Anchorage (Alaska). Das Foto zeigt sechs helle, fast durchsichtige, nach und nach größer werdende Querschnitte eines diskusförmigen Flugobjekts beim De- und Rematerialisieren. Fotoanalytiker schließen Material- und Entwicklungsfehler mit Sicherheit aus.

12   Der englische Physik-Dozent Professor John B. Hasted vom Birbeck-College der Universität London. Hasted untersucht in seinem Labor paraphysikalische Phänomene mit wissenschaftlichen Methoden.

13   Aus Professor Hasteds Sammlung psychokinetisch verbogener Objekte: In einer Glaskugel enthaltene Büroklammern wurden von einem PK-Medium berührungslos verbogen.

14   Psychokinetisch, d. h. berührungslos, verbogenes Bandmaterial aus der Experimentalsammlung von Professor Hasted.

13

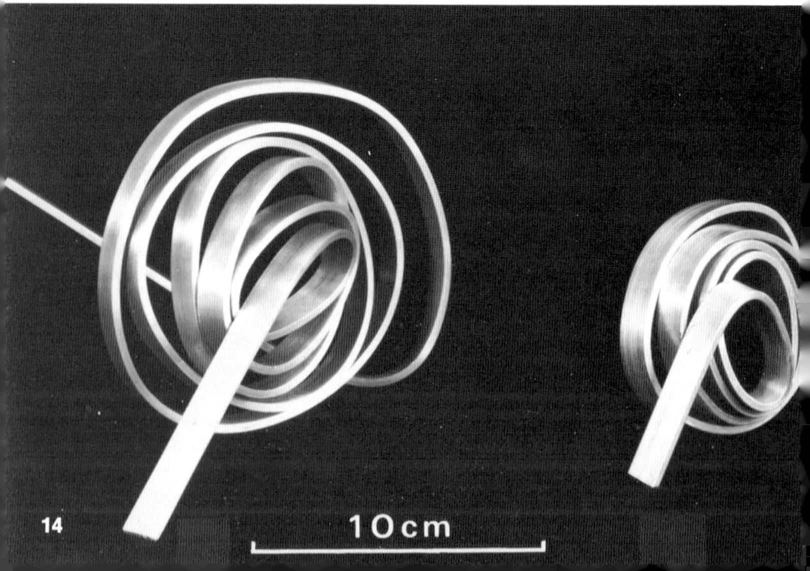

14　　　　　　　　　10cm

Weniger problematisch ist die durch unser Unbewußtes ausgelöste Beeinflussung der »subjektiven« Zeit, von der wir wissen, daß auch sie von transzendenter (höherdimensionaler) Warte aus als real zu werten ist, zumal es die »absolute Zeit« gar nicht gibt. Jeder von uns hat schon einmal erlebt, daß bei totaler Versenkung in eine fesselnde Aufgabe, die Zeit *für uns allein* zu »schrumpfen« beginnt. Bei der Ausarbeitung schwieriger Texte kann es vorkommen, daß ein vom Autor subjektiv geschätzter Zeitaufwand von z. B. 30 Minuten in Wirklichkeit einer mit der Uhr gemessenen Real-Zeitdauer von zwei oder drei Stunden entspricht.

Unsere gewöhnliche Empfindung der Zeit als eines fließenden, linear ablaufenden Prozesses, der aus Vergangenheit, Gegenwart und Zukunft besteht, scheint in Augenblicken lebhafter Imagination aufgehoben zu sein. Die geistigen Bilder wandeln sich entsprechend dem Geschehensverlauf, ohne uns das Gefühl des Zeitflusses zu vermitteln. Und während sich die imaginären Bilder vor unserem geistigen Auge entfalten, haben wir nicht den Eindruck, daß die Zeit besonders drängt. In solchen Augenblicken erscheint es uns, als gäbe es gar keine Zeit, obwohl es in den Bewußtseinsbildern selbst zu ganz real wirkenden Handlungen kommt wie z. B. in Träumen. Wie aber kann *außerhalb der Zeit* überhaupt etwas geschehen?

Während des Prozesses aktiven Imaginierens machen wir eine Erfahrung, die den Ansichten des Physikers und Mathematikers P. C. W. Davies sehr nahekommt. Dieser konstatiert, daß es mit noch keinem physikalischen Experiment gelungen sei, das Vergehen der Zeit als ein echtes Naturphänomen nachzuweisen. Davies bezieht sich damit bewußt auf die Zeitsicht der Relativitätslehre und der Quantenphysik und meint, daß alle physikalischen Experimente, die dazu dienen, den »Ablauf« der Zeit nachzuweisen, zum Scheitern verdammt sind. Dies als Grundlage, beruft er sich auf den deutschen Mathematiker Hermann Weyl (1885–1955) – »...Diese Welt geschieht nicht, sie ist ganz einfach...« – und behauptet, »das Fließen der Zeit ist keine Eigenschaft der Welt an sich, sondern eine psychisch bedingte, wenngleich mysteriöse und hartnäckige Illusion.«

Zeit wäre demnach, im Gegensatz zur Energie, in Wirklichkeit nichts Absolutes. Sie entstünde erst durch die Verteilung der Energie innerhalb der unterschiedlichen Existenzebenen. Da die Energieverteilung nicht einheitlich ist, kann auch die »Zeit« im Universum nicht einheitlich sein. Wenn jemand sagt, er würde für das Abschreiten einer bestimmten Strecke fünf Sekunden benötigen, bedeutet dies, verglichen mit seiner eigenen, einmaligen Energieverteilungstätigkeit – das Zurücklegen des Weges –, daß ein Uhrpendel währenddessen sein Energieverteilungsmaximum insgesamt fünfmal erreicht hat. Zeit wäre demnach nichts weiter als ein Verhältniswert, der Veränderungen in der Energiedichte zum Ausdruck bringt. »Zeit« müßte somit für atomare Prozesse viel schneller als für Vorgänge im irdischen Maßstab vergehen. Würde man z.B. atomare Resonanzenergie in den Körper einer Person »pumpen«, müßte jene den so »Behandelten« für einen Außenstehenden innerhalb weniger Relativ-Minuten um viele Tage oder sogar noch mehr altern lassen. Entzöge man hingegen dieser Person Resonanzenergie, so wäre dies einer Verringerung seiner Energiedichte gleichzusetzen. Das bedeutet: Für einen externen Beobachter würden viele Tage vergehen, währenddessen der Betroffene um nur wenige Minuten altert.

Beim Imaginieren, dem »Arbeiten« mit unserem Bewußtsein oder Unbewußten, verlassen wir unwillkürlich den »Zeitstrom«, in dem wir uns eingebildetermaßen gewöhnlich aufhalten. Wir nehmen dann asymmetrische Vorgänge in Bildern wahr, die wir selbst produzieren. Es ist genau dieser Prozeß, der uns an das erinnert, was Weyl so treffend zum Ausdruck brachte, als er sagte, daß Naturvorgänge (die Welt) nicht »geschähen«, sondern, daß sie einfach »seien«.

Für Davies ist das Verständnis von symmetrischen im Gegensatz zu asymmetrischen physikalischen Prozessen dazu angetan, das holistische Zeit-Bewußtseins-Modell besser erfassen zu können. Beim symmetrischen Prozeß vermag der Beobachter weder Vorwärts- noch Rückwärtsbewegungen zu unterscheiden, was z. B. für ein Pendel zutrifft. Zwar treten in der Gleichförmigkeit der Pendelschwingung minimale Schwankungen auf. Diese sind jedoch für das menschliche Auge nicht erkennbar. Mit Naturvorgängen verhält es sich allerdings ganz anders. Bei ihnen können wir meist mühelos unterscheiden, wann sie vorwärts und wann sie rückwärts verlaufen. Wachstumsvorgänge lassen sich bei allem Belebten – Pflanzen, Tieren, Menschen – von deren Entstehung bis zu ihrem Vergehen eindeutig unterscheiden. Hier wurde noch nie eine Zurückverwandlung in den Ausgangszustand (Negentropie) beobachtet, weil dies dem »Zweiten Hauptsatz der Thermodynamik«, dem Entropiesatz, widersprechen würde. Die in nur eine Richtung verlaufenden Naturprozesse werden als zeitasymmetrisch bezeichnet. Ein Beispiel soll dies besser verständlich machen.

Ein Mensch wird über viele Jahre in kurzen Abständen gefilmt, um seinen Alterungsprozeß im Bild festzuhalten. Nach Abschluß der Dreharbeiten zerschneidet man den gesamten Film in Einzelbilder, die dann in der richtigen Reihenfolge übereinandergelegt werden. Obwohl der Film in Einzelstücke zerschnitten wurde, wird der Bildstapel immer noch von der zeitlichen Asymmetrie beherrscht. Die

Bildprogression verläuft auch weiterhin in nur *eine* Richtung. Der aus statischen Bildern bestehende Stapel hat genauso wenig ein Eigenwesen wie der gesamte zusammenhängende Film, der mit der »fließenden« Zeit gleichbedeutend sein soll. Das Zeitflußgefühl entsteht immer dann erst, wenn man die Entfaltung asymmetrischer Prozesse in der Natur beobachten kann, so etwa wie bei dem Film über das Altern eines Menschen. Demnach wäre die Asymmetrie der Zeit ein evolutionsbedingtes natürliches Phänomen, der Zeitfluß hingegen nicht. Hieraus schließt der für seine alternativen Therapien bekannte amerikanische Internist Dr. Larry Dossey, Mitglied der »American Medical Association« und der »Biofeedback Society of America«, daß die Empfindung der »fließenden« Zeit eine Eigenschaft des *Bewußtseins* und nicht eine solche der Natur ist.

Als Mediziner befaßt sich Dossey gezielt mit dem Einfluß der Zeit auf die menschliche Gesundheit. Gewisse Krankheiten – vorwiegend psychischer und neurologischer Natur – werden von ihm mit einer »gestörten Zeitwahrnehmung« in Verbindung gebracht. Er meint, daß »die chronische Fehleinschätzung der Natur der Zeit als das erkannt werden muß, was sie ist: die chronische Krankheit selbst«.

Von Dosseys Ideen stimuliert, ermuntern heute viele Ärzte ihre Patienten, mittels einer der zahllosen Visualisierungstechniken die Zeit »anzuhalten« und sich mit Hilfe imaginierter Bilder zu entspannen. Unabhängig vom Inhalt der mentalen Bilder ist der Imaginationsprozeß stets derselbe. Der Patient verläßt die »fließende« Zeit, um sich in ein statisches oder Nullzeit-System zu begeben, wo er mit zeitasymmetrischen Vorgängen konfrontiert wird. Die Patienten tauschen ihre übliche Zeitwahrnehmung gegen einen Zeitsinn ein, in dem die Zeit zu fließen aufgehört hat. Sie sehen die Vorgänge, wie sie sich in ihrer Vorstellung entfalten, versuchen aber nicht länger, sie in die »fließende« Zeit einzuordnen. Imaginationstechniken verhelfen dem Patienten zu einem neuen Seinsmodus, in dem die Zeit auch im Wachbewußtsein als weniger hektisch und beängstigend empfunden wird.

Mit dem Hinein-Imaginieren in die entspannende statische Raumzeit – was übrigens auch durch die totale Konzentration auf eine bestimmte Arbeit möglich ist – versucht Dossey selbst dem Schmerzphänomen beizukommen. Er will herausgefunden haben, daß die »Verengung« des Zeitsinns den Schmerz stärker als der Situation angemessen erscheinen läßt. Und so schlägt er vor, Schmerzen dadurch zu lindern – er spricht vom »Zusammenziehen des Schmerzes« –, daß der Patient seinen Zeitsinn »auszudehnen« lernt. Meditation, Biofeedback, autogenes Training und Hypnose sind nur einige von vielen Methoden, um in Schmerzsituationen eine Zeitdehnung zu bewirken, den erweiterten Zeitsinn als sanftes Analgetikum einzusetzen.

Was Dossey in seinem Werk über die Zusammenhänge zwischen dem Bewußtseins-Zeit-Komplex und körperlichen Fehlfunktionen nicht berücksichtigt, ist die Möglichkeit des »Heilens aus der Zukunft«, ein interessantes Phänomen, das der Beschleunigung des Heilprozesses dienen soll. Jeder kann sich im Falle einer körperlichen Erkrankung dieser autogenen Kontemplationsmethode bedienen.

Nach unseren bisherigen Erkenntnissen, die sich an quantentheoretischen Gesetzmäßigkeiten orientieren, müssen wir davon ausgehen, daß das menschliche Bewußtsein, unsere geistige, eigentliche und somit unzerstörbare Persönlichkeit (nach Moser: Energie-Bewußtseins-Mensch), nicht Teil des Gehirns, sondern unserem materiellen Körper in seiner Gesamtheit anderweitig angelagert ist. Und da dieses Bewußtsein mehr als die noch überschaubaren vier Raumzeit-Dimensionen umfaßt, darf man weiter annehmen, daß es sich zwar in »unmittelbarer Nähe« unseres physischen Körpers und dennoch in einer höheren Dimensionalität aufhält. Mit anderen Worten: »räumlich« nahe, jedoch »zeitlich« weit entfernt.

Das Bewußtsein steht demnach über der vierdimensionalen Raumzeit, denn im höherdimensionalen Hyperraum ist zumindest »unsere« Zeit bedeutungslos. Wir könnten uns demzufolge mit unserem zeitlosen Bewußtsein – mit unseren Wünschen, Absichten und Wollen – über den Hyperraum ohne weiteres auch in die Zukunft versetzen, um im Krankheitsfall dort in Gedanken eine Heilmatrix aufzubauen, die in der Zeit rückwärts den Heilprozeß »von der anderen Seite her« in Gang setzt. Der Erkrankte hätte sich permanent ein Bild von der gesunden Entsprechung des geschädigten Organs oder Körperteils vorzustellen, das in der zukünftigen Realität als Gedankenobjekt dann auch tatsächlich existiert. Die in der Gegenwart angewandte Therapie würde schließlich irgendwann (vielleicht auf »halbem Wege«) mit der aus der Zukunft rückwärts wirkenden geistigen Heilbehandlung – der ständigen Kontemplation eines völlig genesenen Organs oder Körperteils – zusammentreffen und somit wesentlich zur raschen Genesung beitragen. Hinzu käme noch eine Art Biofeedback-Effekt. Der Patient dürfte, wenn er den vorweggenommenen Zustand des Genesenseins lange genug visualisiert hat, irgendwann einmal eine (wenn vielleicht auch nur eingebildete) Besserung seines Zustandes spüren. Das Bewußtsein müßte diesen Erfolg an die in der Zukunft aufgebaute Heilmatrix zurückmelden, wodurch der Heilprozeß von der Zukunft her einen weiteren heilenergetischen Schub erfahren würde usf. Im Prinzip wird diese Art der holistischen Heilbehandlung schon seit langem praktiziert, indem ganzheitlich arbeitende Ärzte nicht nur Medizin, sondern auch positive Vorstellungen von einem raschen Genesungsverlauf vermitteln.

Wenn das Bewußtsein als Organisator allen materiellen Seins in der Lage ist, die Zeit auszutricksen, an dem von ihm Geschaffenen selbst von der Zukunft her rückwirkende Korrekturen vorzunehmen, wäre es da nicht nur allzu verständlich anzunehmen, daß dieses immaterielle Etwas auch den körperlichen Tod überdauert? Indirekte Beweise gibt es zur Genüge. Die mithin interessantesten und aussagekräftigsten liefert das vielschichtige Gebiet der sogenannten Transkommunikation (TK), die Kontaktpflege mit »Jenseitigen«, den Bewußtseinsinhalten Dahingeschiedener.

Auf der Suche nach einem Experten, der aufgrund seiner naturwissenschaftlichen Qualifikation wie kaum ein anderer zuverlässige Informationen über die Transkommunikation zu vermitteln vermag, führte mich mein Weg nach Mainz, genauer gesagt, zu dem heute im Ruhestand lebenden Hochschuldozenten Professor Dr. Ernst-Otto Senkowski.

3   Ewiges Bewußtsein – Kontakte zum »Jenseits«

»Wir danken dir gern bei einem Ton-band-Experiment.« Das genau waren die Worte, mit denen sich unser Freund »Peter« aus der Transwelt nach einer Serie beeindruckender Tonbandstimmen-Experimente im Hause des Mainzer Physik-Professors Ernst-Otto Senkowski von uns verabschiedete. Grammatikalisch sicher nicht ganz korrekt, aber immerhin... Besonders das Wort »Tonbandexperiment« war schon während der Einspielung klar und deutlich über den

Lautsprecher zu vernehmen, so daß seine paranormale Herkunft kaum angezweifelt werden konnte.

Senkowskis Kontaktaufnahme mit Bewußtseinswesenheiten aus einer »jenseitigen« Welt – der Anrufmodus, das Festhalten von Datum und Uhrzeit des Kontakts im Logbuch, das wiederholte Ansprechen der »Gegenstation« und vieles andere – erinnern auffällig an die Gepflogenheiten echter Amateurfunker bei Abwicklung des routinemäßigen Funkverkehrs. »Eine alte Gewohnheit«, wie mir Professor Senkowski scherzend versicherte, der früher einen Großteil seiner Freizeit diesem interessanten Hobby gewidmet hatte.

Senkowski, der bis zu seiner Emeritierung Dozent für Physik und Elektrotechnik an der Fachhochschule Rheinland-Pfalz war, meldet sich »drüben« mit dem auf die Anfangsbuchstaben seines Namens bezogenen Rufzeichen »Aurora« (Ernst-Otto Senkowski: »EOS« = griech. »Morgenröte« = lat. »Aurora«). Sein Ansprechpartner in der anderen Realität nennt sich »Peter« – eine Kontaktwesenheit, die sich seinerzeit schon des öfteren bei dem Tonbandstimmen-Pionier Dr. Konstantin Raudive gemeldet haben soll (vgl. Tafel »Die chronologische Entwicklung der instrumentellen Transkommunikation«).

Professor Senkowski forscht keineswegs im »luftleeren« Raum. Er steht schon seit zwanzig Jahren mit zahlreichen Fachkollegen im In- und Ausland in Verbindung, unterhält weltweit Kontakte zu anderen Stimmenforschern und Medien. Vor einiger Zeit besuchte ich Senkowski in seinem Mainzer Experimentalstudio, um ihn über das Funktionsprinzip seiner Einspielgeräte, neu hinzugewonnene Erkenntnisse und – was mir besonders wichtig erschien – über die Bedeutung des Faktors »Zeit« bei der Transkommunikation zu befragen:

Frage: »Können Sie uns, nachdem Sie erstmals in der ereignisreichen Geschichte der instrumentellen Transkommunikation (ITK) ein Standardwerk über sämtliche Aspekte des Kontaktes mit »jenseitigen« Bewußtseinsentitäten verfaßt und einschlägige Definitionen aufgestellt haben, die wichtigsten Kommunikationsbereiche nennen?«

Senkowski: »Zunächst unterscheidet man zwischen rein medialen Kontakten und der hier behandelten instrumentellen Transkommunikation. Letztere umfaßt im wesentlichen drei Hauptbereiche: *Transaudio:* (TA) Das Erfassen jenseitiger Stimmen mittels Tonband oder Recorder bzw. Hören ›direkter elektroakustischer Stimmen‹ im Radio, Fernseher oder Telefon; *Transtext:* (TX) Das Aufnehmen jenseitiger Texte per Computer, und *Transvideo:* (TV) Das Erscheinen von Bildern aus Transbereichen, entweder auf Videobändern als Einzelbilder oder direkt auf dem Bildschirm.«

Frage: »Wie unterscheidet sich Ihre Einspielmethode von der, die die Transstimmen-Pioniere Jürgenson und Raudive praktizierten?«

Senkowski: »Ich begann genauso konventionell wie mein Bekannter, der mir erste Hinweise gab. Er hatte mir empfohlen, auf Kurzwelle ein Stimmengemisch, möglichst von fremdsprachigen Sendern verursacht, einzustellen, dies aufzuzeichnen und das Ganze später auf deutschsprachige Wort- oder Satzinhalte hin abzuhören. Ich habe dann ziemlich rasch erfahren müssen, daß sich das Zumischen nur eines einzigen Tones im Niederfrequenzbereich auf die Stimmenbildung irgendwie positiv auswirkt. Bei diesem Verfahren bin ich im wesentlichen bis 1980/1981 geblieben.«

Frage: »Veränderten Sie dann Ihre Einspieltechnik?«

Senkowski: »Nachdem ich variable Tongeneratoren gebaut

hatte, konnte ich damit Töne zumischen, die nicht unbedingt konstant sein mußten, sondern die auch teilweise frequenz- oder amplitudenmoduliert waren. Allmählich gewann ich den Eindruck, daß dieses Verfahren nochmals zu einer Verbesserung des gesamten Stimmenangebots führte.«

Frage: »Glauben Sie oder haben Sie gar Beweise dafür, daß diese Stimmen ›echt‹ sind, d. h., daß sich bei Ihnen tatsächlich Jenseitige melden?«

Senkowski: »Man muß hier zwischen zwei Aspekten unterscheiden. Die Objektivität der Stimmen läßt sich grundsätzlich bejahen. Was nun die Herkunft derselben anbelangt, so muß man sagen, daß wir von der wissenschaftlichen Seite her aufgrund der konventionellen Beweismethodik keine echte Beweismöglichkeit haben. Wir wissen, daß in seltenen Fällen die bewußten Gedanken des Experimentators aufgenommen worden sind, und wir wissen, daß in anderen Fällen sogar die Gedanken lebender abwesender Personen – gewissermaßen telepathisch – auf die Bänder gekommen sind. Andererseits hört man immer wieder die Aussage: ›Wir sind die Toten; wir rufen euch; wir leben‹ usw. Und wenn man das einigermaßen transzendenzoffen interpretiert, muß man sagen, daß diese Möglichkeit genauso drin ist.«

Frage: »Wie haben wir uns dieses ›Jenseits‹, in der sich die Energie-Bewußtseinswesen (nach Moser) aufhalten, vorzustellen?«

Senkowski: »Unsere Vorstellungen hiervon sind sehr begrenzt. Jenseitige können ihre Begriffe in unsere Begriffswelt schwerlich umsetzen – ein semantisches Problem, eines, das die Bedeutung sprachlicher Zeichenfolgen betrifft. Wir sollten uns daher eine jenseitige Welt nicht allzu ›irdisch‹ vorstellen. Es scheint mir, daß die dortige Art von

›Materie‹ – eine mehr feinstoffliche Substanz – durch Gedanken formbar ist oder geschaffen werden kann.«

Frage: »Könnte es sein, daß diese jenseitigen Wesen aufgrund ihrer höherdimensionalen Beschaffenheit ›mitten unter uns‹ weilen, uns ständig wahrnehmen?«

Senkowski: »Die ›Lage‹ des Jenseits ist, da es sich hierbei um einen Hyperraumbereich handelt, in unseren Begriffen nicht zu erklären, nicht in Metern oder in Räumen. Fassen wir daher dieses ›Jenseits‹ im Sinne eines ›nirgendwo = überall‹ auf. Ein Vergleich bietet sich an: Hellseher können sich mit ihren Gedanken auch sofort an jeden beliebigen Ort der Erde versetzen, um Informationen einzuholen.«

Frage: »Wie soll man verstehen, daß bei bestimmten Personen sofort gute, bei anderen wiederum nur mäßige oder überhaupt keine Transkontakte zustande kommen? Hat das etwas mit dem mysteriösen ›Kontaktfeld‹ zu tun?«

Senkowski: »Spirituell gesehen, hängt das wohl nicht so sehr mit der Medialität schlechthin, sondern eher mit der geistigen Entwicklungsstufe des Experimentators zusammen. Unter dem ›Kontaktfeld‹ versteht man ein formbildendes oder, wie Rupert Sheldrake es formuliert, ein ›morphisches Feld‹. Es entstehen ja Stimmen, wo es gar keine geben dürfte und es sind plötzlich unerklärliche Texte und Bilder da. Dieses Feld scheint mir ›holomorph‹ zu sein, d. h. wir können die einzelnen wirksam werdenden Bestandteile nicht voneinander trennen. Es ließe sich auch als Zwischenfeld zwischen unserer Welt und einer höheren Dimensionalität bezeichnen.«

Frage: »In diesem Zusammenhang erscheint es mir wichtig zu erfahren, wie die Ausbreitung der Jenseits-Informationen im Kontaktfeld vor sich geht.«

Senkowski: »Ganz genau wissen wir das natürlich nicht; jedenfalls nicht auf elektromagnetischem Wege. Die Ausbreitung ist zudem entfernungsunabhängig und wird auch nicht durch die Lichtgeschwindigkeit begrenzt. Es sind dies wohl Informationen, die Burkhard Heim in seiner 6- bzw. 12-dimensionalen Feldtheorie – einem Hyper-Welt-bild – als »Aktivitätenströme« bezeichnet. Diese bewegen sich sozusagen im psychischen und somit im höherdimensionalen Bereich. Erst wenn diese Ströme in unsere Raum-zeit eindringen, kommt es bei uns zu Manifestationen, deren Herkunft uns unbegreiflich erscheint (vgl. das Ein-tauchen eines dreidimensionalen Objekts in eine zweidi-mensionale Flächenwelt; Kapitel III/3). Da das Gedanken-feld höherdimensional ist, scheinen dort Begriffe wie Raum, Zeit, Geschwindigkeit usw. allesamt zusammen-zubrechen.«

Frage: »Da ›unsere‹ Zeit in der Transwelt offenbar bedeu-tungslos ist, müßte es bei der Kontaktaufnahme mit jen-seitigen Energie-Bewußtseinswesen mangels ›zeitlicher Anhaltspunkte‹ doch zu erheblichen Schwierigkeiten kommen. Wie können diese vermieden werden?«

Senkowski: »›Drüben‹ dürfte es durchaus Bereiche mit einer Art Zeitablauf geben, allerdings anders, als wir ihn sehen. Wir müssen uns das mit der Bestimmung des Kon-taktzeitpunktes so wie beim Stafettenlauf vorstellen. Die Übergabe der Stafette ist nur dann möglich, wenn beide Läufer auf gleicher Höhe sind und die gleiche Geschwin-digkeit innehaben. Schwierigkeiten bei der Einhaltung synchroner Zustände zwischen unserer Realität und den anderen könnten auch die Kürze der meisten Transinfor-mationen sowie deren Abfassung in einem oft telegram-martig verstümmelten Wortlaut erklären. Abschließend wäre noch festzuhalten, daß die Transkommunikation, trotz gewisser Unzulänglichkeiten, zu den bedeutendsten Entwicklungen der Menschheitsgeschichte gehört – eine, die letzten Endes zur Beseitigung der unbegründeten Furcht vor unserem physischen Ende und zur Erweiterung unseres Weltbildes beitragen dürfte.«

Heute dominiert unter Wi senschaftlern immer noch die orthodoxe Vorstellung von der bewußtseinserzeugenden und -erhaltenden Funktion des Gehirns. Daher stammt auch die fälschliche Annahme, daß mit dem Gehirntod alles aus ist, daß mit dem endgültigen Aussetzen des Gehirnapparates auch das Bewußtsein erlischt. Weiterführende quantentheoretische Erkenntnisse, bewußtseinsphysikalische, holistische Lebensmodelle namhafter Wissenschaftler wie Karl Pribram, Ken Wilber, David Bohm, Fritjof Capra, Rupert Sheldrake, John Battista usw. sowie die Auswertung zahlloser gut dokumentierter Nahtoderlebnisse belehren eines besseren.

Nach der Beziehung zwischen Gehirn und Geist (Bewußtsein) befragt, meinte Ken Wilber, daß das Gehirn eine Art Hologramm sei, das biophysische Substrat für mentale Vorgänge. Man könne sich vorstellen, daß spirituelle Prozesse in diesem Substrat ihre Spuren hinterlassen, entweder direkt oder über den Geist. Und dieser Geist ließe sich keinesfalls auf das Gehirn reduzieren oder allein durch die Gehirnpsychologie erklären. Wilber veranschaulicht dies analog zum Rorschach-Test, einer Prüfung der Intelligenz und Phantasie aus Zufallsfiguren, die beim Zerdrücken von Tintenklecksen entstehen: »Da gibt es ein physikalisches Substrat, den tatsächlichen Tintenklecks; dieser vermittelt jedoch mehrere unterschiedliche mentale Interpretationen, und man kann nicht sagen, die Interpretationen seien nur Tinte. Ich glaube, das trifft auch für das Gehirn und den Geist zu.«

Noch deutlicher formuliert es Professor Franz Moser, der davon überzeugt ist, daß es beim körperlichen Tod zu einer

Verselbständigung des autonomen Bewußtseins kommt. Mit dem materiellen Ableben würde demnach unser Bewußtsein in einer anderen, höherdimensionalen und somit unzerstörbaren Struktur neu geboren werden. Es wäre ein Bewußtseinsleben, das unseren Zeitvorstellungen nach ewig währt. Und in diesem Zustand sind Verstorbene zwar nicht räumlich, sondern ausschließlich in der Zeit von den Hinterbliebenen »entfernt«, was, nach Burkhard Heim, von der »maximalen Frequenz der Anpassungsfähigkeit der Transwesenheiten« abhängt.

Zum nachtodlichen Verhalten der Bewußtseinsenergie befragt, sieht Moser zwei Möglichkeiten: »Sie kann beim Tod dissipieren, d. h. in der Energie der Umwelt verteilt, von ihr aufgenommen werden – oder, falls eine genügend hohe Energie- und Informationsstruktur überschritten wurde, als *selbständige Energie-Informationsstruktur* weiterexistieren.«

Moser glaubt, daß die zuerst genannte Möglichkeit für weniger entwickelte Wesen wie z. B. Tiere, die zweite hingegen für den Menschen zutreffen müßte. Er findet die Hypothese vom »Überleben« des Energie-Bewußtseinskomplexes im wesentlichen durch Aussagen und Experimente bekannter Physiker – das sogenannte Einstein-Podolsky-Rosen-Paradoxon und das Experiment von Alain Aspect – bestätigt und meint, daß hierdurch *»zum ersten Mal in der Geschichte der Menschheit die Frage des ›Lebens nach dem Tode‹ – die Unsterblichkeit des Menschen – mit wissenschaftlichen Mitteln und experimentell nachgewiesen worden ist.«*

Seine Argumentation ist bestechend einfach:
– Energie kann nicht verlorengehen;
– das menschliche Bewußtsein besitzt eine Energie-Informationsstruktur;

– die Struktur ist zeitveränderlich, weil es die Dimension der Zeit in der Energie-Bewußtseins-Realität nicht gibt.

Daß das menschliche Bewußtsein aufgrund seiner höherdimensionalen, »feinstofflichen« Beschaffenheit unzerstörbar ist und daher ewig währt, hat der amerikanische Psychologe und Buchautor Lawrence LeShan mit seiner »Taschenlampen«-Analogie leicht verständlich dargelegt. Jemand richtet nachts eine Taschenlampe – sie soll in diesem Beispiel den menschlichen Körper einschließlich des Gehirns symbolisieren – zum Himmel. Der von ihr ausgesandte Lichtstrahl, den wir hier dem Geist-Bewußtseinskomplex gleichsetzen, rast mit ungeheurer Geschwindigkeit ins All, in eine »höhere Realität«. Nach einer Weile schalten wir die Lampe aus und zertrümmern sie – zerstören nicht nur ihre Hülle, sondern auch ihre Komponenten, ein Vorgang, der dem körperlichen Tod entsprechen soll. Selbst wenn wir die Taschenlampe in der Erde vergraben (sie »beerdigen«), ist der Lichtstrahl auch weiterhin unterwegs. Mit anderen Worten: Geist und Bewußtsein überleben den physischen Tod in einer höheren, geistigen Realität.

LeShan meint, daß beide Entitäten – Taschenlampe und Lichtstrahl – ganz offensichtlich völlig differenten Bereichen zuzuordnen sind und daher auch unterschiedliche Schicksale zu erwarten haben. Er sieht den Trugschluß, daß mit dem Gehirntod auch das Bewußtsein stirbt, in unserer eigentlich unzulässigen Annahme begründet, alles im Kosmos müsse auf die gleiche Art und Weise funktionieren. Für uns mache es keinen Unterschied, ob wir nun erleben, wie Maschinen zu funktionieren aufhören und verschrottet werden oder mitanzusehen, wie der Körper krank wird und unaufhaltsam verfällt. Dabei ließen wir völlig außer acht, daß dies reine Hypothese und keineswegs eine gesicherte Erkenntnis sei.

Fassen wir noch einmal zusammen: Die unserem biologisch-materiellen Körper zeitlebens angelagerte Energie-Bewußtseinspersönlichkeit (Moser) ist zeitlos und daher unsterblich. Nach dem biologischen Tod koppelt sie sich ganz vom materiellen Körper ab, um dann völlig ungebunden und autonom dem zeitneutralen Hyperraum-Jenseits anzugehören.

Wie stark der Glaube an das zeitlose Überleben in der Vorstellung gewisser Volksgruppen verankert ist, erhellt aus einer Redensart, die im Südosten Schwedens beim Ableben eines Verwandten oder lieben Freundes gang und gäbe ist. Dort heißt es, daß der Verstorbene »ur tiden«, also »aus der Zeit« gegangen ist. Deutlicher ließe sich die Zeitlosigkeit im Jenseits wohl kaum ausdrücken.

Natürlich werden bisweilen auch Spekulationen darüber angestellt, ob die Integration der Energie-Bewußtseinspersönlichkeit im Jenseits das Ende einer spirituellen Entwicklungsphase, ein statischer Zustand oder der Beginn neuer Aktivitäten des Bewußtseins ist. Medialen Aussagen zufolge gibt es sowohl Reinkarnationen in noch höhere Seinsbereiche – indische Religionsphilosophen unterscheiden grundsätzlich zwischen sechs Hauptbewußtseinsstufen –, als auch solche in neue irdische Existenzformen.

Nach der in östlichen Kulturkreisen, im Hinduismus und Buddhismus vertretenen Karma-Philosophie, soll durch unzählige Wiedergeburten, d. h. das Einfließen der Bewußtseinspersönlichkeit eines Verstorbenen in den Körper eines gerade Geborenen, ein bestimmtes Karma, die in vorangegangenen Leben aufgeladene Schuld abgegolten werden. Karma beruht demnach auf dem Prinzip der universellen Kausalität, einer allumfassenden Bestimmung, die dem Zufall keinen Raum läßt.

Westliche Wissenschaftler, die sich ernsthaft mit nahtodlichen Zuständen befassen, sehen dies, ohne auf die karmische Komponente einzugehen, etwas nüchterner und versuchen, wie der Physiker Burkhard Heim, Modelle zu entwickeln, die das Wiedergeburtsphänomen unter transphysikalischen Gesichtspunkten auch für Skeptiker glaubhaft erscheinen lassen. In seiner sechsdimensionalen Allgemeinen Feldtheorie sind neben den vier »irdischen« Dimensionen (drei räumliche und die Zeit) auch noch eine fünfte (die »entelechale«) und eine sechste (die »äonische«) Dimension untergebracht – imaginäre Transkoordinaten für die Organisationszustände jenseitiger Bewußtseinswesenheiten.

Bei der Reinkarnation müßten sich demnach die sechsdimensionalen Persönlichkeitskerne Verstorbener der Dimensionsskala entlang rückwärts bewegend, erneut den dreidimensionalen Körpern Neugeborener anlagern, um auf diese Weise biologisch lebensfähige irdische Wesen zu schaffen – Menschen, die sich in der Regel an ihr Vor-Leben nicht mehr erinnern können. Biologische und geistige Geburt würden somit nahezu synchron verlaufen. Die irdische Form der Reinkarnation wäre dann genaugenommen eine Art Bewußtseins-Zeitreise, da sich, nimmt man sie einmal als gegeben an, das Bewußtsein des Verstorbenen meist zeitlich versetzt dem Körper des Neugeborenen anlagert, d. h. zwischen Tod und Wiedergeburt gibt es unterschiedliche Zeitintervalle.

Ein Beispiel, das für Tausende ähnlicher Fälle stehen könnte, macht dies besonders deutlich. Dolores Jay, eine typische amerikanische Hausfrau, ist mit einem Geistlichen verheiratet und Mutter von vier Kindern. Sobald sie sich in tiefer Hypnose befindet, vermag sie mit ihrem Bewußtsein in der Zeit zurückzureisen. Sie dringt über ihr Kindheits- und Säuglingsalter hinaus tiefer und tiefer in ihre eigene Vergangenheit vor, bis sie nur noch deutsch spricht. Das

Seltsame daran ist, daß sie im Wachzustand noch nicht einmal ein paar Worte dieser Sprache versteht.

Wir befinden uns im Jahre 1870. Dolores Jay heißt nun Gretchen Gottlieb und ist ein 16 Jahre altes Mädchen katholischen Glaubens, das sich vor antikatholischen Fanatikern fürchtet und deshalb im Wald versteckt hält. »Die Männer haben meine Mutter getötet«, sagt sie. Sie klagt, daß ihr der Kopf schmerzt, und erzählt dann von einem blitzenden Messer, das auf ihre Brust gerichtet ist.

Jede weitere Frage des Hypnotiseurs ist zwecklos. »Gretchen kann nicht«, wimmert sie vor sich hin und beginnt hemmungslos drauflos zu weinen. Zu tief sitzen die Erinnerungen an das traumatische Geschehen. Zu realistisch war der Tod der Jay/Gottlieb, als daß sie ihn selbst nach hundert Jahren hätte vergessen können. Man vermutet, daß Gretchen von ihren Verfolgern ermordet wurde. Dolores Jay aber findet für ihre schrecklichen Erinnerungen keine Erklärung, denn sie selbst glaubt nicht einmal an die Wiedergeburt. Sie vernimmt zwar die mit dem Tonband aufgezeichneten Sitzungsprotokolle, versteht jedoch von alledem nichts, da sie nachweislich nie in Deutschland gewesen war. Sie hatte auch noch nie von der Kleinstadt Eberswalde in der ehemaligen DDR gehört, wo sie vor langer Zeit einmal gelebt haben soll. Das menschliche Bewußtsein scheint mitunter seltsame Wege zu gehen.

Im Jahre 1966 veröffentlichte Professor Ian Stevenson, Leiter der psychiatrischen Abteilung an der Universität von Virginia, aufgrund zahlreicher Fallstudien in Burma, Indien, Sri Lanka, Thailand, Libanon und der Türkei ein erstes aufsehenerregendes Buch über die Reinkarnation. »Twenty Cases Suggestive of Reincarnation« (»Zwanzig schlüssige Reinkarnationsfälle«) wurde zu einem Bestseller, weckte das Interesse aufgeschlossener Wissenschaftler an diesem Phänomen, das bis dahin selbst von Parapsychologen recht stiefmütterlich behandelt worden war. Zu ihnen gehörte auch die vor sechs Jahren verstorbene amerikanische Psychologin Helen Wambach, die der Objektivierung von Reinkarnationserlebnissen durch massenhypnotische Regressionen (Rückführungen) beizukommen versuchte. Ihr Konzept bestand darin, große Personengruppen auf einmal zu hypnotisieren und dabei in vorgeburtliche Phasen zurückzuversetzen. Die Teilnehmer lagen entspannt auf dem Boden. Sie fühlten, wie sie durch Wambachs suggestive Anweisungen in immer tiefere Entspannungszustände gelangten. Jeder der Teilnehmer wurde zunächst aufgefordert, sich als Teenager, als Kind und dann als Baby vorzustellen. Zur Trennung des Bewußtseins vom Körper kam es, wenn Wambach ihnen suggerierte, sich in einen Bewußtseins-»Punkt« zu verwandeln, der frei im Sitzungsraum schwebt, ihre Gehirnströme auf fünf Schwingungen pro Sekunde zu reduzieren, um so den Thetawellen-Zustand tiefster Meditation zu erreichen.

Helen Wambach forderte die am Regressionsexperiment Beteiligten auf, sich ihre Erfahrungen einzuprägen und diese nach Beendigung der Sitzung in einen Fragebogen einzutragen. Nach dieser Methode wollen sich 90 Prozent der damals mehr als tausend zurückgeführten Personen ihrer früheren Existenzen und knapp 50 Prozent an ihr Dasein zwischen dem Einsetzen des Lebens und den Momenten vor ihrer Geburt erinnert haben. Im Durchschnitt berichteten die Versuchspersonen von jeweils fünf vergangenen Leben, die eine Zeitspanne zwischen dem zweiten Jahrtausend v. Chr. und der Gegenwart umfaßten. Und diese aus dem Unbewußten der Zurückgeführten hervorgeholten Erinnerungsinhalte führten häufig zu verblüffenden Entdeckungen. So behauptete eine Frau, im Venedig des 16. Jahrhunderts eine Bürgerliche, im 18. Jahrhundert ein Dienstmädchen in der Normandie, ferner ein im Alter von acht Jahren an Pocken gestorbener Junge und schließlich ein einfacher, im Jahre 1916 verstorbener norwegischer Seemann gewesen zu sein.

Helen Wambach will herausgefunden haben, daß 49 Prozent »Leben« das von Frauen und 51 Prozent das von Männern waren, was der heutigen Verteilungsstatistik sehr nahe kommt. Interessant ist ihre Feststellung, daß aus der Zeit um 400 n. Chr. über halb so viel »Leben« wie aus der Periode um 1600 berichtet wird. Die Anzahl der Leben soll sich dann um 1850 nochmals verdoppelt haben. Diese Relationen entsprechen ziemlich genau dem weltweiten Bevölkerungswachstum während der hier angeführten Zeiträume – für Wambach ein Beweis dafür, daß ihre Teilnehmer früher tatsächlich gelebt haben.

Genaue Analysen der Aussagen Zurückgeführter ergaben, daß die durchschnittliche Zeitspanne zwischen dem derzeitigen Leben und dem vor der Geburt etwa 52 Jahre beträgt. Wambach sah in der Tatsache, daß die früheren Leben fast gleichmäßig auf die Geschlechter verteilt sind, als weiteren Beweis für die Echtheit der Aussagen Zurückgeführter.

Besessenheit und bestimmte Erscheinungsformen psychischer Erkrankungen – z. B. Depressionen, Bewußtseinsspaltung (multiple Persönlichkeiten) – könnte man unter Vorbehalt als Abarten der Reinkarnation bezeichnen. Dr. Edith Fiore, die sich als klinische Psychologin an der Universität von Miami seit Jahrzehnten intensiv mit diesen degenerativen Phänomenen befaßt und Hunderte von Patienten nach einer von ihr entwickelten Methode dauerhaft geheilt hat, will erkannt haben, daß die Besessenheit durch das Eindringen »falsch programmierter«, verirrter Bewußtseinskerne Verstorbener in das Bewußtsein labiler oder kranker Menschen zustande kommt. Letztere werden im wahrsten Sinne des Wortes »ver-rückt«. Ihr eigenes Bewußtsein wird, bildlich gesprochen, beiseite geschoben, um dem aufdringlichen »Gast«-Bewußtsein Platz zu machen. Nach Fiore handelt es sich bei den Auslösern von Besessenheit um spirituelle Wesenheiten, denen aufgrund gewisser Unzulänglichkeiten in ihrem früheren Leben der Übergang in die jenseitige Realität nicht gelingen will. Diese destruktiven Bewußtseinspersönlichkeiten würden sich dann ein leicht zugängliches und manipulierbares Opfer suchen, um dessen Bewußtsein ganz oder zumindest teilweise zu verdrängen. Hierdurch kommt es – so Fiore – zu Bewußtseinszuständen bzw. psychischen Erkrankungen, deren Ursachen von den meisten Psychiatern nicht erkannt würden.

Im Verlaufe mehrerer tausend hypnotherapeutischer Sitzungen will Dr. Fiore festgestellt haben, daß manche Patienten sogar von mehreren fehlgeleiteten Bewußtseinsentitäten heimgesucht werden, eine Situation, die ihr bei der »Depossession« – der Befreiung Betroffener von Fremdentitäten – viel Geduld abverlangt. Edith Fiore »spricht« mit den meist sehr unglücklichen »Besetzern« ihrer Patienten, um sie davon zu überzeugen, daß es eine jenseitige, bessere Realität gibt – ihre eigentliche nachtodliche Bleibe – in der sie jederzeit aufgenommen werden, wenn sie dies nur aufrichtig wünschten. Ihre therapeutischen Erfolge sprechen Bände, und man möchte sich wünschen, daß auch unsere Psychiatrie Fiores Methode Beachtung schenken würde.

Im Prinzip bedient sich die katholische Kirche ähnlicher Methoden. Der früher in Frankreich als Exorzist wirkende Oblatenpater Henri Gesland wußte sehr wohl zwischen reinen Geisteserkrankungen und Besessenheit zu unterscheiden. Schließlich war er als katholischer Missionar dreißig Jahre auf Ceylon tätig, wo er zahllose Exorzismen durchgeführt hat. Seit seiner offiziellen Ernennung als Exorzist Anfang der sechziger Jahre behandelte er weit mehr als 3000 Besessene nach dem *Rituale Romanum* – den »Richtlinien der katholischen Kirche zur Beschwörung des ›bösen Geistes‹«.

Gerhard Roth, Direktor des Instituts für Hirnforschung der Universität Bremen, meinte einmal gegenüber dem »esotera«-Mitarbeiter Lutz Berger, man könne in jedem Videospiel vollständig »aufgehen«. Die Welt auf dem Monitor sei für die Dauer der Beschäftigung mit dieser für den Betrachter mindestens ebenso real wie die Außenwelt, vielleicht sogar noch »realer«, da sie der Verarbeitungsgeschwindigkeit unseres Nervensystems entgegenkommt.

Könnte man sich diesen bislang völlig abstrakt erscheinenden Bewußtseinszustand der totalen Versenkung in einen technischen Ablauf, das Bewußtsein selbst holographisch in ein kybernetisches System integriert vorstellen? Mensch und Maschine im Verbund? Müssen die mit Elan vorangetriebenen Forschungsaktivitäten zur Entwicklung autonom funktionierender Computer, zur Schaffung echter künstlicher Intelligenz letztlich nicht dazu führen, die Bewußtseine Verstorbener auf irgendeine Weise »einzufangen«, sie mit bio-elektronischen Einrichtungen zu vernetzen und in stationäre bzw. mobile (Hybrid-Roboter-)Systeme »einzubauen«, um sie über Jahrhunderte oder gar Jahrtausende voll funktionsfähig zu halten? Ist dies alles so undenkbar? Und sind wir Menschen dann letztlich nicht auch so etwas wie – man verzeihe mir den ketzerisch erscheinenden Vergleich – sich selbst fortpflanzende, bewußtseinsgesteuerte Bioroboter? Fragen über Fragen?

Noch kann der menschliche Geist, der mehr als eine monotone Kollektion aus Angelerntem und Erfahrungen darstellt, selbst hochentwickelte Computer überlisten. Als Paradebeispiel wird der von dem deutschen Mathematiker Kurt Gödel postulierte »Unentscheidbarkeitssatz« angeführt, der besagt, daß gewisse mathematische Lehrsätze nicht beweisbar und, auf die heutige Situation übertragen, somit auch nicht computerisierbar sind. Hingegen können Mathematiker unter Verzicht auf den Einsatz von Computern dieses Problem geschickt umgehen.

Roger Penrose, Physiktheoretiker an der Universität Oxford (England) meinte einmal, daß es »irgendwo da draußen« ein unendliches Reservoir mit »Wahrheiten« gäbe, zu dem Mathematiker Zugang hätten, von dem jedoch Computer ausgeschlossen seien. David Deutsch, der ebenfalls zum Oxford-Team gehört, glaubt, daß zukünftige Computer, die auf Quantenebene funktionieren – sogenannte Quanten-Computer –, gewisse Probleme auf eine Weise zu lösen vermögen, die gewöhnlichen Computern verwehrt ist. Mit ähnlichen Überlegungen befassen sich seine Kollegen Charles Bennett vom IBM-Forschungszentrum Yorktown Heights, New York, und Ed Fredkin vom Massachusetts Institute of Technology (MIT). Während Bennett noch mit Hochdruck an einer geeigneten Programmierungsmethode für Quanten-Computer arbeitet, träumt Fredkin bereits von einer »Himmelsmaschine«, einem metaphysisch anmutenden, ultimaten Super-Computer, der es dem Menschen ermöglichen soll, Gesetzmäßigkeiten selbst festzulegen, der individuelles Denken, ja sogar Denkprozesse ganzer Gesellschaftssysteme zu simulieren vermag. Fredkins »Himmelsmaschine« entspräche in etwa dem, was unter der Integration des Bewußtseins in technische Systeme zu verstehen ist. George Orwells »Großer Bruder« läßt grüßen. Man kann nur hoffen, daß uns Monstren wie diese erspart bleiben, um den Degenerationsprozeß nicht noch zu beschleunigen.

Chronologische Entwicklung der instrumentellen Transkommunikation

Tonbandstimmen

1952 Padre Gemelli zeichnet im Beisein von Padre Ernetti die Stimme seines verstorbenen Vaters auf; sie berichten hierüber Papst Pius XII.

1959 Friedrich Jürgenson nimmt Vogelstimmen auf und entdeckt beim Abspielen sogenannte paranormale Stimmen. Nach vier Jahren experimenteller Arbeit teilt er 1963 in einer Pressekonferenz seine Entdeckung mit.

1965 Der lettische Psychologe und Philosoph Konstantin Raudive überzeugt sich bei Jürgenson von der Echtheit des TK-Phänomens und beginnt eigene Experimente in Bad Krotzingen (BRD).

1967 Thomas A. Edinson spricht durch das Trancemedium Seutemann über seine Bemühungen, schon 1928 Geräte zum Empfang von »Jenseitsstimmen« konzipiert zu haben. In Wien entwickelt Seidl das »Psychophon«, und Rudolph baut für Raudive ein »Goniometer«.

1970 Bacci und Mitarbeiter (I) beginnen wöchentlich
–1971 Kontakte zu »jenseitigen« Kommunikatoren aufzunehmen (Dialoge mit sogenannten Direktstimmen über Radio). Größere Vereinigungen von TK-Interessenten bilden sich in Deutschland, Italien, Österreich und in den USA.

1987 Der Filmproduzent R. Olsen und F. Jürgenson produzieren den Video-Film »Die Brücke zur Unsterblichkeit«.

Direkte elektroakustische Stimmen

1971 Eine italienische Gruppe von Experimentatoren un-
–1990 ter Leitung von Marcello Bacci in Grosseto erhielt
nach anfänglichen Tonbandstimmen auch direkte
elektroakustische Stimmen in längeren Durchsagen
und Dialogen. Diesen Radiodurchsagen gingen in
den letzten Jahren meist Tischklopflaute voraus.

1971 Die Amerikaner Jones, Meek und Heckmann eröff-
nen ein Labor zur Entwicklung eines Zweiweg-
Kommunikationssystems zur Kontaktaufnahme mit
Verstorbenen.

1978 Das Medium O'Neil hat unter Benutzung eines Sei-
tenbandempfängers kurze überzeugende Kontakte
mit einem amerikanischen Arzt, der fünf Jahre zuvor
gestorben sein will.

1982 Meek verteilt weltweit Bandaufzeichnungen mit 16
Auszügen der Kommunikation von O'Neil mit dem
1968 verstorbenen US-Wissenschaftler Dr. George J.
Mueller sowie einen hundert Seiten umfassenden Bericht mit technischen Details und Anleitungen.

1982 König (BRD) entwickelt mehrere TK-Systeme unter
–1989 Benutzung tiefstfrequenter Überlagerungs-Oszilla-
toren sowie infraroter und ultravioletter Strahlung.
Dialoge mit einer Gruppe verstorbener Jugendlicher.

1985 Harsch-Fischbach, Luxemburg, erstellen mit spiritu-
–1989 eller Hilfe zwei komplexe Empfangsanlagen; es
kommt zu langen Durchgaben und Dialogen.

1987 Härting (BRD) erweitert seine bestehende TK-An-
lage und empfängt während vieler Monate direkte
elektroakustische Mitteilungen einer Transwesen-
heit ABX-JUNO.

1988 Homes und Malkhoff (BRD) empfangen direkte
Stimmen über Radio und Fernsehen.

Zweiweg-Transkommunikation über Telefon

1979 Die Amerikaner Rogo und Bayless berichten nach Zeugenbefragungen in »Phone Calls from the Dead« (»Telefonanrufe Verstorbener«) über gut beglaubigte Fälle, in denen Hinübergegangene mit Hinterbliebenen über Telefon kommunizierten.

1981 M. Boden hat nach massiven ungeklärten Telefon-
–1983 störungen spontane Kontakte mit Verstorbenen und Wesenheiten einer nicht-menschlichen Entwicklungslinie.

1986 Telefonstimmen bei Harsch-Fischbach.

1988 Telefonstimmen bei Homes.

1990 Telefonstimmen bei Malkhoff.

Transkommunikation über Computer

1980 Boden (BRD) dokumentiert spontane sinnvolle
–1981 Computerstörungen, als deren Verursacher bekannte Verstorbene verantwortlich gemacht werden.

1984 Ken Webster (GB) empfängt über Computer etwa
–1986 250 Botschaften einer Entität, die vorgibt, im 16. Jahrhundert zu leben. Die meisten Ausdrucke sind im Altenglischen jener Zeit abgefaßt. Historische Details werden anhand von Spezialliteratur belegt. Spukmanifestationen in Websters Haus. Es meldet sich über Computer auch eine Zeit-Experimentalgruppe aus dem Jahr 2109.

1987 Die Luxemburger TK-Experimentatoren Harsch-
–1989 Fischbach erhalten Computerkontakte mit mehreren Transwesenheiten, einschließlich K. Raudive.

1988 Computer-Kontakte bei Homes.

1978 Nach jahrelangen TK-Experimenten erhält Della Bella (I) im Beisein mehrerer Zeugen die ersten subjektiv beobachteten, eidesstattlich beglaubigten Bilder bekannter Verstorbener auf dem Bildschirm eines Fernsehempfängers. Sie waren zuvor durch Tonbandstimmen angekündigt worden. Auch andere Experimentatoren in mehreren Ländern wollen Manifestationen Verstorbener auf dem Bildschirm beobachtet haben, allerdings ohne diese zu dokumentieren.

1985 Klaus Schreiber (BRD) – technisch unterstützt von Dipl.-Ing. M. Wenzel – benutzt nach Anleitung seiner verstorbenen Tochter Karin über Tonband ein elektronisch-optisch rückgekoppeltes Videosystem zur Realisierung paranormaler Bilder. In vielen Fällen ist die Identifizierung durch Transaudio-Kontakt und Bildvergleich möglich.

1987 Transvideo-Bilder werden auch von einigen anderen
–1991 Experimentatoren in Deutschland, Frankreich, Luxemburg, der Schweiz und in den USA gemeldet.

1991 Die Transkontakte der Experimentatoren Adolf Homes und Friedrich Malkhoff in Rivenich bei Trier dauern an. Homes dokumentiert viele neue Fälle von gleichzeitigem Bild- und Tonempfang, darunter die bislang längste Dauer eines Standbildes auf dem Fernsehempfänger mit 180 Sekunden.

(Auszug aus dem TK-Standardwerk »Instrumentelle Transkommunikation – Dialog mit dem Unbekannten« von Prof. Dr. E. O. Senkowski.)

4 Vorstöße in Traumwelten

> »Die Grundstruktur der For-
> schung besteht aus Träumen, in die
> die Fäden des Denkens, des Mes-
> sens und der Berechnung einge-
> flochten sind.«
> Albert Szent-Györgyi (1893–1986;
> 1937 Nobelpreis für Physiologie
> und Medizin)

Die Einflußnahme des Bewußtseins auf die Zeit, seine Un-
abhängigkeit von den Vorgängen in unserem vierdimensionalen Universum, ist aus gewissen lebhaften Traumerlebnissen klar erkennbar. Manche Eskapaden des Bewußtseins
im zeitneutralen Traumzustand vermitteln den Eindruck,
als ob unsere Bewegungen in der Zeit immer langsamer oder
gar erstarren würden. Wir glauben dann zu schweben, uns
zeitlupenartig fortzubewegen – von den Fesseln der Zeit
befreit zu sein. Träumen bedeutet demnach das Abkoppeln
des Bewußtseins vom zeitabhängigen, materiellen Leib, das
Dahingleiten in einer Welt, in der die Kausalität – das
Ursache-Wirkungsprinzip – aufgehoben zu sein scheint. In
diesem Zustand bewegen wir uns durch die gesamte Raumzeit, durch alle Vergangenheiten, Zukünfte und Möglichkeiten. Jeder Traum bedeutet die Wahrnehmung einer anderen Realität, die gleichzeitig mit der unsrigen materiellen
existiert. Der Phantasie, dem freien Spiel des Bewußtseins,
sind im Traum offenbar keine Grenzen gesetzt.

Im wachen Zustand erscheint die Zeit fest und unnachgie-
big. Wir sehen in ihr eine unüberwindliche Barriere, einen
Ordnungs- und Stabilisierungsfaktor. Ihr »Jetzt« trennt das
»Vorher« vom »Nachher«, verhindert willkürliche Vor-

und Rückwärtsbewegungen und sorgt dafür, daß die Kausalität in unserer Welt im großen und ganzen gewahrt bleibt. Aufgrund der unauflösbaren Verflochtenheit von Raum und Zeit, die in der Vierdimensionalität unseres Universums wurzelt, besteht wenig Hoffnung, daß wir unsere einseitige, jetztbezogene Vorstellung vom Wesen der Zeit schon in allernächster Zukunft korrigieren werden. Dies gilt natürlich nicht für veränderte Bewußtseinszustände, wie man sie im Schlaf, in Trance, unter dem Einfluß von Narkotika oder bei bestimmten psychischen Störungen erlebt. Unter diesen Bedingungen kommt es immer wieder zu einer subjektiven Beschleunigung oder Verlangsamung von Erlebnisabläufen, zu Fehleinschätzungen und damit zu einer indirekten Überwindung der Zeitbarriere.

In der Sowjetunion untersuchten vor einigen Jahren A. A. Leonow und V. I. Lebedew die Bedeutung der Zeit im Leben von psychisch Gestörten. Eine Patientin berichtete über eigene Erfahrungen mit der Zeitdilatation: »Alles scheint tot zu sein. Die ganze Welt steht still. Die Menschen bewegen sich ganz langsam. Die Zeit steht still. Ich weiß, daß sich der Stundenzeiger eurer Uhren bewegt. Aber es hat nur den Anschein, als ob er sich bewegen würde. Für mich kommt ihr aus einer anderen Zeit.«

Diese vom Bewußtsein eines Patienten unterschiedlich erfaßten Zeitabläufe müssen – auch wenn sie unserer Meinung nach rein subjektiver Art sind – mit dem angeblich so normalen, »gesunden« Zeitempfinden kollidieren und in der Folge zwangsläufig zur Zerrüttung der hiervon betroffenen Persönlichkeit führen. Das menschliche Bewußtsein ist dem Streß der fortgesetzten kontroversen Einschätzung zeitlicher Abläufe offenbar nicht gewachsen.

Anders verhält es sich beim Träumen, wenn unser Tagesbewußtsein gewissermaßen »auf Sparflamme« geschaltet und das Unbewußte voll aktiviert ist. In diesem Zustand der freien Entfaltung unseres Bewußtseins unterbleibt die Konfrontation mit der zeitlichen Realität, die wir während unseres Wachseins empfinden. Hier kommt es – legt man unsere heutigen Begriffe von Zeit und Kausalität zugrunde – fortwährend zur Verletzung anerkannter Gesetzmäßigkeiten. Für den Träumenden gibt es weder räumliche noch zeitliche Beschränkungen. Er entsendet seinen Bewußtseinskörper ohne zeitliche Verzögerung an jede Stelle unseres Universums, versetzt sich mühelos in vergangene oder zukünftige Zeitepochen.

Daß wir dann aufgrund der raumzeitlichen Ungebundenheit unseres Bewußtseins auch parallel zu unserem Universum existierende Welten besuchen können, daß wir in diesem Zustand vielleicht Erlebnisse haben, die sich in einer für uns in Wirklichkeit nie real werdenden Zukunft oder in einer nicht real gewordenen Vergangenheit abspielen, erscheint gar nicht so abwegig. Manche Träume wirken aufgrund ihrer Intensität und Plastizität wesentlich realer als unsere gewohnte, alltägliche Realität. Schon deshalb sollten wir die Möglichkeiten unseres Bewußtseins nicht unterschätzen und krasse Unterscheidungen zwischen »real« und »irreal« (virtuell) möglichst vermeiden.

Während seiner nächtlichen Exkursionen vollbringt unser Unbewußtes oft erstaunliche Zusatzleistungen paranormaler Art. Es erfaßt auf seinem Weg durch die Zeit im voraus so manches Geschehen, das dann später auch tatsächlich eintritt. Die Formen, in denen sich Hellsehen (die Fernwahrnehmung) und Präkognition (das Vorauswissen) dem Träumenden darbieten – ob symbolisch-versteckt oder dem späteren Geschehen in allen Einzelheiten entsprechend – sollte kein Wertmaßstab sein. Was zählt, ist allein die Tatsache, daß durch die Existenz der Präkognition die

Zeitunabhängigkeit unseres Bewußtseins, sein akausales Verhalten bewiesen wird. Und nicht nur das allein. Wenn wir heute schon von Ereignissen Kenntnis erhalten, die erst viel später eintreten, dann müssen auch die Zeitpunkte, zu denen diese Ereignisse stattfinden »werden«, bereits irgendwo und irgendwie real sein. Daraus ließe sich folgern, daß *alle vergangenen und zukünftigen Ereignisse in der Zeit nebeneinander existieren, daß alles gleichzeitig geschieht oder ist.* Der Vergleich mit der Anordnung von Zwiebelschalen in einer Super-Zwiebel drängt sich auf. Jede der Schalen wäre eine unabhängige, parallele Welt, eine Realität für sich. Alles wäre demnach von einer höheren Warte aus vorprogrammiert wie auf Disketten, die unsere Computer mit Leben erfüllen.

Nur für uns ganz allein entstünde in jedem Augenblick eine neue Welt, eine neue Realität. Der vierdimensionale »Film« über das Werden und Vergehen unseres Universums, in dem uns lediglich eine bescheidene Statistenrolle zugewiesen ist, wurde offenbar in einem »Studio« außerhalb unserer Raumzeit gedreht. Es handelt sich bei dem, was wir sehen, erleben und tun, lediglich um winzige Ausschnitte aus einer gigantischen Tonfilmschau, die auch durch unser aller Ableben, ja, selbst durch die Vernichtung ganzer Galaxien keine Unterbrechung erfährt.

Viele Träume, die wir aufgrund ihres verworrenen, »unmöglichen« Inhalts als baren Unsinn abtun, könnten auf einer anderen Zeitlinie, in einer zwar vorskizzierten, aber für uns nicht real werdenden Welt, durchaus der Realität entsprechen. Es mag sein, daß diese Ereignisse nur deshalb nicht »wirklich« eintreten, weil sie von irgendwelchen äußeren Einflüssen – eine Art Abdrift durch schicksalsbestimmende Faktoren – überlagert und wir in der Folge in eine andere Lebensrolle hineingedrängt werden. Die feinen Sensoren des Bewußtseins aber können infolge ihrer zeitfreien, höherdimensionalen Beschaffenheit möglicherweise bis in pseudoreale Bereiche vordringen und für uns unbegreifliches akausales Zukunftsgeschehen erfassen.

Über ein solches Traumerlebnis in Permanenz wußte der englische Bahnbeamte Victor Cleave zu berichten, der eines Abends beim Nachtessen einschlief und erst vier Jahre später erwachte. Cleave will auf seinem Bewußtseinstrip fremd anmutende Blumen, Bäume und Bauwerke gesehen haben. Alles in der Traumwelt schien real, aber in gewisser Hinsicht doch irgendwie immateriell zu sein. Für die humanoid wirkenden Wesen dort gab es weder materielle Hindernisse noch den Begriff »Zeit«, wie wir ihn kennen. Sie konnten sich nicht nur ungehindert durch Objekte hindurch bewegen, sondern besaßen auch die Gabe der Materieumformung.

Cleave gelang es übrigens nie, seine in der Traumwelt gesammelten Eindrücke zu Papier zu bringen. Es scheiterte ganz einfach daran, daß sich keine unserer Reproduktionsmethoden zur Wiedergabe von den im Traum geschauten Trans-Gebilden und ihren Farben eignen.

Vieles in Cleaves Schilderungen deutet darauf hin, daß sein Bewußtsein all die Zeit über tatsächlich in einer Art »realem Traumland«, in einer Parallelwelt oder in einem höherdimensionalen Universum weilte. Könnte es möglich sein, daß Cleaves Bewußtsein Vorgänge beobachtete, die sich erst in ferner Zukunft oder in einer für ihn – zumindest in unserer Welt – nie aktuell werdenden Realität abspielten? Wir werden es wohl nie erfahren.

Ein interessantes Phänomen, das jeder an sich selbst beobachten kann – der als »Zu-sich-Kommen« bezeichnete Vorgang des Aufwachens – spricht ebenfalls für die Autonomie und Beweglichkeit unseres Bewußtseins: Wird jemand im

Traum unsanft aus dem Schlaf gerissen, so kann sein »Rücksturz« in unsere vierdimensionale Wirklichkeit mit einem Schock verbunden sein. Das verunsicherte Bewußtsein weiß zunächst nicht, für welche der beiden Realitäten es sich entscheiden soll. Es pendelt für einige Augenblicke zwischen den Dimensionen und läßt in diesem Zustand Vertrautes in unserer Umgebung fremd und unwirklich erscheinen. Der Blickwinkel, unter dem der eben Geweckte seine ersten Beobachtungen anstellt, stimmt oft mit der visuellen Wirklichkeit im Wachzustand kaum überein. Die Dinge erscheinen seltsam verzerrt. Der anomale Standort unseres Bewußtseins zwischen den Realitäten löst eine uns selbst wie auch anwesenden Personen auffallende Verwirrung aus. Es dauert mitunter eine ganze Weile, bis wir in unsere räumliche Wirklichkeit zurückgefunden haben, bis das Bewußtsein von seinem Ausflug durch das Universum der höheren Dimensionen in den Körper zurückgekehrt und die Welt für uns wieder in Ordnung ist.

Die Vermutung, daß unser Bewußtsein – verkörpert durch Wünsche, Absichten, Willensbekundungen, lebhafte Vorstellungen usw. – selbst in Wachperioden ständig ein Eigenleben führt, bezeugt der Fall des Amerikaners Charles W. Ingersoll, Eigentümer einer privaten Rundfunkstation in Ely, Minnesota.

Im Jahre 1948 hatte Ingersoll geplant, zusammen mit seinen Eltern den Grand Canyon zu besuchen, mußte aber sein Vorhaben aus geschäftlichen Gründen bis 1955 zurückstellen. Dann endlich war es soweit. Am Ziel seiner Reise angekommen, begab sich Ingersoll sofort zum Canyon, um dort mit seiner 35-mm-Fotokamera der Marke »Bosley« rasch ein paar Erinnerungsbilder zu schießen. Er bedauerte es damals außerordentlich, keine Filmkamera zu besitzen. Zurück in Minnesota, erstand er bei einem Fotohändler in

Ely zusammen mit einer Schmalfilmkamera einen kommerziellen Filmstreifen über den Grand Canyon, der, wie ein Aufkleber »Copyright by Castle Films 1948« zu erkennen gab, bereits 1948 gedreht worden war.

Als Ingersoll diesen Film noch am gleichen Abend seinen Eltern vorführte, erlebte er eine Überraschung: Er entdeckte mit einem Mal sich selbst. Im Film näherte er sich, wie dies tatsächlich – allerdings erst 1955 – der Fall war, dem Rande des Canyons, um von dort aus mit seiner »Bosley«-Kamera die sich ihm bietenden Motive aufzunehmen. Im Hintergrund konnte man klar und deutlich Automodelle aus dem Jahr 1948 erkennen und Menschen, die nach der damaligen Mode gekleidet waren. Sah er etwa seinen »Geist«, oder lag eine Verwechslung mit einer anderen Person vor? Um sicher zu gehen, zeigte Ingersoll diesen Filmstreifen ein paar Freunden, denen er über seinen mysteriösen »Auftritt« nichts erzählt hatte. Die Reaktion ließ nicht lange auf sich warten: »Das bist ja du! Wurde diese Szene von deinem Vater gedreht?« Seine Freunde hatten ihn eindeutig identifiziert.

Dieser Film, vor allem der Teil, auf dem Ingersoll deutlich zu sehen war, wurde später von Experten genau unter die Lupe genommen. Sie fanden nichts, was auf irgendwelche Manipulationen schließen ließ. Das Filmmaterial war von einheitlicher Beschaffenheit und wies auch keine Klebestellen auf.

Hatte das Kamerateam, das den Film im Jahre 1948 drehte, rein zufällig eine vollmaterialisierte Bewußtseins-Projektion von Charles Ingersoll aufgenommen, sein »Double«, das vielleicht aufgrund seines sehnlichen Wunsches, schon früher zum Grand Canyon zu reisen, auf einer anderen Zeitebene entstanden war – in einer Welt parallel zur unsrigen? Hatte sich bei seiner Bewegung durch das Zeitfeld aus der endlosen Folge aneinandergereihter Lebensmomente eine »Augenblicks-Persönlichkeit« von ihm aus der Zukunft herausgelöst, und war diese als autonome Zweitausgabe von ihm bereits 1948 zum Grand Canyon gefahren?

Wo aber mag dann sein Doppelgänger abgeblieben sein? Ist seine in der Zeit herumstreunende Zweitpersönlichkeit in die Reihe seiner früheren Erscheinungsbilder zurückgetreten, oder vereinigte sie sich wieder mit seinem Ich aus dem Jahre 1955?

5 Präkognition – Informationen aus der Zukunft

> »Wir haben uns jetzt mit einem Problem zu befassen, das auf der zwingenden Notwendigkeit beruht, in einer ›Folge‹ nichts weiter als eine ›scheinbare Folge‹ zu sehen ... Vergangenheit und Zukunft sind rein willkürliche Begriffe, die es in Wirklichkeit nicht gibt.«
> Keith Floyd, »Of Time and Mind«

Die amerikanische Hypnotherapeutin P. M. H. Atwater hat im Verlauf einer umfassenden Studie herausgefunden, daß es Menschen gibt, die ihren eigenen Tod voraussehen können. Sie verweist unter anderem auf den Fall einer Oberschülerin, die ihren Eltern mitteilte, sie werde einen Tag vor Verleihung des Abschlußzeugnisses bei einem schweren Verkehrsunfall zu Tode kommen. Ihre Ankündigung erfolgte bereits ein Jahr vor diesem Zeitpunkt und versetzte die besorgten Eltern in Angst und Schrecken. Sie redeten sich schließlich ein, ihre Tochter befinde sich in einer streßbedingten Krise, und schickten sie zu verschiedenen Psychotherapeuten, die sie jedoch von ihrer pessimistischen Einstellung nicht abbringen konnten. Am Tag vor der Zeugnisverleihung war sie dann mit einer Freundin im Auto unterwegs, als ein ihnen entgegenkommender Wagen plötzlich außer Kontrolle geriet und mit voller Wucht auf das Auto der Mädchen prallte. Beide starben auf der Stelle. Der Fahrer des Unfallwagens kam mit dem Leben davon. Die Schuld lag einzig und allein bei ihm.

Nachforschungen im Hause des anderen Mädchens sorgten für eine weitere Überraschung: Auch sie hatte sich in den letzten Monaten auf ihr bevorstehendes Ende »vorbereitet«, allerdings, ohne direkt zu jemandem darüber gesprochen zu haben. Reiner Zufall? Gibt es den überhaupt?

Keines der vielfältigen Psi-Phänomene stellt unsere scheinbar kausal ausgerichtete Zeitvorstellung derart in Frage, bereitet Naturwissenschaftlern so viel Kopfzerbrechen wie das Vorauswissen – die geradezu schizophren anmutende Behauptung, von etwas Kenntnis erhalten zu haben, das sich noch gar nicht ereignet hat. Wir sprechen von Vorauswissen oder Präkognition.

Präkognition (lat. »prae« = »vor«, »voraus« und »cognoscere« = »erkennen«), läßt sich nur verstehen, wenn man das von renommierten Physikern in Labor- und praktischen Feldversuchen einwandfrei nachgewiesene Prinzip der Gleichzeitigkeit in unserem Universum anerkennt. Mit anderen Worten: Vergangenheit und Zukunft gibt es nicht. Alles liegt, wie auf einer Theater-Drehbühne, bereits fest – alles ist *jetzt*, in diesem Augenblick, und auch dieser scheint noch in Frage gestellt zu sein. Geht man einmal davon aus, daß unser nichtmaterielles Bewußtsein aus mehr als den vier uns bekannten Dimensionen besteht, besitzen wir durchaus die Möglichkeit, mit diesem in viel höhere Seinsbereiche vorzudringen, in Bereiche, wo unsere Zukunft zumindest in groben Umrissen bereits festliegt. Daher könnte es durchaus sein, daß wir im Traum oder in tiefer geistiger Versenkung, wenn unser Bewußtsein nicht von Alltagsproblemen und Denkprozessen abgelenkt wird, zukünftige Geschehnisse mehr oder weniger genau wahrnehmen.

Ob die Zukunftsschau nun durch »Risse« im Raumzeit-Gefüge, d. h. »Wurmloch«-Verbindungen, oder durch Informationsübertragung unter Inanspruchnahme überlichtschneller Teilchen – dem Rückwärtstunneln von informationsgeladenen Tachyonen in unsere Welt – erfolgt, sei dahingestellt. Eines dürfte feststehen: Präkognitiv richtig vorausgesagte Ereignisse lassen sich niemals abwenden, was immer wir auch gegen ihr Eintreten unternehmen. Schlechte Zeiten für Hellseher, möchte man meinen. Denn: Wann wissen wir schon, ob ein Hellseher wirklich »hell« gesehen hat, ob eine Voraussage echt oder völlig aus der Luft gegriffen ist? Doch ganz so einfach ist das nicht. Könnte es nicht sein, daß sich das prognostizierte Geschehen, wenn unzutreffend, doch ereignet hat? Vielleicht in einer von unendlich vielen parallelen Welten mit einer anderen »Ausgabe« unseres Selbst? Der Fall Ingersoll müßte uns zu denken geben.

Die Mehrzahl präkognitiver Informationen und Bilder wird in Träumen empfangen. Sie dringen meist »verschlüsselt«, gelegentlich aber auch unverzerrt in unser Bewußtsein ein. Traumerlebnisse bestehen daher in der Regel sowohl aus Phantasieprodukten als auch aus echten »außersinnlichen« Wahrnehmungen, die sich in Ahnungen und Vorauswissen kundtun. Deutungsfehler entstehen immer dann, wenn Träumende ihre Traumerlebnisse falsch interpretieren, irreales Traumgeschehen von echten, real erscheinenden präkognitiven Botschaften nicht zu unterscheiden wissen. Natürlich ist es außerordentlich schwierig, flüchtige Traumimpressionen genau zu erkennen, eventuelle »Warnungen« richtig zu deuten, sind wir doch in der Nutzung unserer paranormalen Fähigkeiten weit weniger geübt als im Gebrauch unserer »normalen« fünf Sinne. Daher läßt sich echte Präkognition nur selten von nichtssagenden Traumerlebnissen eindeutig trennen. Der immaterielle Charakter des Traumszenariums macht für Ungeübte eine präzise Auslegung nahezu unmöglich. Und dennoch gibt es immer wieder Fälle, die selbst in Details verblüffende Übereinstimmungen zwischen präkognitiv empfangenen Informationen (häufig tragischen Inhalts) und realen Ereigniseintritten aufweisen.

Am 15. Mai 1978 begann David Booth aus Cincinnati schreckliche Dinge zu träumen. In monotoner Folge träumte er Nacht für Nacht von einem Flugzeug, das in Schwierigkeiten zu sein schien. Ganz deutlich hörte er die Triebwerksgeräusche – sie klangen nicht normal. Dann »erblickte« er stets eine freie Landepiste und über ihr eine dreimotorige Maschine der American Airlines, die nach rechts drehte, über den Bug abkippte und am Boden zerschellte, wobei sie sich in einen roten Feuerball verwandelte. Booth war durch diesen entnervenden Wiederholungstraum derart beunruhigt, daß er zunächst die Flughafenbehörde von Cincinnati verständigte, die sich ihrerseits mit der Bundesluftfahrtbehörde FAA in Atlanta in Verbindung setzte. FAA-Manager Ray Pinkerton erinnert sich: »Ich hatte den Eindruck, daß er (Booth) die Wahrheit sagte. Seine Stimme zitterte ein wenig, als er mich anrief. Natürlich war ich besorgt. Was aber soll man tun, wenn jemand in einer solch delikaten Angelegenheit anruft?«

Am 25. Mai trat das offenbar Unausweichliche ein: Eine DC-10 der American Airlines – Flug 191 – stürzte beim Landeanflug in unmittelbarer Nähe des Chicagoer Flughafens ab. 274 Personen fanden hierbei den Tod. Booths Warnungen waren umsonst gewesen. Das Schicksal hatte anders disponiert.

Jack Barker, Pressesprecher der FAA, meinte damals unmittelbar nach der Katastrophe: »Es war direkt unheimlich. Zwar bestanden zwischen Booths Traumszenerie und dem Unfallhergang gewisse Unterschiede, aber viel mehr Übereinstimmungen.«

Auch in der Seefahrt gibt es genügend Beispiele für das Vorauserkennen von Katastrophen und unser Unvermögen, schicksalhaften Entwicklungen Einhalt zu gebieten. Besonders tragisch erscheint in diesem Zusammenhang der Untergang des Ozeanliners »Titanic«, der in der Nacht zum 15. April 1912 auf seiner Jungfernfahrt im Nordatlantik mit einem Eisberg kollidierte und sank. Von den mehr als 2200 Passagieren konnten nur 705 gerettet werden. Das Unglück des zuvor als unsinkbar gepriesenen Luxusdampfers hatte damals die Weltöffentlichkeit zutiefst erschüttert. Hätte aber vor der Katastrophe jemand das Schicksal dieses Superschiffes vorausgesagt, wäre er mit Sicherheit von niemanden ernst genommen worden. Die Technik schien perfekt, rationale Gründe für sein Versagen kannte niemand.

Und dennoch gab es zahlreiche Menschen, die vor dem Auslaufen des stolzen Schiffes von bösen Vorahnungen geplagt wurden, die das schreckliche Unglück in ihren Träumen geradezu plastisch »erlebten« – Tage, Wochen, ja sogar Monate zuvor. Ihr Bewußtsein war offenbar – wenn auch nur für kurze Zeit – in die Zukunft eingetaucht. In eine Zukunft, die auf unerklärliche Weise schon längst vorprogrammiert und daher letztlich unabänderlich war.

Professor Ian Stevenson – bekannt durch seine Reinkarnationsforschung – hat in Verbindung mit der »Titanic«-Katastrophe 19 Fälle von Präkognition analysiert und dabei Erstaunliches festgestellt. Die Vorankündigungen wurden als Stimmen, Träume und Visionen vom Schrecken der im eisigen Wasser schwimmenden Opfer empfangen.

Der Londoner Geschäftsmann J. Connon Middleton, der selbst eine Überfahrt gebucht hatte, fühlte sich gleich zweimal über dem Wrack des kieloben dahintreibenden Luxusliners schweben. Er konnte die hilflos im Wasser schwimmenden Menschen sehen, ihre Schreie hören. Middleton glaubte zwar nicht an die Erfüllung von Träumen, hatte aber dennoch ein ungutes Gefühl, da er geschäftlich nach New York mußte. Als dann kurz vor Reiseantritt von dort ein Telegramm eintraf und er seine Abreise verschieben mußte, war er darüber sichtlich erleichtert.

Zwischen dem 3. und 10. April bestellten noch weitere Personen ihre Kabinen wieder ab. Manche von ihnen brachten die fadenscheinige Erklärung vor, es bringe Unglück, an einer Jungfernfahrt teilzunehmen. Es mag sein, daß auch sie – wenngleich mehr unbewußt – die bevorstehende Katastrophe präkognitiv »gespürt« hatten, dies aber nur nicht zugeben wollten.

Ein britischer Publizist namens W. T. Stead, der von dem damaligen amerikanischen Präsidenten William Howard Taft (1857–1930) zu einem Vortrag in die USA eingeladen worden war, hatte Jahre zuvor einmal einen Artikel verfaßt, in dem er den fiktiven Untergang eines Schiffes schilderte, das im Nordatlantik mit einem Eisberg kollidierte. Daraufhin warnte ihn Graf Louis Hamon, der damals unter dem Pseudonym »Cheiro« als Hellseher praktizierte, vor künftigen Schiffsreisen. Stead hatte zu diesem Zeitpunkt zwar noch keine Reisepläne, nahm jedoch die Warnung immerhin ernst genug, um noch ein zweites Medium, W. de Kerlor, zu konsultieren. De Kerlor wußte seinem verblüfften Klienten zu vermelden, daß er bald nach Amerika reisen werde. Eigenartigerweise will er aber nur den halben Rumpf eines Schiffes erkannt haben. Ihn ließ die Sache nicht mehr los. Wenig später träumte er, in eine Schiffskatastrophe verwickelt zu sein. Mehr als tausend Menschen kämpften um ihr Leben.

Stead erhielt noch mehr hellsichtige Warnungen, darunter einen Brief von einem hohen anglikanischen Geistlichen, der voraussagte, die »Titanic« werde untergehen. Und das, obwohl Stead zu der Zeit noch nicht einmal wußte, daß er sich unter den Passagieren befinden würde.

Dann aber kam die Einladung des amerikanischen Präsidenten, die er, welche Ironie des Schicksals, nicht ablehnen konnte. Stead buchte eine Kabine auf dem Unglücksschiff, und das Schicksal nahm seinen Lauf. Sein letzter Brief, abgeschickt in Queenstown, ließ klar erkennen, daß auch er an Bord des Schiffes von schlimmen Vorahnungen heimgesucht wurde. Er kam, wie vorhergesagt, beim Untergang der »Titanic« ums Leben.

Stevenson veröffentlichte in seiner Dokumentation nur besonders eindeutige Fälle von Präkognition. Und davon wiederum nur solche, die sich innerhalb von zwei Wochen *vor* dem Desaster ereigneten. Viele der damaligen Berichte befinden sich noch in den Archiven parapsychologischer Gesellschaften. Die wahre Anzahl der Vorahnungen von der bevorstehenden Katastrophe werden wir jedoch niemals erfahren.

W. E. Cox befaßte sich im Rahmen einer wissenschaftlichen Studie mit der präkognitiven Wahrnehmung von Bahnkatastrophen. Er untersuchte 28 derartige Unfälle, bei denen mindestens zehn Personen schwere Verletzungen erlitten hatten. Cox konnte statistisch signifikant nachweisen, daß während einer Zeitspanne bis zu vier Wochen vor dem jeweiligen Unglück die Zahl der Reisenden viel geringer als normal war. Zufall oder doch mehr? Cox erklärte dieses Phänomen mit »subliminaler«, d. h. unterschwelliger Präkognition, die jeder Mensch unterschiedlich verarbeite. Manche würden aufgrund einer solchen, nicht einmal ins Wachbewußtsein vordringenden präkognitiven Warnung ihre Reisepläne ändern und so der Katastrophe entgehen.

Als im Jahre 1966 im walisischen Aberfan eine riesige Schlackenhalde ins Rutschen kam und beim Überrollen einer Schule sowie weiterer Teile der Ortschaft 144 Menschen unter sich begrub, wollen zahlreiche Personen in ganz England die schreckliche Tragödie Wochen zuvor im Traum wahrgenommen haben.

Der englische Psychiater J. C. Barker sammelte im Zusammenhang mit der Aberfan-Katastrophe 35 zuverlässig erscheinende Berichte über entsprechende Vorahnungen. In 24 Fällen hatten die Empfänger ihre schlimmen präkognitiven Erfahrungen Dritten – Familienangehörigen, Nachbarn oder Freunden – mitgeteilt.

Aus solchen Beobachtungen ließe sich möglicherweise folgern, daß große, besonders tragische Ereignisse tatsächlich ihre »Schatten vorauswerfen«. Anders ausgedrückt: Die Wahrscheinlichkeit des Eintritts einer Katastrophe nimmt offenbar mit der Zahl der vorangegangenen präkognitiven Wahrnehmungen eines Unglücks zu – ein statistisch durchaus begreifliches Phänomen.

Dr. James C. Carpenter von der Psychologischen Abteilung der Universität von North Carolina in Chapelhill versuchte diesem Phänomen durch Laborexperimente auf die Spur zu kommen, indem er sich gewisser Ratetechniken bediente – Verfahren zum künstlichen Stimulieren unterschwellig-präkognitiver Wahrnehmungsfähigkeiten. Weder Dr. Carpenter noch seine Studenten, die sich ihm als Versuchspersonen zur Verfügung stellten, besaßen irgendwelche außergewöhnlichen paranormalen Fähigkeiten. Dennoch gelang es Carpenter, unter Inanspruchnahme eines binären Systems (Ja-Nein-Antworten), die präkognitiven »Talente« seiner Mitarbeiter derart zu stimulieren, daß die Resultate weit über der zu erwartenden Zufallswahrscheinlichkeit lagen. Jede seiner Versuchspersonen hatte das jeweils gleiche Rateziel für sich allein zu bewältigen. Die mehrheitliche Übereinstimmung der betreffenden Aussagen wurde dann nach der statistischen Auswertung als »verbindliche« Vorhersage angesehen. Dabei erzielte das Team Trefferquoten bis zu 76 Prozent, d. h. Werte, die 26 Prozent über der Zufallswahrscheinlichkeit lagen.

Die hervorragenden überzufälligen Ergebnisse dieser Gruppenexperimente kommen allem Anschein nach dadurch zustande, daß die auf unterschwelliger Ebene präkognitiv empfangenen Informationen eines jeden einzelnen zusammengenommen dem tatsächlichen Ereigniseintritt noch am ehesten entsprechen. Werden die ein ganz bestimmtes spektakuläres Ereignis betreffenden präkognitiven Wahrnehmungen statistisch gemittelt, so erhält man eine Art »Piktogramm« vom zukünftigen Geschehen, das, je nach Beteiligung und zeitlicher Ereignisnähe, mehr oder weniger exakt interpretierbar ist.

Gelegentlich gewinnt man den Eindruck, daß sich durch präkognitive »Fingerzeige« Unfälle, ja sogar größere Katastrophen vermeiden lassen. Da aber absichtliche Eingriffe zur Verhinderung derselben – also Interventionen – zwangsläufig Paradoxa zur Folge haben müßten, die es ja nicht geben kann, darf man annehmen, daß aufgrund von Präkognition eingeleitete Verhinderungsstrategien in den

vorgeformten Schicksalsablauf bereits fest »eingebaut«
sind. Eine solche Scheinpräkognition würde somit lediglich
einer Warnung gleichkommen und hätte möglicherweise
nur eine moralisierende Funktion. Indes gibt es in der
einschlägigen Literatur zahlreiche Fälle, in denen über solche präkognitiven Warnungen berichtet wird, durch deren
Beachtung Unfälle »verhindert« worden sein sollen.
Manchmal erfolgte die Abwendung eines bevorstehenden
Unheils buchstäblich in letzter Sekunde, was die hiervon
Betroffenen in der Überzeugung bestärkt, *sie selbst* hätten
durch Befolgen des präkognitiven Hinweises eine Schick-
salskorrektur vollzogen. Dem aber ist nicht so.
Stanley Krippner, ein amerikanischer Parapsychologe, berichtet über einen Fall von Traum-Präkognition mit »einge-
bautem« Verhinderungsmechanismus: »Eine Frau weckte
eines Nachts ihren Mann und erzählte ihm einen schrecklichen Traum. Sie habe gerade geträumt, der große Kronleuchter über dem Bett ihres Kindes sei herabgefallen und
habe es erschlagen. Die Uhr im Kinderzimmer habe
4.35 Uhr angezeigt. Ihr Mann lachte über die Ängste seiner
Frau, als sie das Kind besorgt zu sich ins Bett nahm. Zwei
Stunden später war aus dem Kinderzimmer lautes Krachen
und Klirren zu vernehmen. Der Kronleuchter war tatsächlich heruntergefallen. Der Uhrzeiger stand genau auf
4.35 Uhr.«
Wenn aber Träume innerhalb ihrer eigenen Traumwelt
ganz real sind, darf man fragen, wo das durch die vermeint-
liche »Intervention« verhinderte Unfallgeschehen eingetre-
ten ist. In einer jener unendlich vielen Parallelwelten etwa?
Die früher am Stanford Research Institute International
(SRI) in Menlo Park, Kalifornien, tätigen Physiker Harold E. Puthoff und Russel Targ halten es für denkbar, daß
es bei Überlichtgeschwindigkeit – beim Hineintunneln von

Tachyonen in unsere Welt – zu einer Art Datenausgleich zwischen unserer Gegenwart und der Zukunft (bzw. mehreren voneinander abweichenden Zukünften) kommen könnte, ein Prozeß, der die Präkognition auch physikalisch verständlich machen würde. Die beiden Wissenschaftler gehen davon aus, daß die aus der Zukunft in die Gegenwart vordringenden informationsgeladenen Wellen offenbar sehr schnell gedämpft werden. Dies sei mithin ein Grund dafür, daß zukünftiges Geschehen um so besser vorausgesagt werden könne, je näher man an ein Ereignis herankomme – eine Hypothese, die in der Praxis schon mehrfach belegt werden konnte. Puthoff und Targ haben nämlich mittels elektronischer Meßgeräte festgestellt, daß sich – nach dem sogenannten »Callcard«-System – innerhalb eines 0,2-Sekunden-Intervalls schon sehr präzise Voraussagen erzielen lassen.

Bei einigem Training ließe sich der Ereigniseintritt noch viel früher bestimmen, von spontanen Treffern ganz zu schweigen. Einen interessanten Fall von Kurzzeit-Präkognition, dem Vorauswissen oder Erahnen eines Ereignisses wenige Sekunden vor dessen Eintritt, erlebte ich vor einigen Jahren auf der Heimreise von Süditalien:

Gerade hatte unser Bus einen kleinen Tunnel nahe Modena durchfahren, als er infolge eines gewagten Ausweichmanövers unvermittelt ins Schleudern geriet. Der Fahrer mußte einem Alfa Romeo ausweichen, der in einer unübersichtlichen Kurve direkt hinter dem Tunnel gegen die linke Leitplanke geprallt und dort völlig demoliert zum Stehen gekommen war. Ein schwieriges Unterfangen, das den zweistöckigen Reisebus beinahe zum Umstürzen gebracht hätte. Doch geistesgegenwärtig war es dem Fahrer in letzter Sekunde gelungen, den Bus nach rechts zu ziehen und durch eine Vollbremsung zum Stehen zu bringen. Alles verlief blitzschnell, so daß sich die meisten Reisenden der Gefahr, in der sie geschwebt hatten, gar nicht richtig bewußt wurden. Doch eine Frau schien die Beinahe-Katastrophe stark mitgenommen zu haben. Sie war leichenblaß und vertraute mir an, den Unfall wenige Sekunden zuvor, noch beim Durchfahren des Tunnels »vorausgespürt« zu haben. Dies hatte sie mehr schockiert als der Zwischenfall selbst, der glücklicherweise keine Opfer gefordert hatte. Nie zuvor waren ihr beim Passieren von Tunnels irgendwelche Bedenken gekommen. Warum also gerade diesmal?

Natürlich läßt sich die Existenz der Präkognition anhand anekdotischer Fallschilderungen nicht schlüssig nachweisen, obwohl vieles für sie spricht. Um alle Zweifel auszuräumen, organisierten der Princeton-Physiker Professor Robert Jahn und dessen Mitarbeiterin Brenda J. Dunne zahlreiche *präkognitive Fernwahrnehmungsexperimente* mit zum Teil erstaunlichen Ergebnissen. Bei der »Precognitive Remote Perception« (PRP) handelt es sich um eine Kombination zwischen bildhaftem Hellsehen (US-Terminologie: »Fernwahrnehmung«) und Vorauswissen – eine besonders komplizierte Form präkognitiver Wahrnehmung. Ihr mehrfaches Gelingen hat wesentlich zur Aufhellung dieses merkwürdigen Psi-Phänomens beigetragen.

Gemäß dem PRP-Protokoll mußte der Perzipient – der Wahrnehmende – von dem ihm nicht bekannten geographischen Ort und/oder Objekt, an dem sich der Agent – der Beobachter am Zielort – *in naher Zukunft* befinden würde, eine selbstverfaßte Beschreibung, mitunter auch eine Skizze, abliefern. Er hatte ferner einen Fragebogen auszufüllen, der später die analytische Auswertung erleichtern sollte. Der Perzipient konnte den zukünftigen Zeitpunkt der Beobachtung durch den Agenten selbst bestimmen und eigene Strategien zur Erfüllung seiner Aufgabe entwickeln. Manche

Niederschriften waren allegorisch, andere wiederum streng analytisch oder aber auch mehr erzählerisch, ins Detail gehend abgefaßt.

Die Agenten ihrerseits verbrachten zum vorgegebenen Zeitpunkt etwa 10 bis 15 Minuten am Zielort, um entsprechend der gleichen Checkliste wie beim Perzipienten Eindrücke zu sammeln. Darüber hinaus wurden vom Zielort und Zielobjekt Fotos angefertigt, die bei der späteren Auswertung des Experiments der Verifikation dienten. Die Festlegung der Zielobjekte geschah in Princeton auf unterschiedliche Weise:

– Der Versuchsleiter ließ unter strengsten Sicherheitsvorkehrungen durch einen am Experiment Unbeteiligten aus der Fülle zuvor ermittelter möglicher Zielorte einen auswählen, von dem weder der Perzipient noch der Agent Kenntnis hatte – oder

– das Zielobjekt wurde zum vereinbarten Zeitpunkt vom Agenten selbst unmittelbar »vor Ort« spontan ausgewählt, beschrieben und fotografiert. Diese Methode praktizierte man immer dann, wenn der Agent seine Reiseroute willkürlich gewählt hatte, wenn also zuvor kein Zielobjekt festgelegt worden war. Um mündliche Abreden, Hellsehen oder Telepathie auszuschließen, wurde vor dem Einsammeln und Auswerten sämtlicher Beschreibungen, Checklisten und Fotos jeglicher Kontakt zwischen Perzipient und Agent unterbunden.

An der umfassenden bilddokumentarisch belegten und nach wissenschaftlichen Kriterien analysierten Princeton-Experimentalserie nahmen bis 1987 im Verlaufe von 334 formellen Tests 40 Perzipienten teil. Es wurden nicht nur Ziele in den USA, sondern auch solche im Ausland – z. B. in Italien, Schottland, in der Tschechoslowakei und in der Sowjetunion – berücksichtigt, wobei es sich gezeigt hat, daß bei der präkognitiven Fernwahrnehmung Entfernungen überhaupt keine Rolle spielen.

Im Gespräch mit den an PRP-Experimenten beteiligten Perzipienten hat Professor Jahn an deren Erfassungstechniken Merkmale entdeckt, die eindeutig auf den Einfluß des bei Präkognition vermuteten quantenmechanischen Tunneleffekts hindeuten. Einer der Perzipienten schilderte sein Vorgehen beim kontemplativen Erfassen eines zukünftigen Szenariums besonders eindrucksvoll: »Zuerst versuche ich all das zu verdrängen, mit dem ich mich beschäftige, an was ich gerade denke. Daraufhin bemühe ich mich, mir eine leere Filmleinwand vorzustellen, auf der ein Film mit dem Agenten abläuft, den ich nie zuvor gesehen habe. Dann warte ich ab, was auf der Leinwand zu sehen ist. Gewöhnlich erscheint kein scharfes Bild, sondern mehr eine Folge traumartiger Eindrücke...«

Ein anderer meinte: »Die meisten Eindrücke entstehen in mir unmittelbar nach dem Aufwachen, bevor ich logisch zu denken beginne. Nachdem ich mir über den Zweck meiner Suche im klaren bin, liege ich ruhig da und warte nur auf die Bilder, die in mein Bewußtsein einfließen...«

Voraussagen über Attentate auf hochstehende Persönlichkeiten, die dann auch tatsächlich eintreffen, sind das »Salz in der Suppe« medialer Naturtalente, verschaffen ihnen ungeahnte Publicity und Anerkennung. Aber: Ist ihre Rolle in einer ausschließlich auf kurzlebige Sensationen erpichten Öffentlichkeit nicht eher umstritten?

Am 10. März 1981 ließ die amerikanische Sensitive Noreen Renier im »National Examiner« verlauten, daß »Reagan angeschossen, aber nicht getötet, sondern nur im linken, oberen Brustraum verletzt werden würde.« Zwanzig Tage später, am 30. März gegen 14.30 Uhr Ortszeit sollte sich Reniers Prophezeiung erfüllen: Präsident Ronald Reagan wurde nach einer Ansprache vor Funktionären des amerikanischen Gewerkschaftsbundes AFL/CIO beim Verlassen des Washington Hilton-Hotels von dem fünfundzwanzigjährigen John Warnock Hinckley aus Evergreen, Colorado, angeschossen und schwer verletzt. Die Kugel des Attentäters war unter dem zum Winken erhobenen Arm Reagans in den Körper eingedrungen, an der siebten Rippe abgeprallt und etwa sieben Zentimeter tief in der Lunge steckengeblieben.

Was ist von solchen teils exakten, teils verschwommenen Voraussagen zu halten? Wo endet die Spekulation, die bloße Trendverfolgung, und wo beginnt echte Präkognition?

Daß durch spektakuläre Prophezeiungen – vor allem dann, wenn die Boulevardpresse sie wie im Fall des glücklosen US-Präsidenten John F. Kennedy hochspielt – folgenschwere Ereignisse vielleicht überhaupt erst ausgelöst werden, ist nicht von der Hand zu weisen. In einer mit Voraussagen aller Art überhäuften Mediengesellschaft gibt es immer subversive Elemente – Frustrierte, Kriminelle, »Schicksalsbeauftragte« und Möchtegern-Helden –, die sich durch die »Botschaft aus der Zukunft« motiviert fühlen. Wenn dies tatsächlich so sein sollte, träfe das Medium womöglich eine Mitschuld (oder gar die Hauptschuld) am tragischen Geschehen, weil es die Öffentlichkeit über die »künftigen Ereignisse« vorschnell und unbedacht informierte. Oder bedürfen Attentäter in spe gar nicht erst der Motivation durch Sensitive, unterliegen auch sie einem Automatismus, der für gewöhnlich »Schicksal« genannt wird? Aber gäbe es dann überhaupt noch so etwas wie »Schuldige« oder »Unschuldige«?

Die Frage, ob jeder von uns seine eigene Zukunftsschau trainieren und so die Zeit »überlisten« könne, ist durchaus berechtigt. Der irische Physiker und Chemiker Dr. Sean O'Donnell gab sich mit Mutmaßungen und bloßen Spekulationen über die Existenz vorgeformter Zukünfte nicht zufrieden. Die Feststellung, daß Kleinstkinder in einer Art »Zeitlosigkeit« leben und erst durch die Erziehung daran gewöhnt werden, die Vergangenheit als das einzig Festliegende anzusehen, brachte ihn auf den Gedanken, daß der Mensch von der Natur vielleicht mit einem völlig symmetrischen Gedächtnis ausgestattet ist. In der »Mitte« eines solchen Zeitbewußtseins läge das »Jetzt«, rechts und links davon erstreckten sich Zukunft und Vergangenheit. O'Donnell meint, die Annahme, daß unser Gedächtnis asymmetrisch ist und nur die Vergangenheit erfaßt, werde zwar allgemein akzeptiert, sei aber eigentlich unbewiesen. Er begann damit, auf sein eigenes intuitives Vorauswissen von alltäglichen Ereignissen zu achten. Hieraus ergaben sich weitreichende Untersuchungen, die ihn schließlich davon überzeugten, daß sich hinter Intuition und Präkognition ein echtes Zukunfts-»Gedächtnis« verbirgt. Alle Dinge, die wir präkognitiv erfahren, wären dann nur »Erinnerungen« an die Zukunft. Durch unermüdliches Schulen seines »Zukunfts-Gedächtnisses« (»Future Memory«) mittels Rateversuchen, berichtet O'Donnell, habe er statt der statistischen Treffererwartung von 50 einen Durchschnittserfolg von 80 Prozent erzielt. Andere Versuchspersonen brachten es nach der gleichen Methode immerhin auf 65 Prozent.

Nach insgesamt 5000 Stunden des Übens und Experimentierens formulierte O'Donnell seine Theorie des »Future Memory«, dessen Funktionieren er davon ableitete, daß das menschliche Gedächtnis in Wirklichkeit symmetrisch arbeite. Er nennt hierin das Erfassen zukünftiger Geschehnisse auch nicht Präkognition, sondern »Pre-Call«, d. h.

soviel wie Voraus-Erinnern. Mit sowjetischen Experimentatoren – z. B. der bekannten Parapsychologin Barbara Iwanowa – ist er der festen Überzeugung, daß sich Vorauswissen genau wie andere Talente erlernen läßt. Barbara Iwanowa schilderte mir einmal ihre spezielle Technik: »Bevor wir das Präkognitionstraining beginnen, üben wir spontane Wahrnehmung in der Gruppe. Sie beinhaltet das Erraten von Worten, Bildern, Vorstellungen, geometrischen Formen, Symbolen usw. Wir beginnen unsere erste Visualisierungsübung damit, daß wir eine ›pseudovisuelle Vorstellung‹ schaffen, die darin besteht, sich gewisser realer Ereignisse zu erinnern oder solche zu erfinden und sie so lebendig wie möglich zu machen, dann tief in sie einzudringen, wobei die Aufmerksamkeit auf jedes noch so kleine Detail fixiert ist. Alsdann ›fegen‹ wir die Vorstellung fort. Gleich darauf ›rufen‹ wir einen ›pseudohörbaren‹ Eindruck hervor, indem wir uns an ein reales oder vorgestelltes Geräusch erinnern... Nachdem die Eindrücke ›ausgeknipst‹ worden sind, ist der Weg für den Empfang präkognitiver Informationen frei. Sie können nun in das geschaffene Vakuum, in die Vorstellungsleere einfließen. Dies entspricht etwa einem ›Sich-vorwärts-Erinnern‹ – nicht anders, als ob man sich an etwas Vergangenes erinnere. Ebenso tauchen jetzt auch Bilder auf. Diese ähneln in gewisser Hinsicht Phantasien, nur lassen sich die ›echten‹ Bilder *nicht willentlich ändern*. So kann man zwischen Psi-Informationen und eigenen ›Erfindungen‹ gut unterscheiden.«

V

Aus anderen Zeiten – Aus anderen Welten

> »Im holographischen Bereich –
> dem Bereich der Frequenzen – ist
> der Zeitpunkt ›vor viertausend
> Jahren‹ vielleicht ›gleich mor-
> gen‹.«
> Karl H. Pribram in »Holographic
> Memory«

Weltweit gibt es Orte, ja sogar ganze Landstriche, wo es infolge plötzlich auftretender Anomalien im Mikrokosmos – im Verbundsystem der Wheelerschen Wurmlöcher – gelegentlich zu »Kurzschlüssen« zwischen unserem vierdimensionalen Jetzt und anderen, parallel zu unserer Realität existierenden Universen kommt. Dieses Phänomen
– eröffnet medial veranlagten Menschen bisweilen Einblicke in vergangene, ja sogar in zukünftige Zeitepochen;
– konfrontiert uns nicht selten mit Schattenwesen aus der Vergangenheit, mit Erscheinungen längst Verblichener;
– ermöglicht sporadisch auftretende Computer-Kontakte mit Wesenheiten aus Vergangenheit und Zukunft, in deren Verlauf alle Beteiligten davon überzeugt sind, jetzt, d. h. in einer Art Zeitlosigkeit zu leben;
– könnte womöglich für die zahlreichen in Englands Getreidefeldern beobachteten, bislang unerklärlichen Piktogramme verantwortlich sein – Manifestationen, die immer kompliziertere und rätselhaftere Formen annehmen.
Anerkennt man die Existenz übergeordneter oder paralleler

Universen, sind die in der Folge beschriebenen Phänomene gar nicht einmal so ungewöhnlich. Das Super-Bewußtsein hinter allem virtuellen und materiellen Geschehen träumt uns, wie auch wir träumend-interagierend zu dessen Bestand beitragen. Nichts geht ohne das andere. Wir leben in einer Welt voller Rückkopplungen. Es klingt wie Blasphemie: Das einzig Reale, das Absolute ist ein Traum – ein Traum in einem Traum, in einem weiteren Traum... ad infinitum.

1 Fenster zum Gestern

Miss Annette, seit Jahren beim britischen Fernsehen beschäftigt, bemerkte dieses »typische Sussex-Dorf« zum erstenmal, als sie sich nach einer anstrengenden Woche an einem Freitagabend im Sommer 1959 mit ihrem Wagen zwischen Midhurst und Liphook befand. Plötzlich sah sie einen schmucken, verträumten Weiler mit einer Kirche, strohgedeckten Hütten, einem Ententeich und einer Wiese. Hier schien die Welt noch in Ordnung zu sein, hier sollte man sich einmal näher umsehen. Annette wunderte sich, daß ihr dieses Juwel nicht schon früher aufgefallen war. Auch ihre Freundin, die sie am nächsten Wochenende besuchen kam, schwärmte von dem romantischen Dorf im Tudor-Stil, dem sie unterwegs begegnet sei. Auf der Rückfahrt von einem Besuch bei Freunden in Midhurst hielten beide angestrengt Ausschau. Doch vergebens. Das Dorf war wie vom Erdboden verschluckt.

Am Freitag darauf, als Annette wieder allein zu ihrem Wochenenddomizil fuhr, sah sie es wieder. Sie konzentrierte ihre ganze Aufmerksamkeit auf die nächste Ortsmarkierung... Midhurst. Zweifellos mußte das »verhexte« Dorf irgendwo zwischen Liphook und Midhurst liegen. An diesem Sonntag trat sie die Rückreise nach London früher als üblich an, um das Dorf ihrer Träume bei Tageslicht zu besehen. Wie oft sie auch zwischen Midhurst und Liphook hin und her fuhr... das Dorf blieb verschwunden. Litten sie und ihre Freundin an Halluzinationen oder waren sie einer außerordentlich real wirkenden Erscheinung begegnet?

Im Herbst des darauffolgenden Jahres fand sie die Erklärung. In einer jener kleinen Londoner Antiquariatsbuchhandlungen stöberte sie eine uralte Landkarte auf, in der auf halbem Wege zwischen Midhurst und Liphook ein namenloses Dörfchen eingezeichnet war: acht Bauernhöfe, Kirche, Weiher und Wiese – friedlich beieinander gelegen. Der Buchhändler wußte zu berichten, daß das gesamte Anwesen vor langer Zeit bis auf die Grundmauern niedergebrannt war... vor nahezu 300 Jahren.

Wahrnehmungen vergangener bzw. zukünftiger Szenarien, gleich ob in Räumen oder im Freien, lassen sich womöglich auf psychische Störungen des Beobachters, andererseits aber auch auf gewisse, plötzlich auftretende physikalische Anomalien zurückführen. Die genauen Ursachen hierfür liegen noch im dunkeln. Solche Anomalien könnten durch Störstellen im irdischen Magnetfeld, durch gravitativ bedingte Raumzeit-Verwerfungen oder andere, bislang unentdeckt gebliebene Faktoren ausgelöst werden. Vielleicht handelt es sich hierbei auch um Projektionen aus höherdimensionalen, mit unserer Welt berührungslos verschachtelten Bereichen, um »Bilder« aus anderen Realitäten, anderen Zeiten. Und diese Manifestationen brauchen trotz des oft recht plastisch-realen Eindrucks, den sie hinterlassen, in Wirklichkeit gar nicht einmal dreidimensional *da* zu sein.

Im August 1941 befand sich Leonard Hall mit Freunden auf einer ausgedehnten Angeltour, die sie quer durch die im mittleren Teil Nordamerikas gelegenen Ozark-Berge führte. Eine der Nächte verbrachte man im Freien am Ufer des Upper Current River. Kurz vor Sonnenaufgang vernahm Hall mit einem Mal fremde Stimmen. Er öffnete die

Augen, um erstaunt festzustellen, daß sie während der Nacht Gesellschaft erhalten hatten. Im Schein des etwa dreißig Meter von ihrem Zelt entfachten Lagerfeuers konnte Hall die dort kampierenden Männer deutlich erkennen. Entlang der am Ufer des Flusses gelegenen Lichtung brannten noch zahlreiche weitere Lagerfeuer, was auf die Anwesenheit einer größeren Anzahl von Personen schließen ließ.

Der von Hall wahrgenommene Trupp bestand vorwiegend aus Indianern, die lediglich mit einem Lendenschurz bekleidet waren. Sie bedienten sich eines fremdartigen Dialekts. Hall, der aus dem Stimmengewirr ein paar Brocken Spanisch herausgehört haben will, wurde den Verdacht nicht los, durch Zufall Zeuge einer Lagerszene aus der Zeit der Konquistadoren – Spanier, die im 16. Jahrhundert Mittel- und Südamerika erobert hatten – geworden zu sein. Die Erscheinung dauerte nur kurze Zeit, dann verblaßte sie allmählich.

Hall hatte es unterlassen, seine Freunde zu wecken, da zu befürchten war, daß man ihn – sollten die anderen nichts sehen – aufgrund seiner Behauptung für verrückt gehalten hätte.

Seine Neugierde war nun einmal geweckt. Heimlich forschte er nach handfesten geschichtlichen Anhaltspunkten für sein merkwürdiges nächtliches Erlebnis. Schließlich fand er sie. Aus den in Bibliotheken vorgefundenen alten Dokumenten konnte er ersehen, daß sich im August 1541 eine Splittergruppe der Konquistadoren unter der Führung von de Soto und Coronado tatsächlich in der Nähe des Upper Current River aufgehalten hatte.

Wie kam es zu dieser eigenartigen »Begegnung« zwischen zwei Realitäten? War dies alles nur ein realistischer Traum? Oder hatte Hall, während die anderen fest schliefen, tatsächlich eine dreidimensionale Projektion aus einer etwa vierhundert Jahre zurückliegenden Epoche erlebt?

Die recht plastisch geschilderte Szene aus der Zeit der Eroberung Amerikas durch die Spanier auf bloße Halluzinationen zurückzuführen, erscheint widersinnig, zumal Hall erst viel später von der Anwesenheit der Konquistadoren in der dortigen Gegend erfahren hatte.

Fälle, in denen Personen unversehens mitten in vergangenes Geschehen hineingeraten, an diesem, wenn auch nur für wenige Augenblicke teilhaben, sind verhältnismäßig selten. Manchem von ihnen gelingt die Rekonstruktion der Phantomszene später anhand alter Unterlagen – Tagebücher und Fotos. Erinnerungen werden wach, die Vergangenheit wirft lange Schatten...

Man schrieb den 3. Oktober 1963. In der Wesley-Universität in Lincoln (Nebraska) hatte Coleen Buterbaugh, Sekretärin des damaligen Dekans Sam Dahl, einem der Dozenten eine wichtige Nachricht persönlich zu überbringen. Als sie kurz vor 9 Uhr dessen Arbeitszimmer betrat, strömte ihr ein unangenehmer, modriger Geruch entgegen. Der Professor war nicht anwesend. Sie schaute sich im Zimmer um. Ihr fiel sogleich eine große, schwarzhaarige Frau in altmodischer Kleidung auf, die ihr Eintreten gar nicht zu bemerken schien. Die Unbekannte griff mit ihrer rechten Hand gerade in das oberste Gefach eines alten Notenschrankes. Offenbar wollte sie diesem irgend etwas entnehmen. Dann begegneten sich ihre Blicke. Während die Buterbaugh die Erscheinung penetrant anstarrte, verblaßte diese zusehends. Doch etwas anderes sollte sie gleich mehr beunruhigen. Als sie zufällig aus dem Fenster blickte, wurde sie voller Schrecken der Veränderungen gewahr, die sich binnen weniger Sekunden da draußen vollzogen hatten. Der größte Teil des Campus schien noch unbebaut zu sein. Vergeblich suchte sie nach den modernen Fakultätsgebäuden gegenüber dem Verwaltungstrakt, nach den Straßen und Wegen, die das Universitätsgelände durchzogen. Nichts von alledem. Es war, als hätte es sie nie gegeben. Mrs. Buterbaugh hatte mit einem Mal das Gefühl, in die Vergangenheit versetzt worden zu sein. Von Panik ergriffen und völlig verwirrt verließ sie fluchtartig den unheimlichen Raum. Draußen umfing sie die altgewohnte Realität, ihr Jetzt.

Ihr Erlebnis erregte einiges Aufsehen. Die von ihr beschriebene Person konnte anhand eines Archivfotos aus dem Jahre 1915 mühelos als Miss Clara Mills, eine ehemalige Musikprofessorin, identifiziert werden. Sie war 27 Jahre zuvor im gleichen Raum kurz vor 9 Uhr gestorben. Die Schublade, an der sich das Mills-Phantom zu schaffen gemacht hatte, enthielt, wie man später feststellen konnte, früher die Chorarrangements.

Hatte Coleen Buterbaugh halluziniert, nur eine Projektion vergangener Ereignisse gesehen, oder war sie tatsächlich in eine jener sporadisch auftretenden Raumzeit-Fallen geraten und vollkörperlich in die Vergangenheit versetzt worden?

Wäre von der Realitätsverschiebung nur die nächste Umgebung – das Büro – betroffen gewesen, hätte man auf ein rein psychisches Phänomen schließen können. Da aber das Universitätsgelände im Blickfeld der Frau ebenfalls verändert war, muß man annehmen, daß sie in der Tat eine »sanfte« Rückversetzung um etwa 50 Jahre, in die Zeit des Ersten Weltkrieges erlebt hatte.

Vor einigen Jahren lernte ich durch Zufall die Amerikanerin Gladys Galvin kennen, die aus ihrer Zeit als Krankenschwester über ein ähnliches Erlebnis zu berichten wußte. Der Unterschied zum Fall Buterbaugh besteht darin, daß hier gleich zwei Frauen einen Realitätswechsel erlebt hatten.

Am Morgen des 16. Juni 1959 wollten Frau Galvin und ihre

Kollegin Rosemary – beide arbeiteten damals als Krankenschwestern in einem Hospital in Seattle – mit dem Lastenaufzug in den Keller fahren, um destilliertes Wasser zu holen, das dort in großen Tanks aufbewahrt wurde. Obwohl Rosemary den Bedienungsknopf »Kellergeschoß« gedrückt hatte, setzte sich der Aufzug Richtung Dachgeschoß in Bewegung. Beide Frauen glaubten zuerst, daß jemand, der von oben zum Erdgeschoß fahren wollte, die Ruftaste vor ihnen betätigt hatte. Sekunden später hielt der Aufzug im obersten Stockwerk. Die Tür öffnete sich automatisch und gab den Blick zum Flur frei. Doch niemand stand da, der nach unten wollte. Das Bild, das sich den Frauen dort bot, erinnerte nicht im geringsten an den Flur eines modernen Krankenhauses. Gladys und Rosemary wähnten sich unwillkürlich in die Vergangenheit versetzt. Der weißgefliste Flur war jetzt mit orientalischen Teppichen ausgelegt. An der Stelle, wo normalerweise der Personenaufzug hätte sein müssen, standen alte Stühle mit hohen Rückenlehnen, eine dekorative Bodenvase aus Messing und Liegen wie aus der Zeit um die Jahrhundertwende herum.

Fassungslos starrten beide Frauen die ungewöhnlichen Objekte an. Träumten sie mit offenen Augen? Hatte ihnen jemand einen Streich spielen wollen? Der Aufwand hierfür wäre wohl ein wenig zu hoch gewesen.

Sie konnten sich des Eindrucks nicht erwehren, in ein vornehmes altes Nobelhotel geraten zu sein. Da, wo sich zu ihrer Linken für gewöhnlich die chirurgische Abteilung für Männer befand, mündete ein teppichbelegter Gang. Gladys Galvin wagte, wie benommen, einen Schritt in den Flur hinaus. Im Wandelgang des Männertraktes hingen Kronleuchter, Zierden von Anno dazumal. Alle Türen schienen geschlossen zu sein. Aber was für Türen waren das? Keinesfalls solche, wie man sie in modernen Krankenhäusern vorfindet.

Geistesgegenwärtig ergriff Rosemary den Arm ihrer Freundin und riß sie mit aller Gewalt in den Aufzug zurück. Vielleicht hatte sie instinktiv die Gefahr erkannt, von einer Realität vereinnahmt zu werden, der sie nicht angehörten, nicht angehören durften. Wie in Trance drückte Gladys den Knopf zum Erdgeschoß, das sie dann auch unbehelligt erreichten. Die Wirklichkeit umfing sie wieder. Obwohl beide Frauen nach diesem Zwischenfall den Aufzug immer und immer wieder benutzten, hatten sie nie mehr ein vergleichbares Erlebnis. Beiläufig fragt man sich, was wohl geschehen wäre, wenn beide den Aufzug verlassen und sich längere Zeit in der Phantom-Realität aufgehalten hätten. Wären sie deren Gefangene geworden, hätten sie womöglich eine völlig neue Identität angenommen?

Gelegentlich werden Menschen mit Szenen konfrontiert, die einem von vielleicht unendlich vielen zukünftigen Ereignisabläufen entnommen sein könnten. Der Physiker Dr. John Gribbin berichtet in seinem Buch »Time Warps« (»Zeitverwerfungen«) über eine solche »in der Zeit seitwärts gerichtete« Vision des berühmten englischen Geschwaderkommandanten Sir Victor Goddard. Der Vorfall ereignete sich im Jahre 1935. Während eines Formationsfluges geriet Goddard mit seiner Maschine in eine dichte Wolkendecke. Infolge der schlechten Sichtverhältnisse verlor er mit einem Mal die Orientierung. Innerhalb von Sekunden stieß er mit einem der Begleitflugzeuge zusammen. Seine Maschine geriet ins Trudeln. Er konnte sie jedoch mit Mühe und Not wenige Meter über dem Boden abfangen und hochziehen. Kurz darauf – er hatte wieder an Höhe gewonnen und befand sich erneut in Horizontalfluglage, überflog er den ehemaligen Flugplatz von Prem, nahe

Edinburgh – zu jener Zeit ein kümmerliches Überbleibsel aus dem Ersten Weltkrieg. Plötzlich umfing ihn strahlender Sonnenschein. Um sich zu orientieren, schaute er nach unten und erblickte zu seinem größten Erstaunen einen »Bilderbuch«-Flugplatz in voller Aktivität mit Maschinen, die vor blitzblanken Hangars vorschriftsmäßig in einer Reihe abgestellt waren. Ebenso plötzlich war die Vision wieder verschwunden, flog er erneut durch Wolken und Regenschauer.

Schon wenige Jahre nach diesem Vorfall wurde Prem als Trainingsbasis der Royal Airforce erneut in Betrieb genommen und kriegsbedingt weiter ausgebaut. Interessant ist die Tatsache, daß dort moderne Flugzeugtypen stationiert waren, wie sie Goddard in jenen dramatischen Augenblicken nach dem glimpflich verlaufenen Zusammenstoß »gesehen« hatte. Bei einem Besuch in Prem mußte Goddard allerdings feststellen, daß die bei der Reaktivierung des Flugplatzes errichteten Hangars nicht die mit Bitumen überzogenen Dächer älterer Bauart besaßen, wie er sie in seiner Vision wahrgenommen hatte, sondern moderne Wellblechdächer. Gribbin folgert hieraus, daß Goddards »Berührung mit der Zukunft« keine perfekte Vision der späteren, sondern mehr die einer zeitlich »seitwärts« gerichteten Realität war. Er meint, möglicherweise sei von einem der mit dem Wiederaufbau des Flugplatzes befaßten Architekten auch einmal die Version von Hangardächern vorgeschlagen worden, wie sie Goddard in der Phantomszene beobachtet hatte. Diese Variante sei dann jedoch verworfen und somit in eine parallele Zukunft abgedrängt worden. Sie besaß offenbar keine Chance, jemals real zu werden.

»Beobachtungen« vergangener oder auch zukünftiger Szenarien erfolgen allesamt spontan, d. h., sie treffen den Wahrnehmenden völlig unerwartet und dauern meist nur wenige Sekunden. Niemanden wundert es, wenn die Psychiatrie sie mit vorübergehenden oder permanenten Bewußtseinsstörungen, mit optischen, akustischen, haptischen oder sonstigen Halluzinationen, Illusionen, Realitätsflucht, Psychosen, Wahnvorstellungen und Schlimmerem in Verbindung zu bringen versucht. Dies ist um so bedauerlicher, als daß durch inhaltslose Diagnosen moderne Deutungen dieses hochinteressanten Phänomens, wie sie z. B. durch die auf quantentheoretischen Überlegungen beruhende »Bewußtseins«-Physik möglich sind, unterdrückt werden. Das große Umdenken in der Bewertung von retro- und präkognitiven Visionen könnte durch ein als »Chronovisor« bezeichnetes Gerät ausgelöst werden, mit dem sich angeblich Szenen aus fernster Vergangenheit beobachten lassen – eine Art Zeit-»Fernseher«, mit dem man einem lebensechten Programm aus vergangenen Zeiten hautnah beiwohnen kann.

Die Vorstellung, daß alles Geschehen in unserer Welt von Anbeginn in einem »Buch des Lebens« aufgezeichnet und gespeichert wird – der Philosoph Rudolf Steiner (1861–1925) spricht von einer »Akasha-Chronik« (Sanskr. »akasha« = etwa »Raum-Äther«, feinstoffliche Substanz) –, findet sich in vielen Überlieferungen alter Völker. Professor Senkowski bezeichnet diesen fiktiven »Speicher« etwas nüchterner als »metaphorischen kosmischen Informationsraum« und verleiht ihm so einen erweitert-physikalischen Realitätsstatus, der einen »Chronovisor« durchaus denkbar erscheinen läßt.

Der italienische Benediktinerpater Alfredo Pellegrino Ernetti – er ist Inhaber des einzigen Lehrstuhls für archaische Musik am Conservatorio Benedetto Marcello in Venedig, Doktor der altorientalischen Sprachen, Philosophie und Theologie – will schon vor Jahren zusammen mit zwölf in-

und ausländischen Wissenschaftlern jenen geheimnisvollen »Chronovisor« entwickelt haben, mit dem sich nicht nur bewegte Szenen, sondern auch Reden und Klänge aus der Vergangenheit wiedergeben lassen.

Am 18. Oktober 1986 informierte Ernetti während eines Kongresses in Riva del Garda (Gardasee) die Öffentlichkeit etwas ausführlicher über dieses Gerät, das man vermutlich an einem geheimen Ort im Vatikan aufbewahrt, um jeglichen Mißbrauch zu unterbinden. Die andächtig lauschenden Kongreßteilnehmer – vorwiegend Wissenschaftler und Journalisten – erfuhren aus Ernettis Munde erstmals näheres über das Funktionsprinzip des »Chronovisors«: Alles, was in unserem Universum je existierte und geschah, hinterließ im Hyperraum eine zweifache energetische Spur – eine sichtbare und eine hörbare, ähnlich wie auf einem Videoband. Mit dem »Chronovisor« lassen sich nach Ernettis Darstellung die »höheren Ortes« gespeicherten Energien in ihre ursprünglichen Bild- und Tonfassungen zurückverwandeln, also sichtbar und hörbar machen. Der aus drei Moduln – einem Antennensystem zum Empfang nichthertzscher (nicht-elektromagnetischer) Wellen, der Rekonstruktionseinheit und dem Bild/Tonumsetzer – bestehende »Chronovisor« erlaubt, kulturelle und geschichtliche Ereignisse zu rekonstruieren, neue Einblicke in längst vergangene Epochen zu gewinnen.

Ernetti behauptet, mit seinem Rekonstruktionsgerät schon Mitte der siebziger Jahre eine Tragödie empfangen zu haben, die 169 v. Chr. anläßlich der Apollinarischen Spiele aufgeführt wurde. Reden im Latein des Ennius sollen mit dem Zeit-»Televisionsgerät« ebenso empfangen worden sein wie »gesungene Rezitationen« in dorischer Tonart – für Ernetti, als Kenner archaischer Musik, einmalige Erlebnisse.

15

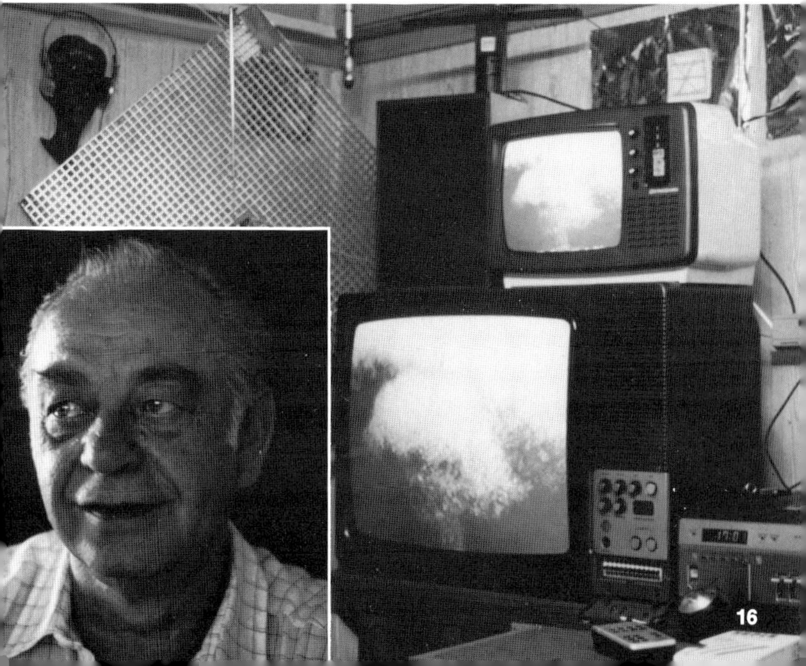

16

22

15 Professor Dr. Ernst Senkowski, Mainz, erklärt seine Transaudio-Anlage zum Empfang von Trans-Stimmen.

16 Der Transvideo-Pionier Klaus Schreiber. Er empfing als erster Bilder seiner verstorbenen Angehörigen und solche von fremden Personen, die er vom Fernsehgerät in mühsamer Kleinarbeit auf Video aufzeichnete.

17, 18 Einer von zahlreichen präkognitiven Wahrnehmungstests, die Professor Jahn und seine Mitarbeiter an der Universität von Princeton (USA) mit Erfolg durchgeführt haben. Zielort: Die Ruinen des Urquardt Castle am Loch Ness, Schottland. Entfernung von Princeton: etwa 5600 Kilometer. Zeitpunkt des Tests: 14,5 Stunden vor Ankunft des Agenten. Beschreibung (gekürzt): »Felsen mit ungleichen Löchern; auch Glätte, Höhe, Meer – dunkel, dunkelblau; Schaumwellen . . . schlagen gegen Felsen? Auf einem Berg oder Felsen; überschaue das Wasser, dunkelgrün in der Ferne. Möwen fliegen? Pelikan auf einem Pfahl; Sand. Ein Leuchtturm? Großes Bauwerk – rund mit konischem Dach; hohe Fenster oder Fensteröffnungen; mit einem Pfad, der hochführt. Größeres Bauwerk, das einer Burg ähnelt . . . Moos oder Gras wächst in den Wänden; Zugbrücke? Wald, Meeresgeruch . . .«

19, 20 Beim Absturz eines Lockheed »Tristar«-Jet (oben) der Eastern Airlines am 29. Dezember 1972 kamen sie ums Leben (von links nach rechts): Flugkapitän Bob Loft, Kopilot Albert Stockstill und Flugingenieur Don Repro. Monate später jagen sie als Erscheinungen dem Flugpersonal und Passagieren der Schwestermaschine 318 Angst und Schrecken ein.

21 Die Trümmer von Flug 401 im sumpfigen Gelände der Everglades.

22 Ken Websters Lebensgefährtin Debbie Oakes vor einer gerahmten schriftlichen Botschaft von Tomas Harden aus dem 16. Jahrhundert. Er hatte sie auf ein in der Küche des Meadow Cottage herumliegendes Stück Papier gekritzelt – eine von vielen Spukmanifestationen, die sich dort ereigneten.

Es ist kaum anzunehmen, daß Pater Ernetti, vatikanischer Beauftragter für die Entwicklung der Kirchenmusik, der unter anderem 72 Bände über die Problematik des liturgisch-musikalischen Kultes verfaßte und 50 Schallplatten mit archaischer Musik aufgezeichnet hat, mit seinem »Chronovisor« andere Wissenschaftler böswillig zu täuschen versucht. Als Benediktiner dürfte er von seiner Erfindung ohnehin keine persönlichen Vorteile erhoffen.

Die Frage ist nur, ob Ernetti mit seinem »Chronovisor« tatsächlich Aufzeichnungen aus *unwiderbringlich verflossenen Zeiten* oder solche aus *gleichzeitig mit uns existierenden, alternativen (parallelen) Realitäten* empfängt, die es nach der zuvor erwähnten »Viele-Welten-Interpretation der Quantenmechanik« (VWI) von H. Everett, John A. Wheeler und N. Graham in unendlich-fachen »Auflagen« geben müßte.

2 Schattenbilder –
Die zeitlose Welt der Erscheinungen

In seinem Kompendium »Psychiatrie und Psychotherapie« – einem kurzgefaßten Lehrbuch für Studierende und Ärzte – beschreibt Professor Harald Feldmann »Halluzinationen« als »Sinnestäuschungen ohne vorhandenen Sinnesreiz, ohne sensorische Erregung«. Weiter heißt es hier: »Der Halluzination entspricht kein reales Wahrnehmungsobjekt. Sie werden leibhaftig (d. h. objektiv) empfunden und erscheinen – wie reale Wahrnehmungen – im äußeren Raum.« Schön und gut. Was aber soll man davon halten, wenn eine größere Personengruppe bei hellichtem Tag mit der gleichen Erscheinung konfrontiert wird?

Die Insassen des vollbesetzten Reisebusses waren gerade

ausgestiegen, um in Begleitung des Fremdenführers die Ruinen der aus dem 3. Jahrhundert stammenden algerischen Stadt Blida zu besichtigen, als ein Trupp martialisch gekleideter Männer an ihnen vorbeizog. Sie trugen die Uniform römischer Legionäre und wurden von einem Offizier zu Pferd angeführt. Den sechzehn sich müde dahinschleppenden Soldaten folgte ein Versorgungskarren, dem ein Esel vorgespannt war.

Heide Kröger, eine österreichische Lehrerin, die vor vielen Jahren Zeugin dieses merkwürdigen Defilees vor internationalem Publikum war, erinnert sich: »Die Soldaten schienen erschöpft gewesen zu sein... sie waren unrasiert, und auf ihren Lippen hatten sich Blasen gebildet. Sie liefen unmittelbar am Bus vorbei, würdigten uns aber keines Blickes. Es sah so aus, als ob wir für sie überhaupt nicht existierten. Am Helm des Offiziers prangten rote und schwarze Federbüschel. Er führte seine Leute direkt in die ›Stadt‹ hinein, wo sich der Trupp vor unseren Augen in Luft auflöste.«

Sollten wir es in diesem aufsehenerregenden Fall tatsächlich mit vierzig halluzinierenden Touristen zu tun haben, Menschen, die etwas zu sehen vorgeben, das in unserer materiellen Wirklichkeit gar nicht existiert? Niemand wird eine solche Hypothese ernsthaft in Erwägung ziehen. Daß hier eine gemeinsame Absprache aller Beteiligten – Europäer, Amerikaner und Japaner – vorliegt, um die Öffentlichkeit zu verulken, ist ebenso unwahrscheinlich. Irgendwann einmal wäre der Schwindel aufgedeckt worden.

Mindestens fünfundzwanzig der an der Fahrt beteiligten Personen hatten die unglaubliche Szene fotografiert. Doch war, nach dem Entwickeln der Filme, auf den Abzügen außer den Ruinen nichts weiter zu sehen. Wie hätte sich auf dem Filmmaterial auch etwas darstellen sollen, das nicht unserer Realität angehört, das ausschließlich im Bewußtsein der Reisenden entstanden war, dort aber bleibende Erinnerungen hinterlassen hatte?

Dr. Howard Moser, der sich mit diesem Zwischenfall eingehend befaßt und hierüber in mehreren europäischen Wissenschaftsblättern berichtet hat, ist fest davon überzeugt, daß es sich bei den seinerzeit beobachteten Phantom-Soldaten um »lebende, atmende Wesen« gehandelt hat, nur, daß diese einer Zeitepoche *angehören*, die entsprechend unserer Zeitrechnung etwa 1700 Jahre zurückliegt. Wie bei vielen Erscheinungen aus der Vergangenheit könnte man auch hier sagen: räumlich nahe, zeitlich weit entfernt.

Unter »Erscheinungen« versteht man quasi-visuelle Wahrnehmungen von orthodox-physikalisch nicht erklärbaren Manifestationen aus anderen Realitäten, seien es nun Parallelwelten, frühere (oder zukünftige) Zeitperioden oder gar Kombinationen derselben. Sie werden wegen ihres allen Gesetzen der traditionellen Physik zuwiderlaufenden Charakters nicht im realen Sinn, sondern ausschließlich phänomenologisch, d. h. entsprechend ihrer Wahrnehmung gewertet. So vielseitig sich diese bewußtseins-physikalischen Erscheinungen darbieten, so unterschiedlich fällt ihre qualitative Einschätzung aus. Von Nichtkennern der Para-Szene werden sie meist voreilig dem ihrer Meinung nach pathologisch eben noch faßbaren Bereich der Sinnestäuschungen zugeordnet. Niemand der angesprochenen Kritiker vermag aber mit letzter Sicherheit zu sagen, was Halluzinationen, Illusionen und ähnliche veränderte Bewußtseinszustände ihrem Wesen nach sind, durch was sie – wenn neurologische und gehirnpathologische Untersuchungen keinerlei Befunde ergeben – ausgelöst werden. Durch sachkritische Analysen mehrfach bezeugter Erscheinungsfälle würde sich jedoch all denen, die hinter Erscheinungen ausschließlich Sinnestäuschungen oder gar Betrug vermuten, bald eine

Welt voller Geheimnisse erschließen – eine Andere Realität, die noch der objektiven wissenschaftlichen Erkundung harrt.

Das in der Grafschaft Yorkshire gelegene, von mittelalterlichen Festungsmauern umgebene York gilt als das kulturelle Zentrum Nordenglands, als die historisch zweitwichtigste Stadt des Königreichs. Seine Chronik reicht bis ins Jahr 71 n. Chr. zurück, als der römische Statthalter Quintus Petillius Cerialis hier das nördlichste Fort des Imperiums errichtete.

In Yorks Altstadt sind verwinkelte Gäßchen, idyllische Fachwerk- und Backsteinhäuschen über all die Jahrhunderte hinweg in ihrer ursprünglichen Substanz erhalten geblieben. Und jedes dieser Bauwerke hat seine eigene Geschichte, in der die Schatten der Vergangenheit – Erscheinungen von Legionären, Dominikanermönchen, Henkern und auf tragische Weise ums Leben gekommenen Ladies – häufiger als andernorts ihr Stelldichein geben.

Mark Graham, der mit seinen nächtlichen »Ghost Walks« – romantische Führungen durch Yorks Altstadt – die übersinnliche Vergangenheit von Europas heimlicher Spukmetropole neu aufleben läßt, weiß über einen Fall zu berichten, der nachdenklich stimmt.

Ein siebzehnjähriger Installateurgehilfe, Harry Martindale, der 1953 in den niedrigen Kellern des in der Chapter House Street gelegenen Treasurer's House ganz allein mit der Verlegung von Heizungsrohren beschäftigt war, sah eines Tages, wie eine Formation römischer Soldaten – angeführt von einem Offizier hoch zu Roß – durch das äußere Mauerwerk in den Kellerraum eindrang. Die nach seinen Angaben schäbig gekleideten Männer schlurften, ohne ihn zu beachten, mit gesenkten Häuptern an ihm vorbei, um dann in der gegenüberliegenden Wand zu verschwinden. Ein gespenstischer Anblick, zumal die Krieger nur von den Knien aufwärts zu sehen waren. Es schien, als ob sie auf einer niedriger gelegenen Straße dahinschritten. Erst in den sechziger Jahren fand man für diesen merkwürdigen »Auftritt« – er wurde von Dritten bestätigt, die im gleichen Keller ähnliches erlebt hatten – eine befriedigende Erklärung. Bei Grabungen, die durch einige bemerkenswerte Funde in unmittelbarer Nähe des Hauses ausgelöst worden waren, entdeckten Bauarbeiter genau an der Stelle, wo der Installateur die Phantom-Legionäre gesehen hatte, eine tiefergelegene römische Heerstraße – die Via Decumana. Sie verlief genau in Kniehöhe unterhalb des Kellerfundaments.

Dieser Fall ist deshalb so interessant, weil sich die bewegte Erscheinung dem Beobachter seinerzeit offenbar weggetreu dargeboten hatte – möglicherweise ein wichtiger Anhaltspunkt bei der wissenschaftlichen Erforschung von ortsgebundenem Spuk.

Natürlich könnte man einwenden, daß sich in unübersichtlichen alten Kellergewölben vieles ganz anders darstellt als bei Tageslicht. Ungewöhnliche Schattenszenen, Lichtreflexionen und ein ausgeprägtes Imaginationsvermögen haben schon in manchem von uns die Vorstellung geweckt, »Erscheinungen« begegnet zu sein, Dinge gesehen zu haben, für die es letztlich eine ganz natürliche Erklärung gab.

Was aber soll man von plastisch-realen, lebensecht erscheinenden Phantomen halten, die sich in der sterilen Atmosphäre moderner Verkehrsflugzeuge manifestieren? Und dies über viele Monate hinweg, mitunter sogar in Anwesenheit mehrerer Augenzeugen? C. G. Jungs Archetypenphilosophie und die üblichen Halluzinations-Theorien dürften in solchen Fällen überfordert sein. Die Frage ist nur, welchen Realitätsstatus wir diesen dreidimensional wirkenden Artefakten zubilligen sollen.

Am 29. Dezember 1972 stürzte die Maschine 310 der Eastern Airlines – ein Lockheed »TriStar«-Jet L 1011 – bei einem Nachtflug von New York nach Miami kurz vor der Landung in ihr Verderben. Die Ursache des Absturzes war, wie sich später herausstellte, ein geringfügiger technischer Defekt in der Steuerungsautomatik und ein hierdurch verursachter folgenschwerer Bedienungsfehler. Offenbar waren die Piloten der Meinung, daß sich ihr Jet noch hoch in der Luft befände, als eine der Tragflächen bei einem Kurvenmanöver bereits den Boden berührte. Die Cockpit-Nase hatte sich beim Aufprall tief in den sumpfigen Boden der Everglades gebohrt.

Von den insgesamt 178 Insassen kamen 99 ums Leben, unter ihnen Flugkapitän Bob Loft, der Erste Offizier Albert Stockstill und Flugingenieur Don Repro sowie zwei Stewardessen.

Kurze Zeit nach dem tragischen Ereignis wurden in Schwestermaschinen der »310«, vor allem in der Maschine Nr. 318, Spukerscheinungen beobachtet, die aufgrund ihrer Häufigkeit und Eindeutigkeit weltweit Aufsehen erregten. Die Maschinen waren nach und nach mit noch verwendbaren Teilen des abgestürzten Jets, vorwiegend mit dessen gut erhaltener Bordkücheneinrichtung ausgerüstet worden. Und diese sollte in der Folge zum »Kristallisationskeim« eines unbegreiflichen spukhaften Geschehens werden. Im Verlaufe der bis zum Frühjahr 1974 andauernden Spukerscheinungen manifestierten sich in Dutzenden von Fällen zwei der ums Leben gekommenen Besatzungsmitglieder besonders eindrucksvoll: Kapitän Bob Loft und Flugingenieur Don Repro.

Die blonde Ginny Packard flog fünf Jahre als Stewardeß bei den Eastern Airlines. Am liebsten hantierte sie unten in der kleinen Bordküche der Maschine 318, wo sie in einem hochmodernen Elektroofen 200 Fertiggerichte gleichzeitig erwärmen konnte. Eines Tages, als ihr Blick auf die Tür fiel, die von der Küche zum benachbarten Kontrollraum für die Bordelektronik führte, bemerkte sie etwas Sonderbares. Unmittelbar vor dieser Tür schwebte plötzlich ein weißes Wölkchen, nicht größer als ein Tennisball. Es pulsierte, schwoll an und erreichte schließlich die Größe eines Fußballs. Dann geschah etwas, das Ginny erblassen ließ: Die äußeren Konturen des Gebildes nahmen die Form eines Kopfes an. Es war der Kopf eines Mannes mit dunklem Haar und grauen Schläfen. Noch bevor sich Ginny in den engen Aufzug zwängen und nach oben flüchten konnte, war mit dem Kopf des Mannes eine weitere Veränderung vorgegangen. Er trug jetzt eine Brille und blickte hinter dicken Gläsern die zu Tode erschrockene Stewardeß unverwandt an. Mit einem Mal erkannte sie dieses Gesicht. Es war das des toten Flugingenieurs Don Repro.

Eine andere Stewardeß will an Bord der gleichen Maschine in der Vollsichtscheibe des Elektroofens ebenfalls klar und deutlich Repros Gesicht gesehen haben. Dieser Manifestation waren im März 1973 Ereignisse vorausgegangen, die sich unter dem Flugpersonal rasch herumgesprochen hatten. So will die Stewardeß Denise Woodroof während einem der planmäßigen Nachtflüge in der Bordküche plötzlich eine ungewöhnliche Kälte verspürt haben, obwohl das Raumthermometer 90 Grad Fahrenheit (etwa 33 °C) anzeigte. Der sofort herbeigerufene Flugingenieur konstatierte ebenfalls »sibirische Kälte«.

Subjektives Kälteempfinden hängt nach den Erkenntnissen der Parapsychologie meist mit beginnenden Spukmanifestationen zusammen. Aus unerklärlichen Gründen kam es im Fall der Denise Woodroof aber erst gar nicht dazu.

Die Spukserie in der »318« erreichte einen gewissen Höhepunkt, als ein Vizepräsident der Eastern Airlines persönlich mit dem inzwischen als lästig empfundenen Spukphänomen konfrontiert wurde. Eben hatte er noch vor den übrigen Passagieren die Erste-Klasse-Kabine betreten, als er dort einen Flugkapitän in der Uniform seiner Gesellschaft sitzen sah. Erfreut näherte er sich diesem, um ihn zu begrüßen. Dabei machte er eine erschreckende Feststellung. Der Mann, dem er die Hand zum Gruße bot, war Bob Loft, der Pilot der Unglückmaschine 310, den es ja gar nicht geben durfte. Im gleichen Augenblick löste sich der Pseudo-Loft in Luft auf. Ein Gedanke hatte genügt, um das feinstoffliche Double des glücklosen Piloten in die Realität der Dahingeschiedenen zurückzuversetzen. Der Vize erteilte Anweisung, die Maschine gründlich zu durchsuchen. Natürlich wurde nichts gefunden.

Doch damit nicht genug. Ein anderes Mal wurde Loft von drei Personen zugleich gesehen und angesprochen – dem Flugkapitän und zwei Stewardessen. Plötzlich verschwand jener vor den Augen der Anwesenden. Der Flug wurde sofort storniert. Die Angst vor drohendem Unheil war groß, zu groß, um einen weiteren Absturz zu riskieren. Niemand vermag zu sagen, was Besatzung und Passagieren dadurch vielleicht erspart geblieben ist.

Zeugen der zahlreichen Manifestationen berichten übereinstimmend, daß die Gesichter der beiden Phantome mühelos zu identifizieren waren. Loft und Repro erschienen ausschließlich an Bord von Maschinen der Eastern Airlines und dort nicht nur ihren früheren Kollegen und Bekannten, sondern auch Passagieren, denen sie nie zuvor begegnet waren, was eindeutig gegen die Halluzinationshypothese spricht.

Nur wenigen dürfte bekannt sein, daß von namhaften Psychologen und Parapsychologen seit der zweiten Hälfte des vorigen Jahrhunderts auch Fälle von Erscheinungen Lebender, sogenannte »Doppelgänger«, untersucht und dokumentiert wurden. Die Engländer F. W. H. Myers, E. Gurney und F. Podmore haben sich schon früh mit einer umfangreichen Sammlung gut bezeugter Fälle von Erscheinungen Lebender (»Phantasms of the Living«) um die Aufhellung dieses interessanten Phänomens verdient gemacht. Seine Existenz dürfte auch Kritikern der Erscheinungsszene zu denken geben, zumal hier die »Jenseits«-Problematik entfällt.

Wenn sich ein Lebender in das Bewußtsein eines anderen projiziert, wenn er gar von vielen Menschen im gleichen Augenblick pseudo-visuell wahrgenommen wird, spricht man von »Bilokation«, der äußerst selten auftretenden Fähigkeit, zur gleichen Zeit an zwei Orten zu weilen, einer Gabe, die der italienische Franziskanerpater Francesco Forgione – genannt Padre Pio (1887–1968) – in vollendeter Form beherrscht haben soll.

Aber auch anderen gelang es schon, sich unbewußt nach »außen« zu projizieren, räumlich versetzt ein Double von sich selbst zu schaffen.

Mitte des vorigen Jahrhunderts gab es im damaligen Livland, in der Nähe von Riga, ein angesehenes Mädchenpensionat, an dem eine Französin namens Emilie Sagée unterrichtete. Eines Tages demonstrierte sie einen Lehrsatz, den sie zur besseren Veranschaulichung mit Kreide an die Wandtafel schrieb. Bei näherem Hinschauen sahen die jungen Damen plötzlich zwei Sagées an der Tafel stehen. Sie glichen einander und gebrauchten dieselben Gebärden, nur daß die eigentliche Sagée ein Stück Kreide in der Hand hielt und tatsächlich damit schrieb, wohingegen ihre Doppelgängerin keine Kreide besaß und die Schreibbewegung lediglich nachahmte. Der Vorfall erregte natürlich großes Aufsehen.

Eine Befragung ergab, daß jede der dreizehn Schülerinnen die zweite Gestalt gesehen hatte.

Doch nicht immer verliefen die Aktivitäten der Sagée und ihres Phantoms synchron. Bei einer anderen Gelegenheit war Mademoiselle Sagée im Garten neben dem Pensionat mit Blumenpflücken beschäftigt, während die Schülerinnen von einer anderen Lehrkraft beaufsichtigt wurden. Als diese für kurze Zeit aus dem Zimmer gegangen war, erschien im gleichen Armstuhl, in dem Sekunden zuvor die Aushilfe gesessen hatte, die Phantomgestalt der Sagée. Sofort blickten die Mädchen in den Garten, wo ihre Klassenlehrerin immer noch Blumen pflückte. Nur bewegte sie sich dabei jetzt viel langsamer, so als ob sie erschöpft oder schläfrig sei. Dann schauten sie wieder zum Armstuhl. Dort saß weiterhin die Pseudo-Sagée schweigend und regungslos. Ihre Ähnlichkeit mit dem Original war verblüffend. Einige der jungen Damen brachten den Mut auf, sich dem Phantom zu nähern, es zu berühren, ja sogar durch es hindurchzugreifen. Es zeigte keine Reaktion.

Die Erscheinung verharrte noch einige Zeit in ihrer Position, dann verblaßte sie langsam. Als die Mädchen ihre Lehrerin später fragten, ob sie sich während ihrer Tätigkeit im Garten an etwas Besonderes erinnere, behauptete sie, während einer Verschnaufpause den Armstuhl leer »gesehen« zu haben. Ihr sei daraufhin der Gedanke gekommen: Wäre ich nur nicht weggegangen; diese Mädchen werden die Zeit vertrödeln und nur Unheil anrichten. Alles weitere dürfte ihr Unbewußtes arrangiert haben. Selbständig, versteht sich.

Das Phänomen des Erscheinens Lebender oder Verstorbener berührt vor allem die von Wheeler und Everett III aus der Quantenmechanik abgeleitete Parallelwelt-Theorie, nach der, einfach ausgedrückt, jeder von uns gleichzeitig nicht nur in unendlich vielen parallelen Universen, sondern auch in allen vergangenen und zukünftigen Zeiten zu existieren vermag. Ein wahrhaft gigantisches Weltenpanorama erschließt sich uns, ein System, in dem die einzelnen Realitäten berührungslos miteinander koexistieren. Der englische Physiker und Nobelpreisträger Professor Brian D. Josephson ist der Auffassung, daß wir parallele Welten nur deshalb nicht wahrnehmen, weil sie durch unser Wachbewußtsein ständig weggefiltert werden. Doch gibt es veränderte Bewußtseinszustände, in denen sie sich uns ganz plötzlich offenbaren, sei es

– »halluzinativ« (als »Gesicht«) nur in unserer Vorstellung;
– bildhaft-sichtbar wie ein Film;
– milchig oder auch durchsichtig, in einer Art »halbmateriellem« Übergangsstadium oder
– scheinbar vollmaterialisiert als Phantom mit Eigenleben, und dies gar nicht einmal so selten.

Parallelwelten sollte man sich nicht räumlich nebeneinander angeordnet, sondern mehr holographisch ineinander verschachtelt vorstellen. Aus der Literatur sind zahlreiche Fälle bekannt, in denen sich Erscheinungen, wenn sie von jemandem rasch verfolgt wurden, nur sehr langsam zurückziehen. Sie weichen ihrer Verfolgern mühelos aus – nicht räumlich, sondern, entsprechend dem holographischen Prinzip des Ineinander-verschachtelt-Seins, in dimensional abgestufte, höhere Seinsbereiche, denen sie schließlich angehören. Dabei hat es mitunter den Anschein, als ob auch sie *uns* wahrnehmen könnten.

An einem Juninachmittag des Jahres 1973 war Martha Tanguay aus Livonia (Michigan) in den Garten gegangen, um die trockene Wäsche von der Leine zu nehmen. Plötzlich nahm sie aus den Augenwinkeln heraus eine Gestalt wahr, die sich ihr von hinten näherte. Frau Tanguay glaubte zunächst ihre Tochter hinter sich zu wissen, die ihr auf diese Weise schon manchen Schrecken eingejagt hatte. Diesmal wollte sie ihr zuvorkommen. Sie drehte sich blitzschnell um und...

Was sie sah, erschien ihr unbegreiflich, jagte ihr einen bösen Schreck ein. Vor ihr stand ein flachsblonder, etwa 18 Jahre alter Bursche, der einen breitkrempigen Filzhut, eine dunkle Weste, ein kragenloses Hemd, braune Kniehosen, weiße Wollsocken und schwarze Schuhe trug. Er glich einem Farmerjungen wie aus der Welt Mark Twains, einer zum Leben erweckten Bilderbuchfigur aus Amerikas Pionierzeit. Noch während beide verständnislos einander anstarrten, begann die Gestalt des Jungen allmählich zu verblassen. Frau Tanguay schloß aus seinem erstaunten Gesichtsausdruck, daß auch sie sich für ihn in Luft auflöste.

Was mag der Junge wohl gedacht haben, was mag er seinen Eltern und Freunden über dieses sonderbare Erlebnis erzählt haben? Ob man ihm Glauben schenkte – damals- heute? Zwei Realitäten, zwei Zeitepochen waren einander begegnet – im »Jetzt« des Jahres 1973.

Aus der Fülle des über Erscheinungen publizierten Materials haben sich drei wesentliche Erscheinungsszenarien herausgebildet:

– *Örtlich bzw. zeitlich fixierte Erscheinungen:* Es sind dies monotone, filmartig ablaufende Erscheinungsbilder, die immer wieder an Orten oder zu Zeitpunkten tragischen Geschehens auftreten. Ihnen fehlt jegliches »Eigenleben«, und man muß annehmen, daß es sich hierbei um Projektionen von zurückliegenden Ereignissen handelt.

– *Erscheinungen von Energie-Bewußtseinspersönlichkeiten Lebender oder Verstorbener mit »Eigenleben«:* Es sind dies Phantome, die nur *wir* wahrnehmen wie im Fall der

römischen Legionäre, die Harry Martindale im Kellerge-
wölbe des Treasurer's House beobachtet hatte.
– *Erscheinungen der gleichen Art, die uns ebenso wahrnehmen wie wir sie:* Mit ihnen ist in besonderen Fällen sogar
telepathische Kommunikation möglich.
Über das Zustandekommen von Erscheinungen gibt es
bislang keine verbindliche Aussage. Realistisch erscheint
allein die zuvor erläuterte Wheelersche Wurmloch-Theorie,
nach der über Schwarzloch-/Weißloch-Verbundsysteme
mentale Projektionen und Blitzkontakte zwischen Bewußtseinspersönlichkeiten paralleler Welten durchaus möglich
wären.

3   Die Computer-Connection – Botschaften aus dem 16. Jahrhundert

Der bereits mehrfach gebrauchte Ausdruck »Transkontakte« ist für viele etwas verwirrend. Manche wollen ihn
ausschließlich als Kommunikation mit Verstorbenen – deren geistige Persönlichkeit – verstanden wissen, da das
lateinische Präfix »trans« unter anderem soviel wie »jenseits« im Sinne von »nachtodlich« bedeutet. Doch bleibt bei
dieser einseitigen Interpretation unberücksichtigt, daß sich
der »Jenseits«-Begriff im Weltbild der Physiktheoretiker
ebenfalls etabliert hat. Sie vermuten nämlich jenseits unserer gewohnten Raumzeit (unserer Realität) andere Universen: Anti-, Spiegel- und Parallelwelten sowie vergangene
und zukünftige Weltszenarien, die zeitlich mit uns (also in
der Gegenwart) existieren. Kontakte mit hypothetischen
Wesenheiten dieser Welten wären nach Professor E. Senkowski und Dr. V. Delavre, Organisatoren der »Gesell-

schaft für Psychobiophysik e. V.«, ebenfalls Transkontakte, da sie Bereichen jenseits unserer Raumzeit entstammen. Doch ist grundsätzlich zwischen »Jenseitigen«, die sich nach ihrem diesseitigen Exitus auch ihrer neuen geistigen Existenzform voll bewußt sind, und Wesenheiten, die nach unseren orthodoxen Zeitbegriffen zeitlich von uns getrennt leben, zu unterscheiden. Letztere verfügen offenbar über den gleichen Realitätsstatus wie wir, nur daß sie, von uns aus zeitversetzt und dennoch in unserer Gegenwart ihr Dasein fristen. Diese offenbar widersprüchliche Behauptung mag manchem von uns geradezu schizophren erscheinen, gäbe es da nicht die von den beiden Princeton-Professoren Wheeler und Everett III postulierten »parallelen Welten« – Universen, in denen das Unmögliche Gestalt annimmt.

Wir schreiben das Jahr 1984. Im Hause des englischen Lehrers Ken Webster in Dodleston, nur wenige Kilometer vom traditionsreichen Chester entfernt, treten während Renovierungsarbeiten massive Spukerscheinungen auf. Das romantische Meadow Cottage wurde auf alten Fundamenten errichtet, deren Ursprung weit in die Jahrhunderte zurückreicht. Webster bewohnt es zusammen mit seiner Freundin Debbie Oakes, die offenbar über ein hohes Maß an Medialität verfügt. Möbel bewegen sich, wie von Geisterhand geführt, Werkzeuge verschwinden auf unerklärliche Weise, seltsame Mitteilungen erscheinen auf Fußböden und an Wänden. Schabernack, Psychokinese oder Manifestationen aus einem anderen Seinsbereich?

Dann erscheint mit einem Mal auf der Diskette eines von der Schule ausgeborgten Personal Computers unter »KDN« (für Ken, Debbie und Nic, eine gerade anwesende Besucherin) ein merkwürdig verstümmeltes »Gedicht«, dessen Inhalt zunächst keinen Sinn ergibt. Als einige Tage danach auf dem Monitor des PC ein erster zusammenhängender Text in altertümlichem Englisch auftaucht, glaubt Webster zunächst, jemand wolle ihm einen Streich spielen:

»I WRYTE ON BEHALF OF MANYE – WOT STRANGE WORDES THOU SPEKE ... THOU ART GOODLY MAN WHO HATH FANCIFUL WOMAN WHO DWEL IN MYNE HOME ... WITH LYTES WHICHE DEVYL MAKETH ... 'TWAS A GREATE CRYME TO HATH BRIBED MYNE HOUSE – L. W.« Ken las und staunte: »Ich schreibe im Auftrag vieler. Was für seltsame Wörter du gebrauchst. Du bist ein guter Mann, der eine phantasievolle Frau hat. Ihr lebt in meinem Haus, mit Lichtern, die der Teufel macht. Es war ein großes Verbrechen, mein Haus gestohlen zu haben. L. W.«

Im Laufe der Monate entwickelte sich zwischen Webster und einer Persönlichkeit, die sich zunächst Lukas Wainman nannte, eine etwa 300 Mitteilungen (= 2000 Wörter) umfassende, bislang einmalige Zweiweg-Transkommunikation (Senkowski). Die meisten Texte waren nachweislich im Spätmittelenglisch des 14. bis 16. Jahrhunderts abgefaßt. Sie wurden von Websters Kollege Peter Trinder, einem Altphilologen, sowie von anderen Sprachspezialisten auf ihre Echtheit hin überprüft und als der damaligen Zeitepoche zugehörig eingestuft.

Wie mich Ken Webster später wissen ließ, hat es mit diesem Spätmittelenglisch seine besondere Bewandtnis: Weltweit gibt es nicht mehr als zehn Personen, die dieses Englisch mit all seinen Finessen beherrschen, die als »natürliche« Urheber der Texte in Frage hätten kommen können. Und diese sind in nur zwei Institutionen zu finden. Es erscheint widersinnig anzunehmen, daß einer dieser Spezialisten im Laufe von fast zwei Jahren aus purem Zeitvertreib etwa 300 »Botschaften« verfaßte, um einen gutbeleumundeten Lehrer, der an Paranormalem gar nicht interessiert war, aus der Fassung zu bringen, ihn womöglich zu diskreditieren.

Lukas Wainman – er will nach eigenen Angaben 1546 im »gleichen Haus« wie Webster gelebt haben – gab sich später als der historisch nachgewiesene *Tomas Harden* zu erkennen, der während der Regierungszeit Heinrichs VIII. tatsächlich gelebt hatte. Ein »unheimlicher Bote« hatte sich – in grünes Licht getaucht –, aus der Kaminwand kommend, vor ihm materialisiert und ihm eine »leems boyster« (etwa »Lichtbox« oder Monitor) übergeben. Mit diesem nur für ihn sichtbaren Apparat will er beidseitige Kontakte zu Websters Gegenwart hergestellt haben.

Beim Lesen der in Websters Buch »The Vertical Plane« (»Die vertikale Ebene«) sowohl in Altenglisch als auch in neuenglischer Übersetzung festgehaltenen Computertexte gewinnt man den Eindruck, Harden hätte tatsächlich die Möglichkeit gehabt, mental-apparativ die Zeitbarriere in Richtung Zukunft zu durchbrechen.

Tomas Harden, der sich über eine vom Sheriff von Chester angeordnete kurzfristige Inhaftierung und die ständige Überwachung seiner Person sehr betrübt zeigte, hoffte auf Websters Hilfe, die ihm dann auch auf indirekte Weise zuteil wurde.

Hilfeleistung aus der Zukunft? Von einem Menschen, der für Harden doch noch gar nicht existieren durfte? Wie glaubhaft sind eigentlich Websters Kontakte zu einer Wesenheit, die vorgab, gleichzeitig, wenn auch nicht zur »gleichen Zeit« mit ihm zu leben? Unterlag Webster dreihundert Mal einer bösen Täuschung, halluzinierten er, seine Freundin und zufällig Anwesende allesamt und immerfort? War er womöglich Opfer einer hinterhältigen, intelligent inszenierten Verschwörung, oder war hier gar Betrug im Spiel?

Die über Englands Grenzen hinaus bekannte »Society for Psychical Research« (SPR; Englands renommierte parapsychologische Gesellschaft) versuchte in der Zeit von Mai bis Oktober 1985 diesen ungewöhnlichen Fall von Computerspuk zu klären – bedauerlicherweise mit höchst unzulänglichen Mitteln. Ihre offenbar wenig erfahrenen Vertreter unterließen es unter anderem, die zahlreichen Computerausdrucke auf ihre linguistische und historische Richtigkeit zu überprüfen. Textinhalte, Sprache, Redensarten und der paranormale Hintergrund des Geschehens blieben völlig unberücksichtigt. Die »Untersuchung« verlief denn auch ergebnislos: Schlamperei und Voreingenommenheit verhinderten eine eindeutige Stellungnahme zu diesem Fall. Dabei stellte es sich später heraus, daß Computerspuk gar nicht einmal so selten ist.

Schon 1980 erhielt der deutsche Trans-Kommunikator Manfred Boden Computerausdrucke mit dem korrekten Todesdatum eines Klaus G. Reuter sowie solche, die den Zeitpunkt seines eigenen Ablebens ankündigten. Letztere erwiesen sich allerdings als unzutreffend; Boden starb wesentlich später.

Janet Bord berichtet in ihrem Beitrag »Strange News from Britain« über einen in Stockport, Cheshire (England), im Büro einer Baufirma aufgestellten Computer des Typs »Armstrad PC 1512«, der im Sommer 1988 unter Abgabe ungewöhnlicher Geräusche seltsame Briefe ausdruckte. Er funktionierte angeblich selbst dann noch, als man den Netzstecker gezogen hatte. Experten nahmen den »verrückten« Computer völlig auseinander, ohne irgendwelche Fehlschaltungen zu finden. Sie überwachten ihn drei Monate lang rund um die Uhr. Der Herausgeber des englischen Computer-Journals »Personal Computer«, Ken Hughes, der von diesem bizarren Fall fasziniert und an dessen Überwachung selbst beteiligt war, berichtet: »Eines Nachts krachte es im Computer, die Betriebsanzeigen leuchteten auf, und der Bildschirm wurde hell. Auf ihm erschienen irgendwelche Brieftexte, die keinen Sinn ergaben. Wenn ich nicht dabei gewesen wäre, hätte ich dies nie für möglich gehalten. Ich weiß mir keine Erklärung.«

Websters Computer-Anschluß wurde seinerzeit mehrfach gründlich überprüft. Da keine Telefonverbindung zum Computer bestand und unter dem Haus auch kein zentrales Telefonkabel der Post verlegt war, können externe Einflüsse ausgeschlossen werden.

Wenn es eines weiteren Beweises für die Echtheit des Websterschen Phänomens bedurft hätte: Die Existenz des historischen Tomas Harden wurde später (!) anhand von Dokumenten aus jener Zeit verbindlich nachgewiesen. Hardens Name ist in den Aufzeichnungen des Oxford Brasenose College verzeichnet, wo er 1534 seinen »Master of Arts« erhalten hatte. Als Dekan der College-Kapelle war er später von der Hochschule verwiesen worden, weil er sich, entgegen einer Anordnung Heinrichs VIII., geweigert hatte, den Namen des damaligen Papstes aus den Meßbüchern zu streichen.

In den Botschaften, die Websters PC ausspuckte, waren zahllose Bruchstücke und Einzelheiten historischen Inhalts eingeflochten, die weder er noch seine Freunde kennen konnten, wie z. B. ein früherer, heute längst vergessener Name der Stadt Bristol.

Harden, der nach eigenen Angaben den fiktiven Computer neben seinem Kamin als »Kasten mit einer Fülle von Lichtern« wahrnahm, machte sich bei Webster nicht nur durch PC-Ausdrucke, sondern, wie bereits erwähnt, auch durch sogenannte »Direkte Schrift« bemerkbar. Er kritzelte seine Botschaften auf herumliegendes Papier oder mit Kreide auf den Fußboden. Diese wurden bilddokumentarisch festgehalten.

Interessant ist Hardens Behauptung, Webster, seine Freundin und Besucher *sehen* zu können. Er gab vor, die »Zeichen«, die er übermittelte, würden entsprechend seinen Wünschen und Vorstellungen im »Lichtkasten« entstehen – ein psychokinetisches Phänomen, das über Jahrhunderte hinweg seine Wirkung entfaltete. Es zeigt einmal mehr den Einfluß des zeitlosen Bewußtseins auf materielle Systeme, so wie er in der Quantenphysik durch den »Beobachtereffekt« beschrieben wird.

Am 27. April 1985 sollte die bis dahin geordnet verlaufene Zweiweg-Kommunikation Webster-Harden eine dramatische Wendung nehmen. Die an diesem Tag eintreffende Computer-Botschaft war, wenn auch etwas linkisch, in modernem Englisch abgefaßt. Sie schlug im Meadow Cottage wie eine Bombe ein: »YOU SAID YOUR TIME IS 1985. I THOUGHT YOU WERE ALSO FROM 2109 LIKE YOUR FRIEND WHO BROUGHT THE BOX OF LIGHTS, PRAY« (Sie behaupteten, daß ihre Zeit 1985 sei. Ich dachte, sie wären auch aus dem Jahre 2109 wie ihr Freund, der den ›Lichtkasten‹ überbrachte, ja?)

Zum erstenmal hatte sich eine Zeitexperimentalgruppe »2109« gemeldet, die vorgab, Organisator eines Zeitmanipulationsexperiments zu sein, über das sie jedoch »keine vollständige Verfügung habe«. Der Kommunikator aus dem Jahre 2109 beschrieb seine Welt als »Tachyonen-Universum«. Es bewege sich mit einer »jeden Punkt unserer Zeit und unseres Universums überdeckenden« Geschwindigkeit. (Diese Aussage ist besonders interessant, berührt sie doch das Prinzip einer »Quanten-Zeitmaschine« wie sie von einem Physiker-Team in den »Physical Review Letters« 1990 vorgestellt wurde; vgl. Kapitel VI.)

Der Mann aus der Zukunft verwies auf Websters Verantwortung für ein besseres Verständnis der Zeit und deren Kräfte. Hardens Zeit, so der Fremde, würde relativ zu der seinigen stillstehen, aber dies sei nicht ungefährlich: »Wir können die Verwüstung (sic) nicht beschreiben, die innerhalb des Zeitkontinuums ausbrechen würde, wenn sich z. B. zwei ›Lukas‹ (Tom Harden) begegnen sollten.«

Am 18. Januar 1986, kurz vor Beendigung der Transkontakte, erhielt Webster von der Gruppe »2109« eine hochinteressante Mitteilung über das Zustandekommen von Kommunikationen über die Zeit hinweg, von Zeitmanipulationen und Bewegungen durch die Zeit – Informationen, die in vielem an das erinnern, was in jüngster Zeit von namhaften Physik-Theoretikern in Princeton und Pasadena verlautet:

»Zeit, Ufos und fast alles Paranormale hängen auf irgendeine Weise zusammen. An bestimmten geographischen Orten gibt es so etwas wie ›Gebiete konvexen Magnetismus‹. Diese lassen sich mit den die Erde überziehenden Magnetlinien erklären, mit Kraftlinien, die sie im Uhrzeigersinn umrunden. Es sind dies positive magnetische Kraftlinien. Bei denen, die die Erde im Gegenuhrzeigersinn umkreisen, handelt es sich um negative Kraftlinien. Dort, wo sich beide Linien schneiden (was eher ständig als sporadisch der Fall ist), wird das ›Licht/Zeit‹-Kontinuum ganz erheblich verzerrt. Die Verzerrung ist so stark, daß ›sensitive‹ Individuen Zeuge einer ›Zeitkrümmung‹ werden, d. h., sie können einen Blick in die Vergangenheit oder Zukunft werfen...

Wir hören euch schon sagen, daß sich Materie nicht in der Zeit bewegen kann. Das stimmt. Wenn Materie auf physikalischem Wege [er meint mit Lichtgeschwindigkeit] beschleunigt wird, müßte das bewegte Objekt letztlich eine derart hohe Dichte erreichen, daß die Erde und die meisten Himmelskörper in eurem Sonnensystem energetisch aufgezehrt oder destabilisiert und rasch zerfallen würden. Wie aber lassen sich diese Schwierigkeiten vermeiden?

Stellen wir uns vor, daß jemand aus der Zukunft [ein Zeitreisender] mit seinem Raumzeit-Fahrzeug in ein Gebiet ›konvexen Magnetismus‹ eindringt. Plötzlich spielen seine Bordinstrumente verrückt. Den ›Temponauten‹ überkommt ein Gefühl der Benommenheit. Ein durch die Zeitverzerrung verursachter grüner Nebel umfängt sein ›Fahrzeug‹. Er verfällt dann vermutlich in eine extrem tiefe Trance, in der seine ›Seele‹ [Bewußtsein] durch das Licht-/Zeit-Tor gezwängt und er genötigt wird, ein physikalisches Spiegelbild seines Selbst aus seiner Original-Raumzeit und deren nächster Umgebung [in die Vergangenheit] zu projizieren. Dies nimmt manchmal nur einige Sekunden in Anspruch und macht sich ausschließlich im Unbewußten des Betreffenden bemerkbar.

Personen, die in der Gegenwart leben, in die der ›Zeitreisende‹ eindringt, beobachten dann verwirrt die physikalische Existenz [der Zeitmaschine] und die Aktionen der ›Fremden aus der Zeit‹. Wir behaupten nicht, daß es außerhalb eures Planeten kein Leben gibt. Ganz im Gegenteil: Leben existiert auch andernorts. Aber das von mir beschriebene Phänomen tritt am häufigsten in Erscheinung, da der Weltraum für Sterbliche unendlich groß und die Chance, einer anderen Rasse zu begegnen, gleich Null ist...«

Der Kommunikator meint wohl damit, die Zeitreise stelle die am häufigsten praktizierte Art der Kontaktaufnahme mit anderen Lebensformen dar. Könnte dies nicht ein wichtiges Indiz für die hier vertretene Theorie sein, daß es sich bei den in den letzten Jahrzehnten zuhauf gesichteten »unbekannten Flugobjekten« weniger um Extraterrestrier, sondern mehr um Zeitreisende aus unserer eigenen Zukunft oder doch zumindest um zeitreisende Außerirdische humanoider Abstammung handelt?

Die sensationellen Ausführungen der »Zeit-Manager« aus dem Jahre 2109 irdischer Zeitrechnung beinhalten womöglich auch Erklärungen für das sporadische Auftreten so mancher Psi-Phänomene wie Hellsehen, Prä- und Retrokognition, Astralprojektion usw. Auch sie könnten durch an Stellen »konvexen Magnetismus« ausgelöste Gravitationsverzerrungen zustande kommen. Professor Jack Sarfatti stimmt dem zu und meint: »Man kann davon ausgehen, daß das individuelle Bewußtsein die Biogravitationsfelder lebender Organismen verändert und daß diese Felder wiederum die örtliche subjektive Raumzeit des bewußten Beobachters verzerren. Ich vermute, solche Verzerrungen lassen sich so manipulieren (steuern), daß die Zeitflußrate am Standort des Beteiligten mit der am beobachteten und beeinflußten Objekt dann nicht länger übereinstimmt ...« Mit ähnlichen, allerdings apparativen Techniken zur Zeitmanipulation befassen sich heute schon namhafte Wissenschaftler des California Institute of Technology, Pasadena, des Physik-Departments der Universität von Südkarolina, Columbus und der School of Physics and Astronomy an der Universität von Tel-Aviv (Israel). Doch davon später mehr.

Wiederholen wir noch einmal: Menschen der Gegenwart kommunizieren mit Wesenheiten aus der Vergangenheit, ja sogar mit solchen aus der Zukunft, die das alles mit einer für uns unvorstellbaren Technik des 22. Jahrhunderts ermöglichen. Jeder der an der Transkommunikation Beteiligten glaubt im eigenen *Jetzt* zu leben, nicht etwa schon verstorben oder, wie die Gruppe 2109, noch gar nicht geboren zu sein. Wie ist diese Gleichzeitigkeit zu verstehen, wie mit den Erkenntnissen der Neuen Physik zu vereinbaren? Wheeler und Everett, Kapazitäten auf dem Gebiet der theoretischen

Physik, wollen festgestellt haben, daß sich unser Universum seit seiner Entstehung in ununterbrochener Folge aufspaltet, durch Verzweigen ständig neue »Ableger«, d. h. Realitätsmodifikationen hervorbringt. Diese in der zuvor erwähnten Viele-Welten-Interpretation der Quantenmechanik enthaltene »Branching Universe Theory« (Theorie des sich ständig verzweigenden Universums) überträgt die ursprünglich für den mikrophysikalischen Bereich konzipierte Quantentheorie auf Weltenebene. Mit jedem »Quantensprung« entstehen momentan Milliarden und aber Milliarden neuer Realitäten, darunter zahllose phantastische, für uns unvorstellbare Varianten – reale Traumwelten wäre wohl die treffendere Bezeichnung. Durch die explosionsartige Ausbreitung von Zweiguniversen seit etwa 12 Milliarden Jahren gibt es mittlerweile nahezu unendlich viele Realitäten, die ausreichen dürften, um nicht nur sämtliche denkbaren (und undenkbaren) Situationen während der Lebensdauer eines jeden Einzelwesens, sondern auch Schicksalsverläufe ganzer Völkergemeinschaften, Planeten, Sonnensysteme und Universen »durchzuspielen«. Es mag in diesem Geflecht undurchschaubarer Verzweigungen Pseudo-Universen geben, in denen z. B. Napoleon aus dem Rußlandfeldzug 1812/13 als Sieger hervorging, weil Moskau von russischen Saboteuren *nicht* in Brand gesteckt wurde und es demzufolge auch keine logistischen Schwierigkeiten gab, weil Zar Alexander I. es sich anders überlegt hatte, weil seine Berater ihn aus irgendwelchen Gründen davor gewarnt hatten, weil ... In anderen Realitäten mag es nie einen Hitler, einen Zweiten Weltkrieg und nie eine deutsche Teilung gegeben haben, würde man Politiker eines Nachkriegsdeutschlands wie Konrad Adenauer, Willy Brand, Ludwig Erhard usw. vergeblich suchen. Den Kombinationsmöglichkeiten und Verzweigungen sind praktisch keine Grenzen gesetzt. Ewigkeit ist angesagt. Und in all diesen auch zeitlich koexistierenden Realitäten oder Parallelwelten können endlos viele Varianten von uns und die anderer Personen existieren. Unbegreiflich? Ein einfaches Experiment, das jeder von uns mühelos nachvollziehen kann, mag genügen, um uns eine primitive Vorstellung vom Prinzip unendlich vieler Parallelwelten zu vermitteln.

Wenn wir uns vor einen Kleiderschrankspiegel stellen, einen weiteren kleineren Spiegel vor uns halten und diesen etwa 10 bis 15 Winkelgrad um dessen senkrechte Achse nach links oder rechts drehen, erscheint im Originalspiegel eine *Endlosformation* unserer Person und deren Umgebung. Doch Vorsicht! Mit diesem Experiment läßt sich allenfalls das Endlosprinzip paralleler Welten veranschaulichen. In Wirklichkeit dürfte es in jeder einzelnen dieser Welten größere und kleinere Abweichungen geben. Es könnten Abweichungen im Lebensalter, Aussehen und Verhalten von uns, im Kontakt mit unserer Umgebung, im vorherrschenden Zeitgeist, in der Weltsituation usw. sein – andere Welten, andere Schicksale.

Man sollte sich Parallelwelten weder astrophysikalisch noch, wie in unserem Spiegelexperiment, im geometrisch exakt ausgerichteten endlosen Nacheinander vorstellen. Fred Alan Wolf, Dozent für Theoretische Physik an der Universität von Los Angeles, sieht in parallelen Welten endlose »Spiegelungen« jeder einzelnen dieser Welten oder Realitäten. Auch unsere »materielle« Welt bestünde demzufolge aus einem Realitätenmix, aus holographischen Überlagerungen aller möglichen Welten. Erst wenn wir aus diesem Überlagerungssystem ausscheren würden – also in veränderten Bewußtseinszuständen oder apparativ wie z. B. beim »Chronovisor« – könnten wir, so Wolf, das eine oder andere Parallelweltszenarium wahrnehmen, ja sogar in diesem mitwirken.

Die zeitliche Versetzung einer amerikanischen Studentin in eine ihrer »früheren« Existenzen erfolgte spontan, ohne äußeren Anlaß während einer Vorlesung, und ließ an Realität nichts vermissen: »Plötzlich war der Raum von sehr hellem Licht erfüllt«, berichtete sie. »Es wurde heiß, fast stickig – ich drehte mich um, um nachzuschauen, woher das Licht kam. Und ich war überrascht zu sehen, daß der Baum (sic) in voller Blüte stand, daß die Sonne schien und die Fenster offen waren. Mein Blick richtete sich auf die Studenten, die vor dem Fenster standen. Sie waren seltsam gekleidet. Die Mädchen trugen lange Kleider und Schleifen. Die meisten Kleider waren hochgeschlossen..., und die Jungen trugen Kordbundhosen und Schuhe mit hohen Absätzen oder Slipper, kragenlose Hemden, und sie hatten eine seltsame Haartracht. Mein eigenes Kleid war denen der anderen Mädchen ähnlich. Das verwirrte mich total, weil ich immer Jeans trug. Mir stockte der Atem. Das nächste, an das ich mich erinnern kann, war, daß der Dozent sagte, ich sollte aufmerksamer sein und die Fragen beantworten, wenn ich das könne. Am meisten überraschte mich, daß ich offenbar nicht viel von der Vorlesung versäumt hatte, weil ich die Frage richtig beantworten konnte. Aber ich kann mich nicht mehr erinnern, was für Fragen es waren...« Der Wechsel vom Jetzt hinüber in eine parallele frühere Realität und zurück mußte in Sekundenbruchteilen erfolgt sein, wie im Traum.

Solche Blitzerlebnisse in parallelen Universen berechtigen uns zu der Frage, ob sich Parallelweltler ihrerseits nicht nur transkommunikativ, sondern auch anderweitig, massiver in unserer vierdimensionalen Welt bemerkbar machen können – für jeden von uns deutlich wahrnehmbar. Vielleicht tun sie das schon seit langem. Etwa in Form von Piktogrammen, wie sie seit Jahren massiert in Englands Getreidefeldern zu finden sind – zum Teil als komplexe Formationen, deren Bedeutung bislang kein Wissenschaftler mit Sicherheit zu deuten vermochte.

4 Getreidekreise und kein Ende – Mitteilungen aus parallelen Welten?

> *»Es gibt eine Theorie, die besagt, daß, wenn wir jemals Sinn und Zweck des Universums genau ergründen sollten, dieses augenblicklich verschwindet und durch etwas noch Bizarreres und Unerklärlicheres ersetzt werden würde. In einer weiteren heißt es, daß dies bereits geschehen sei.«*
> Douglas Adams, »The Restaurant at the End of the Universe«

In Englands Getreidefeldern »spukt« es. Jahr für Jahr erscheinen dort während der Sommermonate in schöner Regelmäßigkeit Hunderte unterschiedlicher Piktogramme: Kreise, Ringe, gerade und gekrümmte Streifen, exakt verlaufende Bögen, geschwungene Figuren, aber auch Dreiecke und Rechtecke, ja sogar bis zu 200 Meter lange zusammenhängende Mehrfachzeichen, sogenannte Formationen. Jedes Jahr werden es mehr, werden die Kreise immer größer, die Formationen immer komplexer, phantastischer. Man findet sie vorwiegend in den Kornfeldern East Anglias, in Cornwall und Südschottland, aber auch in den Midlands.

Die riesigen komplexen Formationen aber sind fast ausnahmslos im Südwesten Englands, in Wiltshire anzutreffen. Niemand weiß bis zur Stunde zu sagen, wie diese Zeichen entstehen, wer ihr Urheber ist und was sie zu bedeuten haben. Anfangs entdeckte man lediglich kreisförmige Gebilde, zentimetergenau in die Getreidefelder hineinprojizierte Wirbel.

Die englischen Piktogramm-Experten Pat Delgado und Colin Andrews — beide von Haus aus Elektroingenieure — haben im Zusammenhang mit dem Erscheinen dieser Kreise eine Fülle interessanter Merkmale zusammengetragen, die schon bald das Spekulationskarussell in Bewegung setzen sollten:

— Starke Rotationskräfte wirken nur während der Nachtstunden hinter dem Rücken (aber auch gelegentlich vor den Augen) neugieriger Beobachter auf die Getreidefelder ein;

— ihre Einwirkungsdauer beträgt weniger als eine halbe Stunde, aber mehr als fünf Sekunden;

— die energetischen Manifestationen erfolgen in der Regel völlig geräuschlos, werden mitunter aber auch von seltsamen Geräuschen, z. B. schrillen Pfeiftönen begleitet;

— es wurden Rotationen im und gegen den Uhrzeigersinn registriert, manchmal sogar in ein und demselben Kreis;

— manche Kreise sind mit angehängten Pfeilen und schmalen Balken versehen;

— die Getreidehalme werden sanft zu Boden gedrückt, wo sie unbeschädigt weiterwachsen;

— die Molekularstruktur der betroffenen Getreidehalme unterscheidet sich ganz wesentlich von der unbeeinflußter Halme.

Theorien über das Zustandekommen der Piktogramme gibt es mittlerweile in großer Zahl. Solange nur kreis- und ringförmige Gebilde auftraten, waren Wissenschaftler mit allerlei »natürlichen« Erklärungen schnell bei der Hand. Professor Terence G. Meaden, ein ehemaliger Tieftemperatur-Physiker, der später zur Meteorologie überwechselte, glaubt für dieses Phänomen Mini-Wirbelstürme verantwortlich machen zu müssen, eine Theorie, die sich aufgrund der Entstehung nichtkreisförmiger, komplexer Zeichen als unhaltbar erwiesen hat.

Simple Erklärungen wie Pilzbefall, Aktivitäten von Igeln, Dachsen oder Füchsen sowie betrügerische Machenschaften – die künstliche Erzeugung von Kreisen mittels Ketten und Hubschrauber (sie hätten »kopffliegen« müssen) – konnten mühelos widerlegt werden. Jürgen Krönig, »ZEIT«-Korrespondent in England, der sich mit diesem Phänomen intensiv befaßt und ständig »vor Ort« recherchiert, behauptet, der Unterschied zwischen imitierten und echten Kreisen sei so evident, daß Zweifler schon bald widerlegt würden. Wörtlich: »Linien und Ränder der gefälschten Gebilde waren krumm und schief. Es fehlt die Symmetrie und Präzision der ›echten‹ Konfigurationen. Auch liegen die Halme zertrampelt und gebrochen da ...«

Delgado und Andrews waren selbst jahrelang um konventionelle Erklärungen für dieses seltsame Phänomen bemüht und zogen unter anderem gravitative und piezoelektrische Kräfte in Erwägung. Ihre Überlegungen erwiesen sich jedoch bei näherer Betrachtung als Fehlspekulationen. Gravitative Kräfte sind viel zu schwach, um Getreidehalme zum Boden hinabzuziehen. Piezoelektrische Kräfte, die unter Druckeinwirkung auf im Erdinneren lagernde Kristalle entstehen, unterirdische Gas- und Metallvorkommen, mechanischer Druck infolge Gesteinsbewegungen, die äquatoriale Zentrifugalkraft, Gezeitenkräfte usw. kommen als Auslöser ebensowenig in Frage. Und dies nicht zuletzt deswegen, weil selbst bei Kreisen dreieckige, kreuzförmige und Fünferformationen auftreten, von den erst in jüngster Zeit beobachteten komplexeren, aber dennoch symmetrischen Gebilden ganz zu schweigen. Es läßt sich nicht leugnen: Den formbildenden Kräften scheint ein intelligentes, steuerndes Prinzip innezuwohnen, das möglicherweise mit Ufo-Aktivitäten über den betreffenden Landstrichen zusammenhängt. So entstanden in einem Weizenfeld gegenüber der prähistorischen Grabstätte Silbury Hill innerhalb weniger Tage 15 Kreise, nachdem man dort kurz zuvor ein Ufo beobachtet hatte. Sichtungen diskusförmiger Objekte werden auch aus anderen Gegenden Englands gemeldet, in denen massiert Piktogramme auftraten. Vielleicht gibt es zwischen dem Erscheinen der Ufos und dem spukhaften Zustandekommen der Getreideformationen tatsächlich gewisse Zusammenhänge, vermittelt durch jene geheimnisvollen Kraftliniennetze, die, wie die Geomantie uns lehrt, vorchristliche Kultstätten und später errichtete sakrale Bauten miteinander verbinden.

Wenn die Kraftlinientheorie stimmen sollte, müßte es in der Nähe von Relikten aus alter Zeit besonders häufig zur Entstehung von Piktogrammen kommen, eine Vermutung, die durch Delgados und Andrews' Untersuchungen weiter erhärtet wurde. Südenglands Hochebene ist – einem gewaltigen Naturmuseum gleich – von prähistorischen Monumenten geradezu übersät. Und hier, in unmittelbarer Nähe der mächtigen 4000 Jahre alten Steinkreise von Avebury und Stonehenge, des Silbury Hill – Europas größtem von Menschenhand errichteten Hügel –, der zahlreichen Teller- und Schüsselgräber, der riesigen Erdwallbefestigung von Wansdyke und der Weißen Pferde von Westbury, kommt es immer wieder zu jenen Manifestationen, die sich allen herkömmlichen Entstehungstheorien hartnäckig widersetzen.

Das Phänomen der Getreidekreise ist keinesfalls neu. Nach Delgado und Andrews sollen schon während der vierziger und fünfziger Jahre vereinzelt Kreise in englischen Getreidefeldern entstanden sein. Simon Brown von der zwischen Winchester und Andover nahe Headburne Worthy gelegenen Upper Farm behauptet, bereits seit Beginn der sechziger Jahre kreisförmige Piktogramme in seinen Kornfeldern beobachtet zu haben. Er hielt sie bislang für ein ungewöhnliches Naturphänomen, dem er keine besondere Bedeutung beimaß.

Indes beschränkt sich das Kreisphänomen nicht allein auf Großbritannien. Delgado und Andrews berichten in ihrem aufsehenerregenden Buch »Circular Evidence« (deutscher Titel: »Kreisrunde Zeichen«) über ebensolche Fälle, die in Australien, Neuseeland, Brasilien, Kanada, Frankreich, in der Schweiz und in den USA für Furore sorgten. Meldungen über das Auftreten dieses Phänomens treffen neuerdings auch aus der Sowjetunion, aus China und Japan ein. Im japanischen Kanzaki, 900 Kilometer westlich von Tokio, wurden von Bauern in Reisfeldern kreisförmige Gebilde entdeckt, die eine ähnliche Wirbelstruktur wie die englischen Kreismuster aufwiesen.

Andernorts werden, mehr noch als in England, die in Getreide, Gras, Schilf und Buschwerk »eingravierten« Wirbel mit Ufo-Landungen und -Überflügen in Verbindung gebracht. A. Schneider berichtet in »Besucher aus dem All« über die Auswirkungen einer solchen »Landung« in einem Moorgelände bei Tully in Queensland (Australien). Hier entdeckte man an drei Stellen, wo nach Angaben einer Gruppe von Hochschullehrern am 26. Januar 1966 angeblich ein Ufo gelandet war, kreisförmige Verwirbelungen, die denen in Englands Getreidefeldern ähnelten. Der Autor beschreibt einen weiteren Fall, der sich am 29. März 1971 in

Frankreich in der Nähe von Nourrandons auf einer Wiese abgespielt hatte. Zwei junge Leute aus Draguignan beobachteten in 150 Meter Höhe einen großen rötlichen Diskus, der nach mehreren Zickzackbewegungen bis auf 10 Meter herunterkam. Er begann zu oszillieren und entfernte sich nach wenigen Minuten in Richtung Flayose. Kurz darauf wurde die Stelle, über der sich das Ufo aufgehalten hatte, untersucht. Das Gras war innerhalb einer perfekten Kreisfläche mit einem Durchmesser von 5,6 Meter niedergedrückt und hatte seine Farbe verloren.

Von diesen und anderen Ufo-Aktivitäten die Entstehung sämtlicher Getreidekreise und Großformationen herleiten zu wollen, erscheint etwas voreilig. So manches macht deutlich, daß es sich bei diesen Manifestationen um ein außerordentlich komplexes Phänomen handelt, das die Grenzen unserer heutigen Wissenschaftstheorie überschreitet und zum Weiterdenken anregt. Rätselhaft erscheint nicht nur die Entstehung der Piktogramme. Mysteriöse Vorkommnisse in und nahe dieser Gebilde bedürfen einer genauen Überprüfung, könnten sie doch womöglich Anhaltspunkte für eine völlig neue Theorie liefern – eine, die vielleicht in anderen Welten und Realitäten ihren Ursprung hat. Der Ungereimtheiten gibt es viele. So wollen mehrere Personen, die sich in den Piktogrammen oder deren unmittelbarer Nähe aufhielten, gelegentlich grelle schwarze oder auch blaue pulsierende Lichtblitze gesehen haben. Im Zusammenhang hiermit wurden häufig Zisch-, Knack- oder Klopfgeräusche vernommen, deren Herkunft ebensowenig geklärt werden konnte wie die der plötzlich auftretenden Blitze.

Pat Delgado und Colin Andrews berichten in einem Supplement zur Originalausgabe ihres Buches (»Die Zeichen mehren sich«) über eine Fernsehreportage der britischen Rundfunk- und Fernsehgesellschaft BBC, in deren Verlauf es bei Aufnahmen innerhalb ringumrandeter Kreise zu ganz erheblichen Tonstörungen kam. Merkwürdige Geräusche übertönten lautstark die gerade aufgezeichneten Worte. Die Ursache der Kamerastörung war nicht zu ermitteln. Immer, wenn sich der Interviewte, Pat Delgado, im Kreisinneren einer bestimmten Stelle näherte, glaubte er ein starkes »Energiefeld« zu spüren. Beim Betreten oder Verlassen dieser »Energiesäule« registrierte das Aufnahmegerät der Fernsehkamera denn auch jedesmal Geräusche, deren Herkunft sich die Tontechniker nicht erklären konnten. Bei anderer Gelegenheit wurden im Inneren von Kreisen mit Recordern sporadisch Klopfgeräusche aufgezeichnet, deren Lautstärke gegen Ende der Aufnahmen langsam abebbte.

Die Liste der unerklärlichen Zwischenfälle ist damit noch lange nicht komplett. Ein Kompaß, den Delgado und Andrews bei Vermessungsarbeiten im Zentrum eines Kreises aufgestellt hatten, begann plötzlich verrückt zu spielen. Er drehte sich ohne erkennbare Ursache eine ganze Weile im Gegenuhrzeigersinn. Da sie hinter der Drehbewegung zunächst den Einfluß ihres metallischen Meßbandes vermuteten, versuchten sie mit einem Ende desselben aus einer Höhe von 40 bis 50 Zentimeter die Kompaßnadel zum Rotieren zu bringen. Vergeblich, die Nadel reagierte nicht. Auch im Verlauf ihrer weiteren Untersuchungen blieben Reaktionen der Kompaßnadel aus. Sollte ihr Kompaß dieses eine Mal zufällig von Ausläufern eines Raumzeit verzerrenden Feldes gestreift worden sein?

Illobrand v. Ludwiger folgert aus Berichten über die Entstehung von Piktogrammen, daß es zwischen den Auslösern dieses Phänomens und dem menschlichen Bewußtsein offenbar gewisse Zusammenhänge gibt. Über eine entsprechende Beobachtung berichten Delgado und Andrews recht eindrucksvoll. Einunddreißig Stunden nachdem sie mit einer kleinen Chartermaschine ein bestimmtes Gebiet um den Cheesefoot Head (Hampshire) überflogen und die Passagiere mehr aus Spaß den Wunsch geäußert hatten, sie möchten gern alle Kreismuster einmal in einem »Keltenkreuz« zusammengefaßt sehen, entdeckten sie an der nämlichen Stelle zu ihrem größten Erstaunen eine solche Formation. Blanker Zufall oder Resultat einer bizarren mentalen Kommunikation mit Wesen einer jener für uns nicht sichtbaren Welten?

Was hinter all dem merkwürdigen Geschehen ein intelligentes Prinzip vermuten läßt, sind nicht zuletzt die unterschiedlichen Kreiskombinationen, vor allem aber die riesigen exakt angeordneten Formationen symmetrischen Inhalts. Sie erinnern irgendwie an eine jener längst vergessenen Zeichensprachen alter Völker, die entsprechend dem Wheelerschen Viele-Welten-Modell zugleich mit uns existieren, in einem Universum, das sich parallel zu dem unsrigen erstreckt.

Vier englische Historiker wollen in den mit hoher Präzision abgebildeten Linien und Kreisen die »Handschrift« von Sumerern erkannt haben, die vor etwa 5000 Jahren nahe der irakisch-iranischen Grenze beheimatet waren. Charles d'Orban von der Schule für orientalische und afrikanische Studien an der Universität London meint: »Diese Figuren in den Feldern ähneln den Arbeiten der Sumerer aus dem späten vierten und frühen dritten Jahrhundert vor Christus. Sie benutzten ausgefallene symbolische Schriftzeichen, die eine auffallende Übereinstimmung mit den in Wiltshire entdeckten Piktogrammen aufweisen. Es ist geradezu unheimlich, aber ich habe keine andere Erklärung dafür.«

Im Sumerischen – der Welt älteste Schriftsprache – bedeuten zwei konzentrierte Kreise ◎ soviel wie »Brunnen« oder

»Zisterne« und parallel zueinander verlaufende Linien ‖ »verdoppeln« oder »vervielfachen«. Hieraus ließe sich, so d'Orban, möglicherweise die Aufforderung »verdoppelt eure Brunnen« ableiten.

Schützenhilfe erhält d'Orban von Englands bekanntesten Wetterexperten, die mit jener Botschaft sogar eine bevorstehende Trockenheit in Verbindung bringen möchten. Und Philip Eden sieht in den neuen Großformationen gar so etwas wie eine überdimensionale Wetterkarte mit Angaben über Windstärke und Windrichtung.

Der Meteorologe Meaden sucht angesichts der immer komplexer ausfallenden Formationen in Wiltshires Feldern verzweifelt nach neuen Fakten, um seine verfahrene Wirbelwind-Theorie aufrechterhalten zu können. Er und seine Mitarbeiter analysieren nicht nur die Molekularstruktur des beeinflußten Getreides, sondern versuchen auch mittels Wünschelruten und hochwertiger Meßinstrumente eventuell vorhandene elektromagnetische Felder sowie Kraftlinien aufzuspüren. Und man wurde fündig. Energieaktivitäten ließen sich noch Monate nach dem Auftreten der Kreise feststellen. Wie der Korrespondent Jürgen Krönig von dort zu berichten weiß, ist man bei Messungen mit Ultraschallgeräten und Geigerzählern auf Energieanomalien gestoßen, die sich im Tages- und Jahresrhythmus verändern. In diesem Zusammenhang sei an die aufsehenerregenden Experimente des profilierten sowjetischen Astrophysikers und Zeittheoretikers Professor Nikolai Kozyrew erinnert, der schon vor mehr als 30 Jahren der Zeit eine energetische Qualität beimaß und herausfand, daß die Zeitdichte (oder Zeitintensität) jahreszeitlich schwankt. Im Spätherbst und in der ersten Winterhälfte bereiteten einschlägige Versuche am Pulkowo-Observatorium in Leningrad keine größeren Schwierigkeiten. Hingegen verliefen die im Sommer durchgeführten Experimente mitunter so ungünstig, daß viele von ihnen nicht zum Abschluß gebracht werden konnten. Allem Anschein nach wird im Sommer die Zeitdichte innerhalb eines weiten Bereiches verändert, was auf bestimmte, von Naturvorgängen abhängige Prozesse zurückzuführen ist. Sollte dies tatsächlich der Fall sein, bestünde durchaus die Möglichkeit, daß Stoffe, aber auch Prozesse durch die Zeit einander beeinflussen. Eine solche Beziehung ließe sich vorhersehen, da ein kausales Phänomen nicht nur *in*, sondern auch *unter Inanspruchnahme* der Zeit stattfindet. Daher kann bei jedem Vorgang in der Natur Zeit gedehnt oder neu gebildet werden, was durch Kozyrews Experimente bewiesen wurde.

Aus den Ergebnissen seiner Versuche folgerte Kozyrew, daß sich die Zeit im Universum nicht etwa ausbreite, sondern, daß sie vielmehr *sofort* und *überall*, d. h. *gleichzeitig* in Erscheinung tritt. Auf der Zeitachse wäre dann das gesamte Universum gewissermaßen in einem einzigen Punkt konzentriert.

Könnte es nicht so sein, daß die in Burkhard Heims sechsdimensionalem Super-Universum angesiedelten Parallelwelten unmittelbar in unsere Raumzeit eingreifen, um deutlicher als je zuvor auf ihre Existenz aufmerksam zu machen, vielleicht, um uns vor etwas zu warnen? Dies geschieht möglicherweise mit den in Heims Theorie erwähnten »Syntropodenrüsseln«, die da und dort in unsere Welt eintauchen, sich als »Ufos« und Getreidefeldformationen manifestieren. Unter »Syntropoden« versteht Heim höherdimensionale Informationskanäle aus Parallelwelten – ein Modell, das sich allenfalls mit der weiter vorn erläuterten Flächenwelt-Analogie erklären läßt, wo zweidimensionale Papierwesen plötzlich mit 3 D-Objekten, »Ufos« aus der dritten Dimension, konfrontiert werden.

Dies alles erscheint sehr irreal, weit hergeholt. Taucht man aber erst einmal mit all seinen Sinnen in den »Cyberspace« eines Timothy Leary ein – in die bereits praktizierte Totalsimulation einer Computerrealität, an der jeder durch Interagieren selbst teilhaben kann –, wird man sich schon bald dieses Vorurteils entledigen müssen.

Physik-Dozent Fred Alan Wolf bereichert die »Cyberspace«-Idee um eine dimensionsüberspannende Komponente: »Die Parallelwelt-Theorie dürfte eine Quanten-Computer-Generation hervorbringen, die sich niemals verwirklichen ließe, wenn parallele Universen nicht *real* wären. Die neuen Super-Computer müßten über einen ›Intelligenzgrad‹ verfügen, der den aller bisher entwickelten Modelle weit übertrifft. Ein solches Intelligenzpotential dürfte Entscheidungen treffen, die ›unseren Wünschen entsprechen‹. Und diese Entscheidungen würden auf Informationen sowohl aus der Vergangenheit als auch aus der Zukunft beruhen.« Ein Computer als ultimater Entscheidungsträger mit Selbstprogrammierung? Segen oder Fluch?

Möglicherweise wird uns in nicht allzu ferner Zukunft mit Hilfe solcher Quanten-Computer der kommunikative Durchbruch hin zu den zeitlich versetzt existierenden Parallelweltwesenheiten gelingen, um den heutigen Monolog in einen reproduzierbaren Zweiweg-Kontakt umzuwandeln. Die Kommunikation mit der Ewigkeit scheint vorprogrammiert zu sein.

VI

Besucher – Die Zukunft hat uns eingeholt

Wenn wir an Zeitreisen – an Exkursionen in vergangene oder zukünftige Epochen – denken, fällt uns natürlich auf Anhieb die Filmversion des Science-fiction-Klassikers »Die Zeitmaschine« nach dem gleichlautenden Buch von H. G. Wells ein. Wir erinnern uns, wie der »Zeitreisende« am Sylvesterabend des Jahres 1899 sich in seine etwas klapprig aussehende Zeitmaschine setzt und schnurstracks in die Zukunft reist. Wie er dort einer völlig degenerierten Gesellschaft, den gutmütig-dummen Oberweltlern, den Eloi, und den bösartigen, menschenfressenden Unterweltlern, den Morlocks begegnet. Und natürlich daran, wie der Held der Geschichte den Bösewichtern aus der Tiefe den Garaus macht. Auch des apokalyptischen Szenariums der Endzeit unseres Planeten erinnern wir uns, als es keine Ebbe und keine Flut mehr gibt, als der Mond nicht mehr auf- und die Sonne nicht mehr untergeht. Das Ende der Welt ist angebrochen, der zeitreisende Protagonist flieht – zurück in die heimatliche Sylvesternacht.

Es stellt sich heraus, daß der Zeitreisende seine Gäste nur für kurze Zeit auf einen Gang in sein Labor verlassen hatte. Jahrtausende waren für ihn in Gedankenschnelle verflossen. War am Ende alles nur ein Traum? Eine Frage, die sich der Zeitreisende schließlich selbst stellt.

Eine spannende Science-fiction-Story mit einem Hauch von technischer Romantik – keine Frage. Aber ist es wirklich denkbar, daß dieser Wunschtraum einmal Realität wird? Haben die drei eingangs erwähnten Astrophysiker vom California Institute of Technology recht mit ihrer mathematisch untermauerten Zeitreisetheorie? Wie soll das vor sich gehen, daß wir, in der Zeit zurück reisend, uns selbst in der Wiege die Wange streicheln können? Strapazieren solche Vorstellungen – erst die Wirkung, dann die Ursache – nicht arg unser Verständnis von Kausalität?

Das Thema ist gleichermaßen brisant wie suspekt. Um dem Wesen der Zeit auf die Spur zu kommen, müssen wir umdenken. Wir müssen uns, wie bedeutende Wissenschaftler unserer Tage, angewöhnen, in universelleren Kategorien zu denken, wo es Begriffe wie Gegenwart, Vergangenheit und Zukunft nicht gibt, wo nur Gleichzeitigkeit angesagt ist. Schwer zu begreifen, aber wissenschaftlich unanfechtbar.

Durch den sensationellen Fachbeitrag der drei amerikanischen Physiktheoretiker und den positiven Nachhall, den er in der Fachliteratur fand, ist das Thema »Zeitreisen« jetzt erstmals wissenschaftlich diskutabel geworden. Zeitreisen scheinen von der Theorie her nun gesichert. Und da der Schritt von der Theorie zur praktischen Realisierung im Verlaufe dieses Jahrhunderts immer kürzer geworden ist, dürfte es wohl auch nicht mehr gar zu lange dauern, bis die Wissenschaft die Phantasie eines H. G. Wells überflügeln wird.

Doch halt: Vielleicht gibt es sie schon. Möglicherweise sind es jene »unerwünschten Entdeckungen im Luftraum« wie I. v. Ludwiger sie leicht ironisierend nennt, die auf Zeitreise-Aktivitäten unserer Nachnachfahren hindeuten. Es wären jene Ufo-Temponauten, die mit ihren unglaublichen Manövern unsere Auffassung von Raum, Zeit und Realität allmählich ad absurdum führen.

1   Der Pasadena-Report

Zeitvergleiche zwischen Präzisionsuhren an Bord schnell fliegender Flugzeuge und solchen, die am Boden fest installiert waren, bestätigten genau das, was durch die Spezielle Relativitätstheorie vorausgesagt worden war: Bewegte Uhren laufen langsamer. Noch deutlicher stellt sich dieser Verlangsamungseffekt an Borduhren stark beschleunigter Raumschiffe dar. Dort wird der Zeitablauf, verglichen mit dem auf der Erde, extrem gedehnt.

Da nach den Gesetzen des freien Falls Beschleunigung und Gravitation praktisch ein und dasselbe sind, könnte man eine Verlangsamung der Zeit ebenso gut in einem starken Gravitationsfeld erreichen. Dieses bewirkt nämlich im kosmischen Bereich durch extremes Krümmen der Raumzeit die Entstehung eines »Schwarzen Lochs« mit einer Singularität im Mittelpunkt – ein Ort, an dem die Dichte einer kollabierenden Sternmasse nahezu unendlich groß und das Volumen nahezu unendlich klein ist. Bei Erreichen einer solchen Singularität werden Zeitintervalle so stark gedehnt, daß die Lichtgeschwindigkeit von fast 300 000 Kilometer pro Sekunde auf den Wert Null sinkt. D. h., am Mittelpunkt des Schwarzen Lochs wird das Licht angehalten. Aufgrund der hierdurch ausgelösten extremen Raumzeit-Verzerrung existieren in unmittelbarer Nähe von Singularitäten Tore zu anderen Universen, zu parallelen Welten.

Es hat den Anschein, als ob sich die Wheelerschen »Wurmloch«-Transittunnels ähnlich wie im Quantenschaum auch im Weltraum, im entarteten Schwerkraftbereich jener Schwarzen Löcher bilden könnten, die bei anhaltendem Gravitationskollaps aus Neutronensternen entstehen. Astrophysiker vermuten nun, daß materieverschlingende Schwarze Löcher, um die sich der Raum total abkapselt und in ein geschlossenes, eigenständiges Universum verwandelt hat, mit materieausstoßenden »Weißen Löchern« – einer Art Ventil – in Verbindung stehen.

Vor etwa 50 Jahren deuteten Albert Einstein und Nathan Rosen die Möglichkeit der Existenz kosmischer Raumzeit-Überbrückungssysteme an. Diese heute *Einstein-Rosen-Brücken* genannten Hyperraum-Schleusen wurden in der Folge von zahlreichen anderen Wissenschaftlern näher beschrieben. Sie sahen im weitverzweigten Hyperraum-Transitsystem zwischen Schwarzen und Weißen Löchern, wo im entarteten Gravitationsfeld Raum und Zeit zu existieren aufgehört haben, Schnellstraßen für Reisen sowohl in die Vergangenheit als auch in die Zukunft, hin zu weit entfernten Stellen in unserem Heimatuniversum oder zu völlig anderen, parallelen Welten.

Bei diesen durch das Vorhandensein kosmischer Schwarzer und Weißer Löcher gebildeten Transitschleusen handelt es sich keinesfalls um eine wissenschaftliche Fiktion. Renommierte Astrophysiker wie die Professoren John Taylor (Universität London) und Sir Fred Hoyle (Cambridge) sowie der Mathematikprofessor Stephen Hawking (ebenfalls Cambridge) halten die Existenz Schwarzer (und Weißer) Löcher zumindest theoretisch für gesichert. Theoretisch deshalb, weil sie nicht unmittelbar, sondern nur indirekt zu lokalisieren sind. Aufgrund ihrer Massenkonzentration ist ihre Gravitation nämlich so stark, daß sie selbst Lichtquanten zurückhalten, wodurch jedwede Direktmessungen am Objekt selbst entfallen.

Trotz ihrer Monströsität und Unvorstellbarkeit läßt sich die Entstehung jener kosmischen »Müllschlucker« theoretisch zurückverfolgen. Zahlreiche Sterne, die extreme Temperaturen und Dichten entwickeln, sind in der Lage, enorme Energiemengen freizusetzen. Übersteigt ihre Gravitation den von ihnen ausgehenden Gasdruck, können sie zusammenstürzen und dadurch eine ungeheure Dichte erreichen, was bei Sternen mit zwei Sonnenmassen der Fall ist. Ihre extreme Gravitation komprimiert sie derart, daß hier Elektronen in die Atomkerne gedrückt werden, wodurch am Ende dieses Prozesses blanke Neutronenmasse übrigbleibt. Würde man z. B. die Erde entsprechend verdichten, so wäre sie nicht größer als eine Orange, allerdings mit einer Masse von etwa 6000 Trillionen (!) Tonnen. Bei Pulsaren, wie Neutronensterne von Astrophysikern genannt werden, handelt es sich um kollabierende Sterne, die vornehmlich aus rotierender Neutronenmasse bestehen. Sie vermögen Energiemengen abzustrahlen, die den durch unser Zentralgestirn freigesetzten Energiebetrag um das Millionenfache übersteigen. Damit aber nicht genug. Bestehen Neutronensterne aus mehr als drei Sonnenmassen, läuft die Entwicklung auf eine weitere Ungeheuerlichkeit hinaus. Bei anhaltendem Gravitationskollaps nimmt der entartete Stern schließlich die Größe eines Stecknadelkopfes, eines Atoms und letztlich die eines subatomaren Teilchens an. Damit sind die Grenzen des Schrumpfprozesses erreicht. In dieser Phase stülpen die ungeheuren Gravitationskräfte den Stern-Winzling nach innen, wodurch ein eigenartiges, autonomes Gebilde – ein Schwarzes Loch – entsteht, in dem unsere »ehernen« physikalischen Gesetze ihre Gültigkeit eingebüßt haben. Dieses unheimliche »Ding« gleicht einem riesigen Gully, der sich alles in seiner Umgebung – selbst Photonen (Licht) – einverleibt. Anders ausgedrückt: Ist bei rapide zunehmender Gravitation erst einmal der sogenannte »Schwarzschild-Radius« – die kritische Größe eines kollabierenden Sterns, d. h. sein »Ereignishorizont« erreicht, so kapselt sich der Raum um dieses Gebilde ab und läßt ein in sich geschlossenes Universum, eben jenes Schwarze Loch entstehen, in dessen Mittelpunkt die zuvor beschriebene »Singularität« angesiedelt ist.

Mit theoretischen Erwägungen geben sich die Astrophysiker indes nicht zufrieden. Zu weitreichend sind die Schlußfolgerungen aus der realen Existenz Schwarzer Löcher und ihrer weißen Gegenstücke. Umfassendes Datenmaterial, das die NASA durch Experimente mit einem UV-Satelliten zusammentragen konnte, lassen den Schluß zu, daß in den Zentren einiger kugelförmiger Sternhaufen in unserer Galaxie massive Schwarze Löcher vorkommen müssen. Indirekte Messungen haben gezeigt, daß z. B. im Zentrum des Kugelsternhaufens NGC 5752 etwas sehr Helles und Heißes existiert, das nach Meinung von Astrophysikern dort eigentlich nichts zu suchen hätte. Da das Alter der kugelförmigen Sternansammlung auf mindestens 10 bis 15 Milliarden Jahre geschätzt wird, heiße Sterne aber »nur« etliche Millionen Jahre alt werden, müßte das Zentrum von NGC 5752 schon längst erkaltet sein. Spektrographische Analysen lassen gerade das Gegenteil erkennen. Man will hier sogar einige heiße Supersterne entdeckt haben, deren Aktivitäten auf den Einfluß eines riesigen Schwarzen Lochs im Zentrum des Kugelsternhaufens zurückzuführen wären. Ein besonders großes Exemplar von Schwarzem Loch wird auch im Kern der Spiralgalaxie M 81 (NGC 3031) vermutet. Es soll nach vorsichtigen Schätzungen eine Masse von vergleichsweise fünf Milliarden Sonnen besitzen.

Nachdem Einstein und Rosen 1935 mit der nach ihnen benannten »Brücke« die mathematisch-konzeptionelle Grundlage für weiterreichende Theorien zur Nutzung von Schwarzloch-Weißloch-Verbindungen geschaffen hatten, war es ein junger Princeton-Physiker, Martin Kruskal, der mit einem Diagramm 1961 erstmals die Zusammenhänge zwischen unserem Universum und anderen Welten bzw. anderen Bereichen in unserem Heimatuniversum aufzeigte. Dabei dürfte er das von Professor Wheeler entwickelte Weltmodell vor Augen gehabt haben. Es stellt unser *gesamtes* Universum als einen Radkranz dar, auf dessen massiver, gekrümmter Oberfläche – der »Geonen-Raumwand« – sich alle Planeten, Sonnen und Galaxien – befinden. Das Achsloch in der Mitte dieses Radkranzes symbolisiert den zeitfreien Hyperraum, über den sich alles Geschehen gleichzeitig abspielt. Verbindungen zwischen all diesen Galaxien und Weltenkörpern könnten dann an den Hyperraum-Achslöchern über die hier beschriebenen Singularitäten erfolgen. Sie wären so etwas wie Ein- und Ausgangspunkte zum kosmischen Anderswo. Ihre Existenz würde somit auch die paralleler Welten bestätigen.

Es sollte, nachdem Kruskal den ersten Schritt zur theoretischen Nutzung der Einstein-Rosen-Idee getan hatte, dem australischen Physiktheoretiker Roy P. Kerr, der 1963 an der Universität von Texas tätig war, vorbehalten bleiben, das starre Kruskal-Diagramm, das keine echten Zeitreisen vorsah, zu beleben. Er ließ nämlich die Schwarzen und Weißen Löcher, genau wie andere Himmelsgebilde, ganz einfach »rotieren«. Dadurch besaßen diese mit einem Mal zwei Ereignishorizonte – einen äußeren und einen inneren –, was sie für Raumzeit-Versetzungen qualifizieren soll. Wir erinnern uns: Als Ereignishorizont bezeichnet man den Bereich eines Schwarzen Lochs, von dem aus die Kommunikation mit der Außenwelt auf Dauer unterbrochen ist, weil sonst die Fluchtgeschwindigkeit über der des Lichtes liegen müßte, was aber der Relativitätstheorie widersprechen würde. Der innere Ereignishorizont stellt die Umkehrung des äußeren Ereignishorizontes dar. Sobald man den inneren Ereignishorizont überquert hat, befindet man sich in einem Bereich, wo sich Raum und Zeit wieder normal verhalten, ähnlich wie im »Auge« eines Hurrikans oder im Inneren eines Strudels mit großer Öffnung. In dieser Region besteht keine Gefahr, mit der gefährlichen Singularität zusammenzuprallen und vernichtet zu werden.

Im Schwarzloch-Weißloch-System gäbe es daher für die Hinreise in andere Welten und zu anderen Zeiten mit anschließender Rückreisemöglichkeit insgesamt vier Ereignishorizonte. Nach dem von Kerr entwickelten Modell, in dem übrigens die Lichtgeschwindigkeit nicht überschritten wird, ist man durch die Rotation der Schwarzen und Weißen Löcher mit allen Parallelwelten verbunden. Eine Ausnahme bildet die uns am nächsten gelegene Parallelwelt, deren Besuch eine Beschleunigung mit Überlichtgeschwindigkeit erforderlich machen würde, was aber nach der Relativitätstheorie unmöglich ist.

Während es sich bei den von Kruskal und Kerr vorgelegten Berechnungen und Zeitreise-Diagrammen gewissermaßen noch um theoretische »Sandkastenspiele« mit recht ungewissem Ausgang handelt, haben andere amerikanische Wissenschaftler jetzt die Durchführbarkeit von Zeitreisen erstmals mathematisch exakt nachgewiesen und darüber hinaus Modelle zu deren technischer Realisierung entwickelt. Am 26. September 1988 veröffentlichten die Astrophysiker Michael S. Morris, Kip S. Thorne und Ulvi Yurtsever vom California Institute of Technology (kurz: Caltech) in Pasadena, Kalifornien, in der renommierten physikalischen

Fachzeitschrift »Physical Review Letters« einen Beitrag mit dem Titel »Wormholes, Time Machines, and the Weak Energy Condition« (»Wurmlöcher, Zeitmaschinen und schwache Energiekonditionen«). Der sensationellen Publikation zufolge müßte es einer technischen Hochzivilisation möglich sein, auf künstlichem Wege »Wurmlöcher« – Öffnungen in der Raumzeit – zu schaffen und diese durch Stabilisieren in »Zeitmaschinen« umzuwandeln, die sogar die Kausalität verletzen könnten. In Fachkreisen fand der Pasadena-Report starke Beachtung. Das Thema wurde auch in anderen naturwissenschaftlichen Blättern lebhaft diskutiert, die vorgelegten Kalkulationen als völlig korrekt bewertet.

Professor John L. Friedman von der Wisconsin University in Milwaukee hat in der englischen Wissenschaftszeitschrift »Nature« den Versuch unternommen, die komplizierte Zeitreise-Theorie der drei Astrophysiker vereinfacht darzustellen, indem er eine hübsche Analogie bemüht. Er vergleicht den Weg durch die Zeit mit einem doppeltürigen Kleiderschrank – eine Tür vorn, die andere auf der Rückseite –, der, wie in dem Science-fiction-Roman »Der Löwe, die Hexe und der Kleiderschrank« von C. S. Lewis, zwei verschiedene Welten voneinander trennt. Friedman schreibt: »Die Wände des Kleiderschranks scheinen, von jeder der beiden Welten aus gesehen, einen kleinen Raum zu umschließen, aber von jeder Seite aus erstreckt sich ein unterschiedliches Universum... Der Schrank ist demnach ein ›Wurmloch‹ – ein topologischer Tunnel –, der zwei Universen oder zwei entfernte Regionen ein und desselben Universums miteinander verbindet.« Weiter heißt es bei Friedman: »Obwohl diese ›Wurmlöcher‹ zulässige Interpretationen der Einstein-Feldgleichungen darstellen, kollabieren sie zwangsläufig – wenn sie aus normaler Materie bestehen – zu schnell, um Zeitreisende hindurchzulassen. Sie zerquetschen jeden, der töricht genug ist, es dennoch zu versuchen.«

Friedman und die drei von ihm zitierten Astrophysiker aus Pasadena sind offenbar dennoch fest davon überzeugt, daß die Gesetze der Physik es einer späteren Generation einmal erlauben werden, eines dieser Wurmlöcher lange genug offen zu halten, um eine Zeitmaschine durchschleusen zu können. Hierzu heißt es wörtlich: »Wenn jedes Ende eines ›Wurmlochs‹ mit einer kugelförmigen Metallplatte umgeben ist, entsteht zwischen diesen Platten genügend negative (»entgegengesetzte«) Energie, um die Bildung eines Ereignishorizontes und den Kollaps des ›Wurmlochs‹ zu vermeiden.«

Um dies zu verstehen, müssen wir etwas weiter ausholen. Normalerweise stürzt jedes der zahllosen in unserem Universum auf natürliche Weise ständig neu gebildeten Wurmlöcher im Augenblick seiner Entstehung sofort wieder zusammen. Nicht einmal Photonen wären schnell genug, um in Wurmlöcher, die ja nichts anderes als Schwarzloch-Weißloch-Verbindungen im Miniformat sind, einzudringen, da die ungeheuren Gravitationskräfte am Schwarzloch-Eingang dies verhindern. Um den raschen Zusammenbruch der Wurmlöcher zu unterbinden und deren Ein- bzw. Ausgänge für längere Zeit oder sogar auf Dauer offen zu halten, gilt es, hier antigravitative Zustände zu schaffen. Es wären dies Zustände, die der enormen Gravitation im Wurmlochinneren entgegenwirken und somit zur Stabilisierung der Wurmlochöffnung beitragen. Hierbei spielen Drücke eine außerordentlich wichtige Rolle. Das Gravitationsfeld unseres Planeten ist nämlich nicht allein auf die Erdmasse zurückzuführen, sondern, nach der Allgemeinen Relativitätstheorie, in geringem Maße auch auf Druckeinwirkung, da druckerzeugende Energie ebenfalls einer Masse entspricht. Indem Druck (im Gegensatz zu statischer Masse) positiv oder negativ (Zug) sein kann, läßt sich unter entsprechender Druckeinwirkung sowohl positive als auch negative (Anti-)Gravitation erzeugen. Negative Gravitation zur Stabilisierung von Wurmloch-Ein- und -Ausgängen aber kann man, nach Meinung der Caltech-Experten, unter anderem mittels des eingangs erwähnten »Casimir«-Effektes erzielen.

Der holländische Physiker Hendrik Casimir hat bereits 1948 darauf hingewiesen, daß zwischen zwei parallel direkt nebeneinander aufgestellten Metallplatten aufgrund von Störungen im Quanten-Vakuum eine äußerst minimale Anziehungskraft existiert. Sie entsteht durch dort festgehaltene virtuelle, d. h. nicht direkt beobachtbare, aber dennoch vorhandene Photonen. Durch das Arretieren dieser virtuellen Photonen zwischen den reflektierenden Oberflächen beider Platten kann sich ein winziger negativer Druck, d. h. ein minimaler Antigravitationseffekt aufbauen. Gelänge es nun, ein solches Plattensystem geeigneter Größe in die Wurmlochöffnung einzubauen, würde der erzielte Antigravitationseffekt ausreichen, um sie am Kollabieren zu hindern. Dann wären die Ein- und Ausgänge der Wurmlöcher nicht länger Schwarze bzw. Weiße Löcher im klassischen Sinne, sondern künstlich geschaffene Tore für Bewegungen durch die Raumzeit.

Nach den Vorstellungen der Caltech-Wissenschaftler würde das so vor sich gehen, daß das zuvor stabilisierte und für die »Durchfahrt« erweiterte Wurmloch in der Zeit »gedehnt« wird. Eines der beiden Wurmlochenden bleibt am Startpunkt fixiert, das andere wird auf eine blitzschnelle »Rundreise« geschickt, d. h. mit nahezu Lichtgeschwindigkeit beschleunigt, irgendwo im Wurmloch-Hyperraum angehalten und zum Ausgangspunkt zurückgeholt. Auf diese Weise gibt es – wie in Kapitel III/1 als »Zwillingsparadoxon« vorgestellt – zwischen beiden Wurmlochenden einen relativen Zeitunterschied. Für das bewegte Ende vergeht die Zeit langsamer als für das fixierte am Ausgangspunkt. Letzteres hat das bewegte Wurmloch in der Zeit »überholt«. Infolgedessen gilt: Wenn ein Zeitreisender in das fixierte »Wurmlochende« eindringt und nach kurzer »Rundreise« (von der er gar nichts merkt) durch den Wurmloch-Hyperraum das bewegte Ende (am Weißen Loch) verläßt, findet er sich in der irdischen Vergangenheit wieder. Denn inzwischen können auf der Erde, je nach zeitlicher Dehnung des Wurmlochs, seit seinem Start Monate, Jahre, Jahrhunderte oder Jahrtausende vergangen sein. Durchquert der Zeitreisende das Wurmloch in umgekehrter Richtung, kann er in seine Ausgangszeit zurückkehren, was beim relativistischen Raumflug (nahe Lichtgeschwindigkeit) nicht möglich ist. Nach dem gleichen Prinzip wären Reisen in die Zukunft und zurück realisierbar.

Theoretisch bereitet der Umgang mit Wurmlöchern keine großen Probleme. In der Praxis aber sieht dies ganz anders aus. Da Wurmlöcher etwas völlig Abstraktes, nicht Greifbares sind, lassen sich ihre Enden nicht wie Materie handhaben. Möglicherweise wird es einmal einer technisch weit fortgeschrittenen Zivilisation gelingen, die im subnuklearen Quantenschaum ständig neu entstehenden superwinzigen, kurzlebigen virtuellen Wurmlöcher – sie sind um 20 Zehnerpotenzen kleiner als Atomkerne (!) – mittels elektrischer oder gravitativer Kräfte zu bündeln und zu einer für Zeitreisen praktikablen Struktur »aufzublasen«. Nach ihrer Stabilisierung – wie zuvor angedeutet oder anderweitig – wären solche Makro-Wurmlöcher ideale Zeitmaschinen mit Rückreisemöglichkeit.

Der englische Wissenschaftsjournalist Adrian Berry unterbreitete bereits vor Jahren einmal den Vorschlag, Schwarze Löcher (und deren weiße Gegenstücke) im kosmischen Maßstab mit automatisch arbeitenden, unbemannten Raumbaggern künstlich zu schaffen. Er beschreibt eine weit fortgeschrittene komplizierte Technologie, durch die es möglich sein soll, unter Berücksichtigung des Eintritts unseres Sonnensystems in eine Region kosmischen Staubs höherer Dichte (im Orion-Arm) bei Einsatz von Raumfahrzeugen mit Staustrahlantrieb riesige Magnetfelder zu mobilisieren. Mit deren Hilfe könnte, so Berry, die zur Entstehung rotierender Schwarzer und Weißer Löcher notwendige Menge von Staubmaterial an einer Stelle konzentriert werden.

Die Grundidee zur Schaffung künstlicher Schwarzer Löcher in Form kosmischer »Zylinder« mit einem Durchmesser von 40 Kilometern stammt von dem Physiker W. J. von Stockum, der bereits 1936 bei seinen einschlägigen Berechnungen Einsteins Feldgleichungen heranzog. Einen ähnlichen, wenn auch viel ausführlicheren Vorschlag unterbreitete der amerikanische Physiker Frank J. Tipler 1974 in der April-Ausgabe des Physik-Journals »Physical Review D«, das sich vorwiegend mit Randgebieten der Forschung befaßt. Der von ihm vorgestellte kosmische Zylinder, der durch das »Zusammentreiben« von Neutronensternen zustande kommen soll, bestünde aus drei Zonen: Eine würde sich für Zeitreisen in die Vergangenheit und die andere für Exkursionen in die Zukunft eignen. Dazwischen läge eine dritte, schmale »Nullzone« – ein Übergangsbereich, in dem sich Zeitreisende so lange sie möchten aufhalten können, während der Rest der Welt in der Zeit »eingefroren« wäre.

Objekte wie diese dürften wegen der zu erwartenden gigantischen Kosten und der Gefährlichkeit des kosmischen Engineering von vornherein zum Scheitern verurteilt sein. Alles deutet darauf hin, daß irgendwann einmal »irdische«, elegantere Lösungen zur Zähmung des Wurmlochpotentials gefunden werden, so wie sie der geniale Filmproduzent Irvin Allen in seinen zwei Fernsehfilm-Serien »The Time Tunnel« (»Der Zeittunnel«) angedeutet hat.

Bevor wir hierauf näher eingehen, sollten wir uns mit einem Phänomen befassen, das die Durchführbarkeit von Zeitreisen unmittelbar berührt: mit Paradoxa, die nach Meinung von Skeptikern bei Rückwärtsversetzungen in der Zeit entstehen und daher Zeitreisen unmöglich machen würden.

2 Zeitreisen ohne Hindernisse – Die Parallelwelt-Lösung

Anachronismen – Verstöße gegen den Zeitablauf (Akausalität) – und Paradoxa, die eine grobe Verletzung der Naturgesetze darstellen, sind in der klassischen Physik unzulässig. Gesetzt den unwahrscheinlichen Fall, Paradoxa gäbe es dennoch, so wären Zeitreisen tatsächlich undurchführbar. Es könnte nämlich Zeitreisende geben, die (möglicherweise unbeabsichtigt) die ihnen vom Schicksal bestimmten Erzeuger töten, was zur Folge hätte, daß sie sich dadurch selbst auslöschten bzw. daß sie erst gar nicht geboren würden. Da es sie dann nicht mehr oder überhaupt nicht gäbe, käme dies einer Anullierung der Tötung gleich. Die Vorfahren würden wieder »auferstehen« (d. h., sie wären eigentlich nie getötet worden), ihre eigenen Mörder zeugen, von diesen erneut getötet werden usw. usf. Vielleicht gelänge es einem Zeitfahrer sogar, den oder die Erfinder von Zeitmaschinen zu töten und die eingeleitete Entwicklung ad absurdum zu führen.

Aus einer solchen »kausalen Schleife« gäbe es für die hiervon Betroffenen kein Entrinnen mehr, das Los eines »Fliegenden Holländers« wäre ihnen gewiß. Durch diese Nichtdoch-Morde würden aufgrund der in der Folge ausgelösten Paradoxa die geltenden Naturgesetze wie in einer Möbiusschleife bis zum Jüngsten Tag verletzt werden – ein schrecklicher Gedanke. Wenn jedoch, *von der Gegenwart aus gesehen*, eines Tages Zeitmaschinen oder auch Zeittunnels keine Fiktion mehr sind – Ufos könnten ein Indiz für die Realisierung dieses Menschheitstraums sein –, müßten unsere Nachfahren Mittel und Wege zur Neutralisation von Kausalitätsverletzungen gefunden haben. Mehr noch: Gewisse quantenphysikalische Phänomene lassen sogar den Schluß zu, daß es bei Versetzungen in der Zeit *innerhalb* von Kausalitätsschleifen gar keine Paradoxa, also Widersprüche in sich gibt.

Veränderungen entlang der Weltzeitachse dürften kumulativ wirken, d. h. sie würden den vorangegangenen Ereignissen fortlaufend zuaddiert werden. Dies würde bedeuten, daß man die Vergangenheit, so oft man will, verändern kann. Nur eines kann man nicht: *sich selbst auslöschen*. Man könnte also ohne weiteres in seine Vergangenheit zurückreisen und sein früheres Ich kurz nach der Geburt eigenhändig erdrosseln, *ohne* dadurch seine augenblickliche Existenz als Zeitfahrer auch nur im geringsten zu gefährden. Eine starke Behauptung. Betrachtet man aber – wie hier bereits mehrfach geschehen – die Realität als Summe einer endlosen Kette vergangener und zukünftiger Parallelwelten, erscheint dies alles andere als schizophren. Wir würden dem infolge der Akausalität bewirkten Dilemma durch Ausweichen in eines der zahllosen parallelen Universen entrinnen.

Bob Toben meint, daß ein Zeitreisender nach Vollendung

eines selbstzerstörenden, zukunftsbeeinflussenden Aktes ganz automatisch zu einem anderen, wenn auch sehr ähnlichen Zukunfts-Universum zurückkehren wird als dem, das er bei Reiseantritt verlassen hat, wodurch sich die widernatürliche Veränderung von selbst annullieren würde. Solche Parallel-Universen würden sich auf äußerst subtile Weise vom Ausgangsuniversum unterscheiden, so daß nur sehr aufmerksame Zeitreisende Unterschiede feststellen könnten. Denkbar wären aber auch Rückwärts-Zeitreisen, die den Temponauten in eine Vergangenheits-Parallelwelt führen, in der er (und seine Vorfahren) gar nicht erst (oder noch nicht) existieren. Auch dies würde etwaige korrigierende Absichten vereiteln.

Physiktheoretiker Fred A. Wolf vergleicht paradoxa-freie Zeitreisen in die Vergangenheit mit Bahnfahrten. Man besteigt einen Zug in der Gegenwart, reist zurück in die Vergangenheit, ändert dort einen bestimmten Ereignisablauf, der auf die eigene Existenz direkten oder zumindest kausalen Bezug hat, und kehrt dann auf einem anderen Gleis zum Ausgangszeitpunkt in der Zukunft zurück. Sie wäre jedoch nicht länger die gleiche Zukunft wie die, die man verlassen hat. Voraussetzung ist lediglich, daß alle diese Vorgänge, obwohl sie die zeitliche Reihenfolge verletzen, im Endeffekt widerspruchsfrei, d. h. konsequent sind. Denn: Wir haben uns, ähnlich wie bei Bewegungen auf einem Möbiusband, Zeitreisen innerhalb einer in sich zurücklaufenden Schleife vorzustellen – »Gegenwart – Vergangenheit – Gegenwart« oder auch »Gegenwart – Zukunft – Gegenwart«. Nur in einer solchen Kausalschleife befinden wir uns mit uns selbst, mit Dritten und unserer Umgebung zu anderen Zeiten in Resonanz. Ausscheren aus dieser Schleife wird durch den zuvor angedeuteten Verhinderungsmechanismus unterbunden.

Unterschiede zwischen Zukünftigem und Vergangenem entstehen ausschließlich durch die Verschiedenheit der Bezugssysteme. Maßgebend allein ist der Punkt, von dem aus man das Geschehen betrachtet. Es dürfte also ohne weiteres möglich sein, in die Vergangenheit zu reisen, um sich selbst – gemeint ist sein früheres Ich – daran zu hindern, das Große Los zu ziehen. Die aus dieser Manipulation resultierende Welt wäre jedoch nicht etwa eine, in der man *nicht das Große Los gezogen hätte*, sondern eine, in der man sich *selbst (mit voller Absicht) am Ziehen des Glückloses hinderte*. Diese Nuance erscheint auf den ersten Blick trivial, als bloße Wortklauberei. Und dennoch ist sie mehr als das. Das Ziehen einer »Niete« wäre nämlich ein echter Zufall (»Pech«), die selbst vorgenommene Hinderung am Gewinnen hingegen ein ganz bewußt inszenierter Akt – ein Willensakt – gewesen. Und diese »Nuance« trägt in letzter Konsequenz dazu bei, daß bei Zeitreisen Paradoxa vermieden werden, daß es in kritischen Situationen zur Neutralisierung widersprüchlichen Geschehens kommt. Ein Beispiel aus dem Alltag soll diesen feinen Unterschied zwischen beiden Vorgängen verdeutlichen.

Nehmen wir einmal an, ein Grafiker habe eine Zeichnung angefertigt, die, wie sich später herausstellt, fehlerhafte Details enthält. Der Mann wird, da sich die benutzte Tusche nicht ohne Zerstörung des Untergrunds entfernen läßt, die betreffende Stelle zunächst sorgfältig mit weißer Farbe abdecken, bevor er die Ausbesserung vornimmt. Die fehlerhaften Details aber bleiben unter der Deckfarbe weiter erhalten. Sie wurden lediglich übermalt, d. h. kaschiert.

Oberflächlich betrachtet, wird zwischen einer völlig fehlerlosen und einer ausgebesserten Zeichnung bei guter Arbeit kaum ein Unterschied festzustellen sein. Die fertige Zeichnung dürfte für einen unkundigen Außenstehenden immer gleich aussehen, egal, ob ein Radiergummi, Ätzflüssigkeit oder Abdeckfarbe benutzt wurde. Sie muß nur fachmännisch ausgebessert sein. Für den »wissenden« Grafiker bestehen hingegen ganz erhebliche Unterschiede. Sie liegen in der angewendeten Technik, in der Art des Zustandekommens der Zeichnung. Und diese Kriterien beeinflussen das Bewußtsein des Mannes, seine weitere Kreativität und Einstellung zur eigenen Arbeit. Er ist sich all der Zeichnungsdetails bewußt, die, falls mehrere Korrekturen vorgenommen wurden, unter dem letzten Abdeckfilm liegen, aber auch all der unberücksichtigt gebliebenen Ideenskizzen, die, zwar unsichtbar, *immer noch existieren.*

Fassen wir noch einmal zusammen. Jemand lebt auf einer bestimmten Zeitlinie, reist von da aus in die Vergangenheit, verändert diese durch bestimmte Eingriffe, kehrt zurück, begibt sich erneut auf Kurskorrektur, hindert sich selbst daran, dieses oder jenes zu tun usw. Letzten Endes wäre die Zeit nichts anderes als ein kumulatives Produkt unserer Manipulationen – die Summe aller Veränderungen. Dem Original unseres Selbst könnten wir noch am nächsten kommen, wenn wir *in der Zeit* zurückkreisten und uns höchstpersönlich am Verändern hinderten. Obwohl wir dann nicht mehr *dieselbe Welt* vor uns hätten, wäre der Unterschied zwischen beiden »Situationen« nicht zu erkennen. Er läge nämlich ausschließlich *in uns* begründet. Nur uns wären – genau wie dem Grafiker – all die anderen Alternativen bewußt: die, die einmal existierten, die augenblicklich existieren, aber auch die, die (wieder) existieren könnten, wenn wir uns mit entsprechenden Absichten in die Vergangenheit begäben. Die Welt, in der wir kein Glückslos zogen, kann eben *nicht die gleiche sein*, wie die, in der wir uns selbst am Gewinnen hinderten. Die Folgen unserer

Manipulationen hätten nur *wir* zu tragen. Wir allein wären es, die den »Unterschied« verkörperten.

Erinnern wir uns: Realität setzt sich aus zahllosen Einzelrealitäten (oder Welten) zusammen, die wir im Verlauf eines einzigartigen Schöpfungsaktes in unseren vorgegebenen, immateriellen Raumzeit-Rahmen hineinprojizieren. Projektionen dieser Art, die für uns vorerst nur auf psychischem Wege realisierbar sind, könnten sich vielleicht schon in wenigen Jahrzehnten auch »technisch« bewerkstelligen lassen. Man würde nicht »in der Zeit reisen«, sondern einfach »neue Welten erschaffen« – alternative Realitäten. Jede dieser Realitäten wäre mit der, die man gerade verlassen hat, bis zu dem Augenblick völlig identisch, in dem man in der neuen auftaucht. Von da an führt die Existenz in dieser Alternativrealität zu einer neuen »Gestalt«, die man ganz einfach wählen *muß*.

Da das Geschehen in der Zeit nur durch unsere vorübergehende Anwesenheit in der Alternativrealität verändert werden würde, müßten wir es unbedingt unter Kontrolle halten. Wir haben dann dafür zu sorgen, daß bereits bekannte Konsequenzen aus bestimmten Ereignissen nicht in unbekannte, unvorhersehbare Konsequenzen einmünden. Ist es vielleicht das, was uns das massenhafte Auftreten von »unbekannten Flugobjekten«, von rätselhaften Formationen in Getreidefeldern signalisieren will? Lassen uns die Zeitreisenden aus unserer parallelen Zukunft »sanfte« Hinweise auf die schlimmen Konsequenzen aus unserem ökologischen Fehlverhalten zugehen? »Sanft« deshalb, weil sie uns zur richtigen, vorbestimmten Kausalschleife nur hinschubsen dürfen, von der wir jeden Augenblick abzudriften drohen. Das Wiedereinordnen in die richtige Spur müssen wir schon selbst besorgen.

Die drei Caltech-Wissenschaftler hängen offenbar ähnlichen Überlegungen nach, lassen es nicht mit dem mathematischen Nachweis der Durchführbarkeit von Zeitreisen und vagen Funktionsmodellen bewenden. Zusammen mit ihrem sowjetischen Kollegen Igor Nowikow vom Weltraumforschungsinstitut in Moskau untersuchen sie jetzt die möglichen Auswirkungen von Wurmloch-Zeitreisen auf den Ablauf von Ereignissen innerhalb von Kausalschleifen. Auch sie sind der Auffassung, daß bei Zeitreisen das Prinzip der Folgerichtigkeit gewahrt werden müsse. Anders ausgedrückt: Was man auch immer von der Zukunft her rückwärts (in die Vergangenheit) reisend »korrigierend« unternehmen sollte, wäre im Schicksalskonzept bereits fest eingeplant (also nicht anachronistisch, nicht widersinnig), so daß erst gar keine Paradoxa eintreten könnten. In letzter Konsequenz besagt dies nichts anderes, als daß sich das Schicksal nicht ins Handwerk pfuschen läßt. Und dieses Regulativ wäre nach der von Fred A. Wolf vertretenen Parallelwelttheorie schon seit Anbeginn unseres Universums am Wirken. Mehr noch: Nach der Parallelwelttheorie müßten innerhalb einer gigantischen kosmischen Kausalitätsschleife Zukunft und Vergangenheit einander, d. h. sich gegenseitig beeinflussen, müßte letztlich auch die Entstehung unseres Universums selbst zu erklären sein. In einem solchen Modell gibt es keinen eigentlichen Anfang (den »Big Bang«) und auch kein Ende, nur den endlosen Verlauf eines sich selbst erschaffenden, zerfallenden und sich wieder neuerschaffenden Universums. Von Ewigkeit zu Ewigkeit. Darüber hinaus vorzudringen wäre vermessen.

Ian H. Redmount vom Physik-Department der Washington University, St. Louis – er promovierte beim Pasadena-Zeit-Theoretiker Kip Thorne – sieht etwaige Korrekturen beim Rückwärtsreisen in der Zeit ebenfalls im natürlichen Ablauf vergangener Ereignisse fest verankert. Im Gegensatz zu anderen Wissenschaftlern teilte er mir unlängst mit, daß er »willkürliche« Rückwärtsreisen bis zum Zeitpunkt noch vor Erfindung der Zeitmaschine, die nach dem Wurmloch-Prinzip arbeitet, für undurchführbar halte. Er räumte jedoch ein, daß Professor Kip Thorne und seine Kollegen hierüber durchaus anderer Meinung sein könnten.

Spekulieren wir ein wenig. Wenden wir uns, mit allem Vorbehalt, einer schon vor Jahren diskutierten Zeitreisekonzeption zu, die dem Temponauten selbst fernste Vergangenheiten erschließen könnte. Zugegeben: Das in der Folge erörterte »Projektions«-Prinzip erscheint auf den ersten Blick sehr gewagt, zu phantastisch, um jemals realisiert zu werden. Und dennoch gibt es heute schon Theorien, die Projektionstechniken – das Hinein-»Beamen« in vergangene und zukünftige Zeitepochen – nicht ausschließen.

3   Projektionen in der Zeit

Überlegungen, die auf die Erschließung erdferner kosmischer Transittunnels für Raumzeit-Reisen im eigenen Universum bzw. Exkursionen in andere Welten hinauslaufen, dürften sich wegen der hiermit verbundenen gewaltigen Kosten und extrem hohen Risiken als »Sackgasse« erweisen. Wahrscheinlicher sind hingegen »sanfte« Zeitreise-Techniken im erdnahen Weltraum oder auf der Erde selbst in eigens hierfür errichteten Transfer-Anlagen.

Der zuvor erwähnte (Kapitel III/6) Physiker Matt Visser von der Washington University in St. Louis will auch schon eine Konzeption für ungefährliche Zeitreisen entlang der Oberflächen von Wurmlöchern ausgeknobelt haben, in deren Verlauf Temponauten mit keinerlei Materie in Berührung kommen. Zeitreisende sollen bei Anwendung dieser

Technik auch keine Beschleunigungs- und gravitative Kräfte zu spüren bekommen. Die »Errichtung« stabiler Zeitreise-Tunnels stellt sich Visser so vor, daß man aus zwei unendlichen, leeren Raumzeit-Strukturen ohne Materie und Gravitationsfelder (Minkowski-Raumzeit genannt) jeweils identische Regionen »heraustrennt«. An den Grenzen dieser Regionen sollen dann beide Strukturen miteinander verbunden werden. Energiedichte und -drücke an den Grenzflächen würden den Schlund eines »zahmen« Wurmlochs bilden. Stellt man sich die Verbindungsfläche als Würfel vor, dann ist die gesamte entartete, d. h. gefährliche Materie in den »Streben« an den Kanten dieses Superwürfels konzentriert. Zeitreisende könnten in einer derartigen leeren Struktur zu einer anderen Zeitperiode gelangen, indem sie sich entlang der Würfeloberfläche bewegen – unbeeinflußt von Materie oder irgendwelchen Kräften. Visser ist der Ansicht, daß sich solche Wurmlöcher auch gut stabilisieren lassen. Sie würden aufgrund ihrer sicheren Konstruktion weder kollabieren noch explodieren. Wenn einer Hochzivilisation die Erfassung, Bündelung, Stabilisierung und Aufweitung von Wurmlöchern gelingen sollte, dürften »sanfte« Zeitreisen auch im terrestrischen Rahmen realisierbar sein. Solche Makro-Wurmlöcher wären letztlich nichts anderes als »Zeittunnels«, durch die spätere Generationen »Beobachter« in die irdische Vergangenheit entsenden. Sie könnten hier in unterschiedlicher Gestalt auftreten – als Sonden, als durchsichtige oder materiell erscheinende Zeitreise-Fahrzeuge (Ufos); bemannt mit humanoid aussehenden Wesen oder auch als Erscheinungen.

Es war der 24. Januar 1970, gegen 19.45 Uhr, auf einer Straße am Stadtrand von Charleroi, zwölf Kilometer von Brüssel entfernt. Léon Herbosch bemerkte in nächster Nähe einen hellgrün leuchtenden, ovalen Fleck von sieben bis acht

Meter Durchmesser. Der »Fleck« wurde immer heller und begann sich zu einer fünf Meter hohen leuchtenden und vibrierenden durchsichtigen Glocke aufzublähen. Die erst grünliche Farbe wurde zu einem fahlen Weiß. Das Innere des merkwürdigen Gebildes bestand aus unzähligen winzigen Leuchtteilchen, die sich heftig nach allen Richtungen bewegten. Herbosch bezeichnete es als völlig geräusch- und geruchlos. Nach wenigen Sekunden sackte die »Glocke« in sich zusammen und nahm wieder die Form eines Flecks an, der sich langsam von Herbosch fortbewegte und hinter einem Neubau neben der Straße verschwand.

Könnte es sein, daß sich vor Herbosch etwas zu materialisieren versuchte, das einem für uns unsichtbaren makroskopischen Wurmloch entstammte? Etwa eine Zeitsonde aus der Zukunft?

In zahlreichen anderen Fällen waren die Materialisationen bereits soweit gediehen, daß die Objekte – offenbar teilmaterialisiert – Zeugen transparent erschienen.

An einem Tag im September 1956 gegen 15 Uhr sah ein Zeuge nahe Berkshire (England) aus 10 Meter Entfernung ein 1,50 Meter hohes eiförmiges Objekt »wie ein großer Regentropfen« etwa zwei Meter über dem Boden schweben. Die Sicht war ausgezeichnet – Irrtum ausgeschlossen. Der Mann hatte das Gefühl, von dem durchsichtig erscheinenden »Ei« beobachtet zu werden. Nach einigen Sekunden entfernte sich das »Ding« mit hoher Geschwindigkeit.

Ein anderer Fall. In einem Park in Bristol (England) sahen im Jahre 1968 zwei Personen in etwa 100 Meter Entfernung über dem Boden eine etwa 5 Meter hohe halbkugelförmige »Kuppel« schweben, die völlig durchsichtig war und gelblich strahlte. Innerhalb des Objekts war eine kleine weißglühende Lichtsäule zu erkennen. Nach 20 Sekunden verlosch das Licht. Hatte die »Kuppel« einen Dimensionswechsel vollzogen? Ein ähnliches Gebilde war übrigens im Jahre 1944 von einem deutschen Piloten über Kärnten fotografiert worden. Zufall oder mehr – womöglich das gleiche Gerät?

Über einen besonders interessanten Sichtungsfall, der sich am 19. November 1974 in Uzès (Südfrankreich) zugetragen haben soll, berichtet I. v. Ludwiger im »MUFON«-Band Nr. 6/1979: »Am 19. November näherte sich ein leuchtender opalfarbener Ball von etwa zwei Meter Durchmesser einem Bauernhaus. Obgleich die Kugel den Boden fast zu berühren schien, wurde, bei all ihrer Helligkeit, die Umgebung nicht beleuchtet. Es war gegen 18 Uhr, als dieses Objekt von dem 16jährigen Christophe Fernandez erstmals bemerkt wurde. Es verharrte völlig bewegungslos 10 bis 15 Minuten lang etwa 35 Meter vom Haus entfernt. In dieser Zeit konnte es der Zeuge zweimal fotografieren, aus 35 und aus 25 Meter Entfernung.

Von dem Objekt ging ein anhaltendes Summen aus. Es bewegte sich schließlich nach oben, so als ob es etwas suchen würde. Als es eine Höhe von etwa fünf Meter erreicht hatte, verharrte es erneut und schob dabei ein zylinderförmiges, außerordentlich helles, 80 Zentimeter langes Gebilde von etwa 40 Zentimeter Durchmesser heraus. Der Zeuge fühlte, daß von dem Objekt Hitze ausstrahlte. Plötzlich stieg es senkrecht in die Höhe und war im Bruchteil einer Sekunde verschwunden. Später meldeten sich fünf weitere Zeugen, die das Objekt aus größerer Entfernung ebenfalls gesehen hatten.«

Während dieses Vorfalls wurde das leuchtende Objekt für wenige Augenblicke transparent, so daß man hinter ihm eine steinerne Mauer erkennen konnte. Es fällt auf, daß das Phänomen der Objekttransparenz häufig von Materialisations- und Dematerialisationsprozessen begleitet ist, was auf raumzeitliche Manipulationen entsprechend der von namhaften Wissenschaftlern hofierten Projektionstheorie hindeuten könnte. Wir hätten es in solchen Fällen – in der einschlägigen Literatur gibt es sie zuhauf – mit quasimateriellen Objekten zu tun, die sich, aus ihrer zukünftigen oder parallelen Realität kommend, in unsere Bewußtseinswelt hinein-»beamen«.

Der berühmte Schweizer Tiefenpsychologe und Psychiater C. G. Jung (1875–1961) hing mit seinem bekannten »Ufo«-Buch »Ein moderner Mythos« offenbar ähnlichen Überlegungen nach. Seine diesbezüglichen Ausführungen, die auf der von ihm entwickelten Archetypenlehre gründen, beziehen sich denn auch mehr auf den psychischen Aspekt des Ufo-Phänomens (Ufos sind von uns erschaffene Gedankenobjekte), keinesfalls auf Zeitreisen, da zu seiner Zeit die physikalisch-theoretischen Voraussetzungen zur Erörterung solcher Möglichkeiten fehlten.

I. v. Ludwiger gibt zu bedenken, daß Ufos schon deswegen keine »psychischen Phänomene« sein können, weil sie »wohl kaum den Gesetzen folgen, die in der Psychoanalyse die aus dem Unbewußten aufsteigenden Bilder bestimmen«. Er meint, solche Bilder hätten mehr symbolische Bedeutung. Wörtlich: »Das Ufo-Phänomen zeigt viele rein physikalische Eigenschaften von geringem Symbolwert, so z. B. Flugbewegungen ›wie ein fallendes Blatt‹, pulsierende Lichter, monochromatische ›Lichtstrahlen‹, Summgeräusche usw.«

Gehen wir einmal davon aus, daß es sich bei den in unserer Welt auftauchenden »unbekannten« Flugobjekten um Besucher aus der Zukunft handelt, so wären diese hier tatsächlich nur *scheinbar* materiell vertreten. Sie könnten im Rahmen der zuvor erwähnten Kausalschleife zwar in unsere heutige Realität und in Realitäten vergangener Epochen hineinwirken, wären für uns aber nur »außerzeitliche« Objekte – dreidimensionale »Schatten« aus anderen Zeiten oder gar aus anderen Universen. Ein eigenartiger Zustand, der unter anerkannten quantenphysikalischen Gesichtspunkten dennoch verständlich erscheint.

Dipl.-Physiker I. v. Ludwiger hat von Burkhard Heims 6-dimensionaler Quanten-Geometrodynamik ausgehend seine Projektortheorie entwickelt, die unter Nutzung gravitativer Feldantriebe Raumzeit-Versetzungen über einen Hyperraum mit sechs Dimensionen vorsieht. Dabei geht er von Heims Überlegungen aus, daß die Ausbreitungsgeschwindigkeit der hierbei genutzten gravitativen Feldstörungen größer als die Lichtgeschwindigkeit ist, was, so v. Ludwiger, »eine ganze Reihe schwerwiegender physikalischer bis hin zu weltanschaulichen Konsequenzen zur Folge hat«. Er hält Ufos schon deshalb nicht für Raumfahrzeuge im technischen Sinne, weil sie unter anderem ihre Form verändern, d. h. sich verdoppeln, miteinander verschmelzen, durchsichtig werden, sich materialisieren und dematerialisieren können.

Der französische Astrophysiker Dr. P. Guérin kam nach jahrelangen Untersuchungen des Ufo-Phänomens zu einem ähnlichen Resultat. Für ihn scheiden die Raumfahrt-Theorie – Ufos sind Raumfahrzeuge mit Wesen nichthumanoider Abstammung – und psychische Erklärungen – Psychosen, Halluzinationen, Massenhysterie usw. – mit Sicherheit aus. Er hält es für wahrscheinlicher, daß Ufos Zeitmaschinen bzw. interdimensionale Fahrzeuge »Außerirdischer« sind, die sich zur Herbeiführung von Raumzeit-»Kurzschlüssen« einer Art Hyperphysik bedienen. Hierbei ist natürlich in Betracht zu ziehen, daß diese »Außerirdischen« bislang fast ausnahmslos als »humanoid« geschildert wurden, was zumindest auf eine irdische Verwandtschaft schließen läßt.

Die Bezeichnung »Außerzeitliche« wäre hier wohl angemessener.

Die allen Gesetzen der Aerodynamik Hohn sprechenden Wendemanöver der Ufos, ihr übergangsloses Auftauchen und Verschwinden sowie ihre für andere Flugkörper und Raumfahrzeuge ungewöhnlichen Merkmale, lassen die Vermutung aufkommen, daß bei diesen Operationen vollendete Projektionstechniken über den zeitneutralen Hyperraum praktiziert werden. Nach der Heimschen Feldtheorie könnten sich diese Objekte mittels komplexer Drehmanöver über einen 6- und 5-dimensionalen Zustand in unsere Raumzeit, aber auch in parallele Welten hineinprojizieren. Wir hätten es in solchen Fällen weniger mit Wurmloch-Zeitmaschinen, sondern mehr mit interdimensionalen Fahrzeugen zu tun, mit denen sich »aus dem Stand heraus« nicht nur Raum und Zeit, sondern auch andersdimensionale Zustände überbrücken ließen.

Heim und v. Ludwiger bezeichnen solche Apparate als »Kontrabatoren«, Maschinen, die elektromagnetische Strahlung großflächig in Gravitationswellen umwandeln, um die zuvor geschilderten Projektionen zu bewerkstelligen. In dieser nicht an die bekannten vier Dimensionen gebundenen Physik können, so v. Ludwiger, interdimensionale Fahrzeuge zeitweilig auch in Form von *Ideen* (sic) weiterexistieren, eine Konzeption, die einer zukünftigen Bewußtseinsphysik vorgreift.

An dieser Stelle ist es unumgänglich, sich einer der letzten und interessantesten Botschaften zu erinnern, die Ken Webster von der Zeitexperimentalgruppe 2109 per Computer erhalten hatte (vgl. Kapitel V/3). Hier heißt es, daß, wenn sich Temponauten in einer extrem tiefen Trance befänden, ihre Bewußtseinskörper durch das Licht-/Zeit-Tor gezwängt würden, wonach sie physikalische Spiegelbilder ihrer Selbste in andere Realitäten zu projizieren vermögen. Die Übereinstimmung mit v. Ludwigers sachlichen Ausführungen zu dieser »Technik« ist unverkennbar. Doch wenden wir uns zunächst dem energetischen Aspekt der Zeitreise zu, der für das Gelingen solcher Operationen ausschlaggebend ist.

Nach der Quantentheorie enthält der *leere Raum* zwischen den Materieteilchen, aber auch der Weltraum – Physiker bezeichnen ihn als *Vakuum* – ungeheure (praktisch unerschöpfliche) Mengen fluktuierender oder *freier Energie*, die für die hier beschriebenen Techniken vielleicht sogar einmal direkt genutzt werden könnten. Sie verdanken ihre Existenz unter anderem dem komplexen physikalischen Phänomen der *Paarerzeugung* und *Paarvernichtung*. Dies bedeutet: Treffen hochenergetische Lichtquanten (Gammaquanten) auf Atomkerne, zerfallen diese in elektrisch negative und positive Teilchen – in Elektronen und Positronen (Anti-Elektronen). Diesen Vorgang bezeichnet man als Paarerzeugung. Doch verschmelzen die eben erzeugten Elektronen und Positronen sofort wieder miteinander. Sie zerstrahlen und verschwinden unter Zurücklassung von Photonen aus unserer Welt – ein Prozeß, der Paarvernichtung genannt wird. Während sich Elektronen, aber auch andere Elementarteilchen frei in unserem Universum herumtummeln, kommt es in ununterbrochener, rascher Folge zu Paarerzeugungs- und -vernichtungsabläufen, die ihrerseits spontan unzählige weitere derartige Interaktionen, Sub-Interaktionen usw. auslösen.

Sollten sich einmal diese chaotischen Prozesse ordnen und die aus den Interaktionen herrührenden Resonanzen bündeln lassen, so könnte man dem »leeren Raum« (Vakuum) jede gewünschte Menge dieser *Nullpunktenergie* abgewinnen. Robert Forward von den Hughes Research Labora-

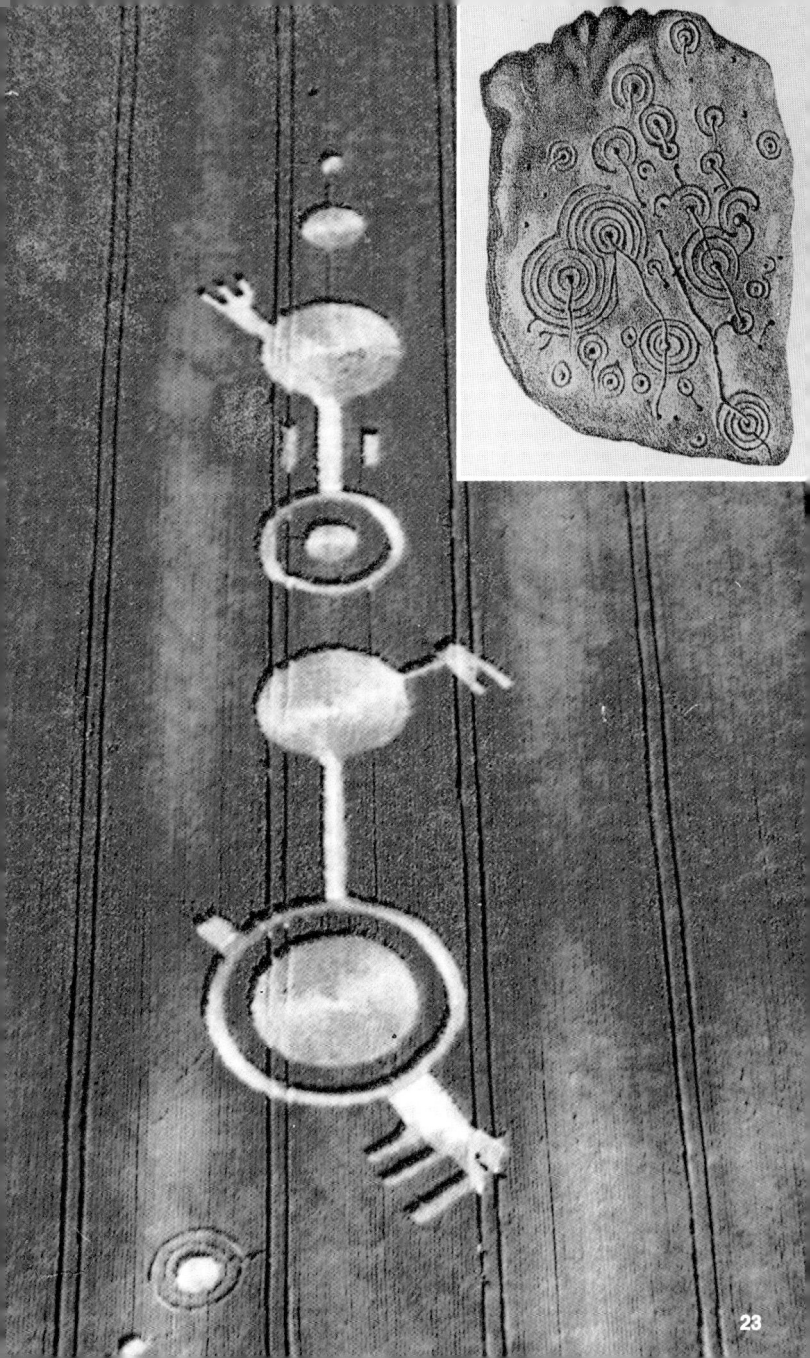

23

VOLUME 61, NUMBER 13   PHYSICAL REVIEW LETTERS   26 SEPTEMBER

Wormholes, Time Machines, and the Weak Energy Condition

Michael S. Morris, Kip S. Thorne, and Ulvi Yurtsever

Theoretical Astrophysics, California Institute of Technology, Pasadena, California 91125

(Received 21 June 1988)

It is argued that, if the laws of physics permit an advanced civilization to create and maintain a wormhole in space for interstellar travel, then that wormhole can be converted into a time machine with which causality might be violatable. Whether wormholes can be created and maintained entails deep, ill-understood issues about cosmic censorship, quantum gravity, and quantum field theory, including the question of whether field theory enforces an averaged version of the weak energy condition.

PACS numbers: 04.60.+n, 03.70.+k, 04.20.Cv

Normally theoretical physicists ask, "What are the laws of physics?" and/or, "What do those laws predict about the Universe?" In this Letter we ask, instead, "What constraints do the laws of physics place on the activities of an arbitrarily advanced civilization?" This will lead to some intriguing queries about the laws themselves.

We begin by asking whether the laws of physics permit an arbitrarily advanced civilization to construct and maintain wormholes for interstellar travel. Such a wormhole is a short "handle" in the topology of space, which links widely separated regions of the Universe (Fig. 1). The Schwarzschild metric, with an appropriate choice of topology, describes such a wormhole.[1,2] However, the Schwarzschild wormhole's horizon prevents ... travel ... and its threat ... off ... quick... that

into time machines.

Wormhole creation. — Wormhole creation, with mild spacetime curvature that classical general rela... is everywhere valid, must be accompanied by cl... timelike curves and/or a noncontinuous choice of future light cone,[5] and also by a violation of the "weak energy condition."[6] Specific spacetimes with such wo... hole creation are known.[7] However, it is not kr... whether the stress-energy tensors required by the stein equations in those spacetimes are permitted quantum field theory.

Wormhole creation accompanied by extremely ... spacetime curvatures would be governed by the law... quantum gravity. A seemingly plausible scenario en... quantum foam[1,8] [finite probability amplitudes f... variety of topolog...

24

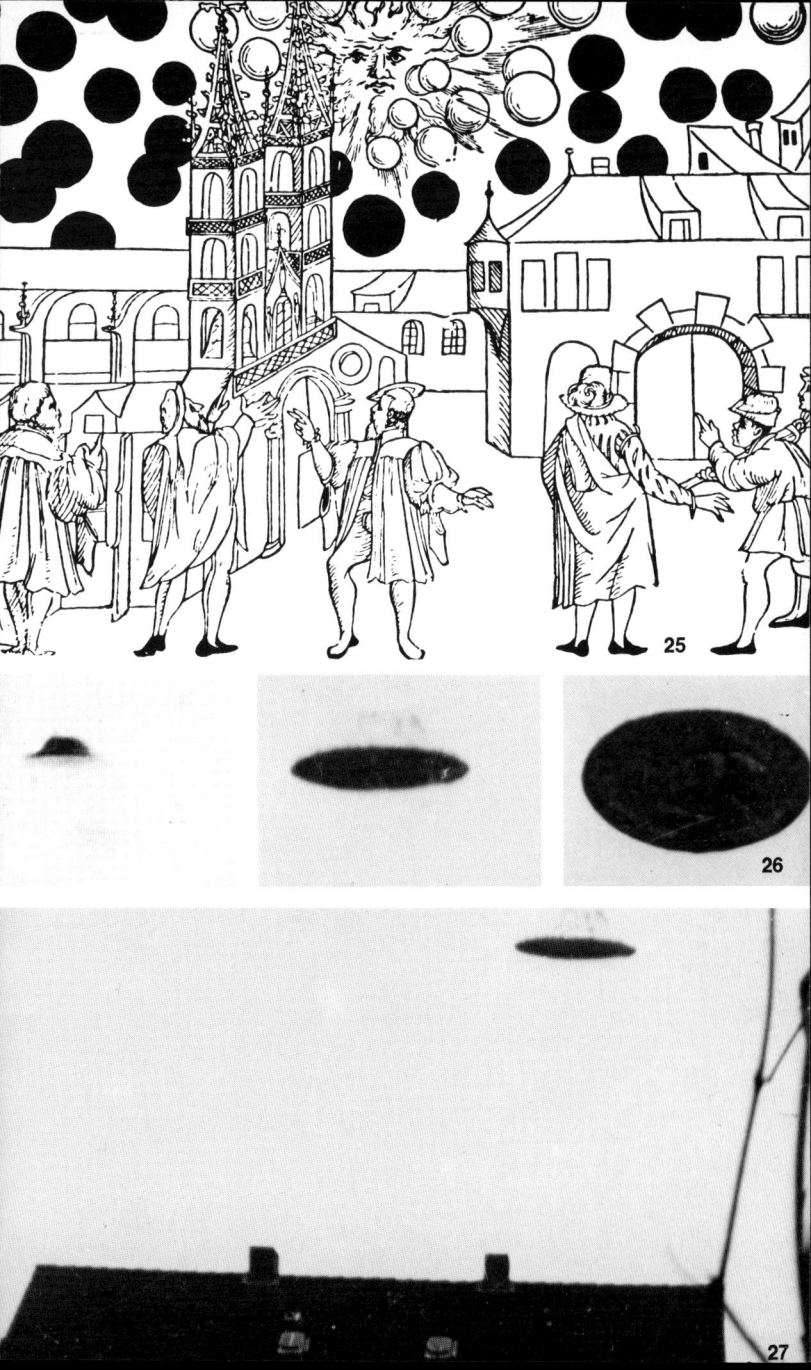

25

26

27

tories in Malibu, Kalifornien und Nobelpreisträger Tsung-Dao Lee wollen bereits Möglichkeiten der Gewinnung »freier Energie« im Rahmen eines fortgeschrittenen Vakuum-Engineering erkannt haben. Und diese schier nieversiegende Energiequelle könnte nicht nur zur Bewältigung raumzeitlicher Entfernungen, sondern mehr noch zur Behebung des chronischen Energieproblems unserer Welt herangezogen werden.

Vielleicht bedarf es zur Realisierung von Zeitreisen später gar nicht einmal der hier aufgezeigten Energiegewinnungstechnik. Der Zufall könnte uns durchaus einmal einfachere Lösungen bescheren.

Im Jahre 1984 entdeckte der israelische Fachmann für Elektronenmikroskopie Dr. Daniel Shechtman während eines Studienaufenthalts am National Bureau of Standards in Gaithersburg, Madison (USA), beim Untersuchen von Aluminium-Mangan- und Aluminium-Kobalt-Kupfer-Legierungen eine bislang unbekannte Kristallform mit ungewöhnlichen Eigenschaften. Die Atome dieser »unvollständigen« Kristalle – Fachleute bezeichnen sie als Quasikristalle – bilden beim Zusammenballen (Clusterbildung) ein komplexes fünfeckiges Muster. Wissenschaftler der Bell Laboratories, die sich mit der Herstellung solcher Kristalle befassen, halten sie, neben den amorphen (formlosen) und rein kristallinen Stoffen, für eine ganz neue Erscheinungsform der Materie. Quasikristalle sind sogenannte Ikosaeder, also Zwanzigflächner, d. h. dreieckige Entsprechungen fünfeckiger Kristalle.

Malcolm W. Browne berichtet in der »New York Times«, daß »Theoretiker in diesen Quasikristallen anstelle eines dreidimensionalen mehr einen sechsdimensionalen Aufbau erkannt haben wollen«. Die Anomalie dieser Super-Kristalle bestünde darin, daß sie, anders als alle übrigen Kristalle, beim Ausklappen ihrer Oberflächen keine ebene Fläche auszufüllen vermögen, ohne Lücken zu hinterlassen. Ein gewichtiges Indiz. Irgend etwas an ihrem Aufbau scheint sich in eine andere (höhere?) Dimensionalität hineinzukrümmen – und dies auf ganz natürliche Weise.

Für den Harvard-Physiker David R. Nelson ist durch diese außerordentlich wichtige Entdeckung die »Welt der theoretischen Physik nicht länger in Ordnung«.

Es gehört nicht viel Phantasie dazu, solche in höherdimensionale Bereiche hineinwirkenden Quasikristalle, die bereits industriell genutzt werden, später einmal in Raumzeit überbrückende Projektoren integriert zu sehen. Denn: Sicher ist, daß das »Umspiegeln« in der Raumzeit nur über den zeitneutralen Hyperraum erfolgen kann. Vielleicht erweisen sich Shechtmans »Zwitter«-Kristalle – teils 3-, teils 6-dimensional – als »sanfte« Übergänge (Öffnungen) zum Hyperraum.

Lösungen dieser Art können womöglich auch von einer Quanten-Zeittranslationsmaschine erwartet werden, wie sie von Yakir Aharanow und dessen Mitarbeiter in den »Physical Review Letters« Nr. 64, 1990 vorgestellt wurde. Hier wird eine Zeitversetzungstheorie diskutiert, die auf dem aus der Quantenmechanik bekannten Überlagerungsprinzip (Superposition) beruht. Dieses besteht in der Kombination verschiedener physikalischer Situationen, in der sich (wegen der quantenmechanischen Unbestimmtheit) auch jede der ursprünglichen Situationen manifestieren kann. Einfacher ausgedrückt: Wenn man eine Anzahl von Situationen irgendwie überlagern könnte, in denen verschiedene Zeitdauern vergangen sind, ließe sich beim Überlagern durch geschicktes Gewichten der Effekte eine Zeitspanne erhalten, die länger ist als die irgendeiner ursprünglichen Situation. Hierdurch könnte man ein geschlossenes

System in die Zukunft oder sogar in die Vergangenheit (negative Zeit) versetzen.

Die Autoren dieses Beitrages haben sich natürlich gefragt, wie man denn Situationen erzeugen könnte, die allesamt in nur einer Zeit existieren. Sie sehen die Lösung dieses Problems in der Kontrolle (Steuerung) des Gravitationspotentials am Ausgangspunkt der Zeitreise. Konkret: Aharanov und Mitarbeiter schlagen vor, ein System in eine massive kugelförmige Hülle einzuschließen und dann deren Radius zu verändern, um so durch Manipulieren des Gravitationspotentials Zeitversetzungen zu bewirken. Es wäre durchaus denkbar, daß ein solches System schon in absehbarer Zeit im irdischen Maßstab realisiert wird. Die Tatsache, daß man sich in den USA bereits ernsthaft mit der Entwicklung »allmächtiger« Quanten-Computer beschäftigt (Kapitel IV/3), könnte ein Indiz hierfür sein.

Quanten-Computer und Quanten-Zeitmaschinen sind indes nicht unproblematisch. Ihr Gebrauch könnte Situationen heraufbeschwören, die für alle von uns, die Welt insgesamt, katastrophale Auswirkungen haben. Professor Senkowski fand hierfür die richtigen Worte: »So eine Zeitmaschine wäre in der Tat ein wahres ›Teufelsinstrument‹ – weil man damit natürlich nicht nur Zeitsprünge realisieren, sondern auch die ›Realität‹ selbst manipulieren könnte.« Schöne Aussichten, möchte man meinen.

4   Zeitreisende unterwegs – Die unendliche Geschichte

Allein im Laufe der letzten fünfzig Jahre wurden sowohl von Zivilisten als auch von Militärpersonen – darunter technisch hochqualifizierten Beobachtern – Zehntausende von Ufo-Überflügen und -»Landungen« registriert. Zieht man hiervon einmal alle Sichtungen ab, die auf Fehlinterpretationen oder bewußter Irreführung beruhen, bleibt dennoch ein ansehnlicher Rest von Tausenden mehrfach verifizierter Fälle, die darauf hindeuten, daß wir es bei Ufos mit einem außergewöhnlichen, konventionell-physikalisch nicht interpretierbaren Phänomen zu tun haben. Es mutet mehr wie die Aktivitäten einer Hochzivilisation an, deren Technik der unsrigen um Jahrhunderte überlegen zu sein scheint.

Der enorme technische Fortschritt seit Ende des Zweiten Weltkrieges verleitet die Mehrzahl derer, die sich ernsthaft mit Ufo-Manifestationen befassen, zu der irrigen Annahme, es handele sich hierbei lediglich um eine Weiterentwicklung der simplen Raumfahrttechnologie unserer Tage, um außerirdische Raumschiffe völlig fremder Zivilisationen, gewissermaßen um »Hardware« aus dem All. Erst viel später sollte es sich herausstellen, daß sich die von vielen Ufo-Freaks auch heute noch vertretene *klassische* extraterrestrische Ufo-Hypothese (ETH) nicht länger aufrechterhalten läßt, nämlich:

– seitdem die Sichtungsfälle in beängstigendem Maße zunahmen,

– seitdem im Zusammenhang mit dem Auftauchen von Ufos Zeitanomalien und Psi-Phänomene beobachtet wurden und

– seitdem die Quantenphysik der Zeitreiseidee neuen Auftrieb verlieh.

Gegen die extraterrestrische Raumschiff-Version spricht in erster Linie das massierte Auftreten von Ufos im irdischen Bereich, vor allem, wenn diese Häufung in Relation zum Gesamtuniversum bewertet wird. Stellt man nämlich die Anzahl der allein in unserer Galaxie beheimateten Sonnen und Planeten den Hunderten einwandfrei verifizierten Ufo-Sichtungen pro Jahr gegenüber, vergegenwärtigt man sich dazu noch die riesigen Entfernungen innerhalb unseres galaktischen Systems, in dem sich unsere Erde nachgerade mikrobenhaft winzig und entsprechend unbedeutend ausnimmt, so wird man mit einem Mal gewahr, wie unhaltbar die Hypothese von Raumflügen mit Nahezu-Lichtgeschwindigkeit ist, gleich welchen Antriebs sich die Ufonauten auch immer bedienen mögen. Die Forschungsreisenden in Sachen »Erde« müßten mit ihren nach dem »Zwillingsparadoxon« funktionierenden Raumzeit-Reisen ganz einfach an den Größenordnungen innerhalb unserer Galaxie, an der Realität ihrer schätzungsweise hundert Milliarden (!) Fixsterne und höchstwahrscheinlich 18 Millionen planetaren Systeme (nach Professor Dr. Willy Ley) scheitern.

Nehmen wir trotzdem einmal an, daß einige Superzivilisationen innerhalb unserer Galaxie sogenannte »exotische« Antriebssysteme wie Gravitationsschleudern, Energiestrahler usw. – Vehikel für Hypersprünge – entwickelt hätten, so würden sich dadurch unsere Aussichten, von *Fremdentitäten* zufällig entdeckt zu werden, kaum verbessern. Das Ganze ist fraglos ein statistisches Rechenexempel. Die Wahrscheinlichkeit der Existenz einer großen Anzahl von Superzivilisationen, die über derart effiziente Antriebssysteme verfügen, ist wohl eher niedrig anzusetzen. Der amerikanische Exobiologe Carl Sagan rechnet immerhin mit etwa einer Million hochentwickelter Zivilisationen allein in unserer Milchstraße. Diese müßten sich – setzt man gleichartige Entwicklungschancen voraus – statistisch betrachtet, zwangsläufig über unsere gesamte Galaxie verteilen. Ihre Verbreitung über einen derart großen Raum – er umfaßt etwa zweihundert Milliarden Sonnenmassen –

würde bedeuten, daß wir aufgrund der extrem aufgelockerten Verteilung technischer Intelligenzen als unbedeutender Planet einer verhältnismäßig kleinen Sonne einfach unentdeckt bleiben müßten. Sollte auch nur ein einziges Ufo pro Jahr die Erde besuchen, so müßte, nach Sagan, *jede* dieser hypothetischen raumfahrenden Superzivilisationen jährlich zehntausend Fernraumschiffe losschicken. Das wären in unserer Galaxis zehn Milliarden Starts pro Jahr. Auch Superzivilisationen wären durch derart aufwendige, nur wenig Erfolg versprechende Experimente überfordert. Und von der Erde abgestrahlte Radiosignale sowie ein paar atomare Versuchsexplosionen dürften unsere »Freunde« aus dem All wohl kaum zur permanenten Überwachung unseres Planeten animieren.

Bislang haben wir uns mehr mit den theoretischen Aspekten von Raumzeit-Reisen befaßt, deren Realisierbarkeit uns von namhaften Vertretern der Astrophysik bestätigen lassen. Wenn dem so ist, wenn Zeitreisen irgendwann einmal verwirklicht und zur Routine werden sollten, dann müßten unsere Nachfahren – ganz gleich, *ob von der Erde oder von anderen, durch sie besiedelten Planeten aus* – auch ihre irdische Vergangenheit – uns, d. h. sämtliche verflossene Zeitperioden besuchen und informationsbeladen in ihre Ausgangszeit zurückkehren können. Mit raffinierten Zeitversetzungstechniken würden sie ihre Vorgeschichte »abfahren«, vielleicht, um historisches »Sight-seeing« zu betreiben, ohne Gefahr zu laufen, in früheres Geschehen involviert zu werden.

Das Ufo-Szenarium mit all seinen physikalischen Ungeheuerlichkeiten vor Augen, muß man sich allen Ernstes fragen, ob nicht in ihm selbst des Rätsels Lösung liegt, ob die seit Jahrhunderten gesichteten »unbekannten Flugobjekte« nicht das sind, was in absehbarer Zeit Realität sein wird

(d. h. bereits ist): perfekte Zeitmaschinen, gesteuert von unseren Nachfahren in spe.

Fassen wir einmal kurz zusammen, was alles für die Zeitreisetheorie spricht, die davon ausgeht, daß Ufos Besucher aus der Zukunft sind.

Logische Gründe: Mathematisch und quantenphysikalisch gestützte Theorien seriöser Wissenschaftler, die besagen, daß Zeitreisen grundsätzlich machbar sind, ohne Paradoxa zu verursachen. Immer mehr Physiktheoretiker entwickeln technisch nachvollziehbare Zeitmaschinen-Funktionsmodelle.

Zwangsläufigkeit der technischen Entwicklung: Die technische Entwicklung verläuft immer rasanter und dürfte unter Einbeziehung der projektierten Quanten-Computer schon im nächsten Jahrhundert erste zuverlässig funktionierende Zweiweg-Verbindungen zu anderen Realitäten – Existenzen in Vergangenheit und Zukunft, Parallelwelten, höheren Dimensionalitäten usw. ermöglichen (verbale und Bildkontakte; Zeitsonden).

Häufigkeit des Erscheinens »unbekannter Flugobjekte«: Professor Sagan (vgl. Kapitelanfang), der verstorbene Astronomieprofessor J. Allen Hynek, der Astrophysiker Dr. P. Guérin und zahlreiche weitere Wissenschaftler vermochten die klassische Theorie von der extraterrestrischen Herkunft der Ufos – Fremdrassen besuchen uns mit Raumfahrzeugen – überzeugend zu widerlegen. Glaubhaft erscheint hingegen die von I. v. Ludwiger vertretene und zuvor erläuterte Projektor-Theorie.

Zeitunabhängiges Auftauchen von Ufos in der irdischen Vergangenheit: Vermutungen werden allmählich zur Gewißheit. Sie – die Ufo-Temponauten, unsere zeitreisenden Nachfahren aus der Zukunft – weilen schon seit Menschengedenken unter uns. Ihren aufmerksamen Blicken entgeht

nichts, was sich im Laufe der Jahrhunderte und Jahrtausende auf der Erde zutrug. Ihr zeitlicher Aktionsradius
reicht weit – von einer Ewigkeit zur anderen.

Peruanische Mythen wissen von Göttern zu berichten, die
vor Urzeiten in gold-, silber- oder bronzefarbenen »Eiern«
geboren wurden, die »vom Himmel herabgeschwebt« seien.
In Tahiti und bei den Fidschi-Insulanern habe ein »Riesen-
vogel« ein metallenes »Ei« auf das Wasser gelegt. Bevorzugt
wurden offenbar geschützte Gewässer, Lagunen, Buchten
und Seen.

Die Indianer-Mythen sind voll von Geschichten über fremd-
artige, vielfach weißhäutige Besucher. So erinnern sich z. B.
die auf den Königin-Charlotte-Inseln in Britisch Kolumbien
(Kanada) ansässigen Haida-Indianer an »große Weiße«, die
auf »Feuertellern« von den Sternen kamen. Dr. George H.
Williamson will von kanadischen und anderen Indianer-
stämmen erfahren haben, daß auf den dortigen Seen noch
vor Ankunft des Weißen Mannes häufig »runde Fahrzeuge«
lautlos gelandet seien. Ihre Insassen hätten ihnen versichert,
daß sie eines Tages wiederkommen würden.

Im Sanskrit-Text »Samarangana Sutradhara« sind weit
über 200 Strophen mit Beschreibungen der sogenannten
»vimanas« enthalten – »Apparaten, die sich aus innerer
Kraft bewegen wie Vögel, ob auf der Erde, im Wasser oder
in der Luft..., die sich am Himmel, von Ort zu Ort... Land
zu Land, Welt zu Welt bewegen«.

In einem anderen altindischen Text – im »Samar« – werden
glatte eiserne Vehikel erwähnt, die als »Treibstoff« offenbar Quecksilber benutzen, was auf einen realistischen (technischen) Hintergrund hinzudeuten scheint.

Später, zur Zeit Alexanders des Großen, während der Epoche des Römischen Reiches, waren es vor allem »fliegende
Schilde«, Flammenzeichen, feurige »Räder« und »Kugeln«,

seltsame Monde und unnatürliche Sonnen, die überall am Himmel herumgeisterten, die das Volk, aber auch so manchen Despoten verunsicherten. Bei Livius, Buch 21, Kapitel 62, und Buch 22, Kapitel 1, heißt es zu einem Ereignis, das sich im Jahre 218 v. Chr. abgespielt haben soll: »Im Bezirk Amiterno wurden an vielen Stellen Männer in weißen Gewändern gesehen, die von weither kamen. Der Strahlenkranz der Sonne wurde kleiner. Bei Praeneste kamen glühende Lampen vom Himmel, bei Arpi hing ein Schild am Himmel ... und während der Nacht sah man *zwei* Monde. Phantomschiffe erschienen am Himmel.«

Julius Obsequens berichtete allein über mehr als sechzig Himmelsphänomene, Livius über dreißig, Plinius über sechsundzwanzig und der Historiker Lycosthenes (1552) über insgesamt neunundfünfzig solcher »Erscheinungen«, mit denen man damals absolut nichts anzufangen wußte.

Nach Lycosthenes sollen im Jahre 1105, vor der Zerstörung und Einnahme von Nürnberg durch Heinrich IV., zwei farbige Feuerbälle am Himmel erschienen sein. Im Jahre 1557 wurden Wien und einige Woiwodschaften Polens von merkwürdigen Leuchtobjekten überflogen. Am 14. April 1561 erschienen, abermals über Nürnberg, »schwarze, weiße, blaue und rote Scheiben« sowie zwei spindelförmige Objekte. Basel wurde am 7. April des Jahres 1566 von einem Pulk schwarzer, runder Objekte überflogen, die sich mit hoher Geschwindigkeit auf die Sonne zubewegt haben sollen. Etwa 200 Jahre später, am 9. August des Jahres 1762, sahen die Astronomen de Rostan und Croste, wie sich ein riesiger spindelförmiger Gegenstand an der Sonnenscheibe vorbeibewegte. Seine Außenhülle glühte, so als ob er das Licht der Sonne reflektierte.

Waren dies immer nur Himmelserscheinungen, die sich letztlich auch ganz natürlich erklären ließen: bislang unbekannte Naturerscheinungen, Sinnestäuschungen, defekte Beobachtungsgeräte, ungünstige Observierungsmöglichkeiten, Übertreibungen oder Fehlinterpretationen?

Am 18. April 1808 wurde ein gewisser Simondi, Sekretär des Friedensrichters von Torre Pellice in Piemont (Italien), durch einen scharfen Summton aus dem Schlaf gerissen. Als Simondi aus dem Fenster schaute, sah er auf der gegenüberliegenden Wiese eine leuchtende Scheibe (!), die gerade mit hoher Geschwindigkeit steil nach oben zog. »Fliegende Untertassen«, schon zu Beginn des 19. Jahrhunderts?

Am 1. August 1871 hatte Marseille seine Ufo-Sensation. Gegen 22.45 Uhr schwebte eine »Scheibe« riesigen Ausmaßes über die Stadt. Nachdem sie einige Minuten über einer bestimmten Stelle verharrt hatte, entfernte sie sich in nördlicher Richtung.

Von dem zwischen China und Japan verkehrenden Handelsschiff »Caroline« aus sah dessen Mannschaft am 25. Mai 1983 ganze Formationen »fliegender Scheiben«, die sich in Richtung Norden bewegten. Mit dem Teleskop konnte man feststellen, daß sie rötlich glühten und keine Rauchspuren hinterließen. Das Spektakel soll etwa zwei Stunden gedauert haben.

Die Liste der merkwürdigen Himmelsphänomene ließe sich noch um Buchlängen erweitern. Sie ist ohne Anfang, ohne Ende – eine ausgezeichnete Dokumentation über die zeitlosen Strategien der Temponauten hart am Rande der Ewigkeit.

Parallelen zu Sichtungsberichten aus neuerer Zeit werden erkennbar. Sie offenbaren sich nicht nur in Tausenden gut dokumentierter Augenzeugenberichte einfacher Leute, sondern in viel stärkerem Maße noch in den Protokollen erfahrener Piloten, Schiffsoffiziere, Polizeibeamter und Astronomen – im Beobachten geschulter Personen, von denen man nicht pauschal behaupten kann, daß sie allesamt an Halluzinationen litten oder aus niedrigen Beweggründen Geschichten erfanden. Die Phänomenologie der Ufos scheint – läßt man das schmückende Beiwerk früherer Sichtungsberichte beiseite – über alle Zeiten hinweg stets annähernd die gleiche zu sein. Geht man einmal davon aus, daß es damals keine Möglichkeit zur exakten Beschreibung der solchen Sichtungen zugrundeliegenden Techniken gab, so wird verständlich, warum sich die Menschen bis weit ins 19. Jahrhundert hinein zur Veranschaulichung des Erlebten eines »technischen« Vokabulars bedienten, das ausschließlich von Begriffen aus deren Alltag geprägt war.

Bei der Re-Interpretation früherer Ufo-Sichtungen unter Berücksichtigung unseres heutigen wissenschaftlich-technischen Erfahrungsschatzes wird schon bald der gemeinsame »Hauptnenner« für diese über die Jahrhunderte hinweg registrierten Himmelsphänomene erkennbar. Alle diese Phänomene fügen sich nahtlos in das heutige Ufo-Szenarium ein, ergeben ein weiteres wichtiges Indiz für die Richtigkeit der Temponauten-Theorie.

Interesse an historischen Brennpunkten: Das häufige Erscheinen von Ufo-Zeitmaschinen in der Nähe historischer Stätten könnte ebenfalls darauf hindeuten, daß die Temponauten nach günstigen »Einstiegsmöglichkeiten« in die jeweiligen Epochen suchen. Offenbar nähern sie sich einem bestimmten Ereignisablauf allmählich – in zeitlichen Schritten –, um die Auswirkungen von Erfindungen, kulturellen Entwicklungen, das Entstehen von Konflikten und militärischen Auseinandersetzungen besser studieren zu können. Man muß sich fragen, ob es hier Querverbindungen zum Getreideformations-Phänomen in England gibt.

Humanoide Ufonauten: »Kontaktler« – Personen, die während sogenannter »Begegnungen der dritten Art« Ufo-Temponauten kontaktiert haben wollen – beschreiben diese nahezu übereinstimmend als humanoid. Zwar gibt es ihren Schilderungen nach Abweichungen in der Körpergröße, Hautfarbe, Augenstellung – in ihrer Physiognomie schlechthin –, unbenommen hiervon hatten die Kontaktler jedoch den Gesamteindruck, daß es sich bei diesen Wesenheiten um menschenähnliche Lebensformen und nicht um »grüne Männchen« und Monster handelt.

Der im brasilianischen Porto Alegre wohnhafte Forscher Jader U. Pereira hatte anhand einer Fülle von Publikationen schon vor Jahren eine aufschlußreiche Typisierung und Katalogisierung der »Besucher« vorgenommen. Er kam zu dem sensationellen Ergebnis, daß in 95,8 Prozent aller ihm vorliegenden Kontaktfälle von Humanoiden die Rede ist. Er teilte sie in zwei Hauptkategorien ein: 0,9 bis 1,2 m und 1,6 bis 2 m große Wesen.

Im Oktober 1989 wollen in Woronesch sowie in anderen Gegenden der Sowjetunion Zeugen von Ufo-Landungen 3 bis 4 m große Ufo-Wesen beobachtet haben. In solchen Fällen könnte es sich natürlich auch um zeitreisende Roboter gehandelt haben, die irgendwelche Scout-Missionen erfüllten.

Vielfach werden die Humanoiden als kleine Entitäten mit dünnen, langen Gliedmaßen und überproportional großen, kahlen Köpfen geschildert. Hinsichtlich ihrer Hautfarbe scheint es erhebliche Unterschiede zu geben. Sie wird einmal als weiß bis grau, ein anderes Mal als braun bis schwarz geschildert. Katzenartige, schräg gestellte Augen sind offenbar keine Seltenheit.

Alle diese Merkmale – soweit sie richtig wiedergegeben wurden – sagen über die Herkunft der Wesen wenig aus. Es könnte sich bei ihnen durchaus auch um mutierte Erscheinungsformen der menschlichen Rasse handeln, hervorgerufen durch irdische Kataklysmen und/oder verheerende Umweltkatastrophen. Andererseits wäre es durchaus vorstellbar, daß uns die raumzeitreisenden Nachfahren planetarer Emigranten besuchen, Menschen, die irgendwann einmal in der Zukunft die Erde verlassen (haben), um in den unendlichen Weiten des Weltalls zu siedeln und neue Kulturen entstehen zu lassen. Sie könnten unter veränderten klimatischen und sonstigen Bedingungen ein anderes Aussehen angenommen haben, ohne ihre prinzipiell humanoide Erscheinungsform zu verlieren. Größe und Aussehen des Menschen ändern sich im Laufe der Jahrhunderte ohnehin. Beispiele hierfür finden sich in großer Zahl an frühgeschichtlichen Ausgrabungsstätten und in Museen.

Interesse an unserer Zeitvorstellung: Das Interesse der »Besucher« an unserem Umgang mit der Zeit, an der Art unserer Zeitmessung ist auffallend groß. Bemerkungen gegenüber Kontaktlern, daß unsere Zeitvorstellung völlig irreal und die Zeit als solche manipulierbar sei (»es gibt keine Zeit, sondern nur Gleichzeitigkeit«) verstärken den Eindruck, daß wir es hier mit Zeitreisenden zu tun haben.

Beherrschung von Hyperraum-Techniken: Ufos können sich materialisieren und dematerialisieren. Sie teilen sich mitunter, um kurze Zeit später wieder zu einem Ganzen zusammenzufließen, führen verrückt anmutende Stop- und Wendemanöver sowie andere physikalisch unerklärliche Bewegungen aus, die auf die Beherrschung antigravitativer Kräfte und Projektionstechniken schließen lassen.

Indem Ufos in unterschiedlicher Reihenfolge als glühende scheiben- oder kugelförmige Massen, als farblose, verwaschene Lichtflecken, als glasartige, durchsichtige Objekte und dann – im nächsten Augenblick – vielleicht als scharf umrissene metallische Scheiben erscheinen, gewinnt man den Eindruck, daß sie beim Materialisieren bzw. Dematerialisieren stoffliche Zwischenstadien annehmen können. Dies bedingt zwangsläufig raumzeitliche Operationen über den Hyperraum. Die Objekte wären demnach rein visuell anwesend. Und durch diese teilmaterialisierte Erscheinungsform könnten wir hindurchgreifen – ein geradezu gespenstisch anmutender Aggregatzustand.

Zeitanomalien: Wie beim Einwirken zeitverändernder gravitativer Felder nicht anders zu erwarten ist, treten in der Nähe derselben mitunter Zeitanomalien auf. Mit anderen Worten: Für die hiervon betroffenen Gebiete vergeht die Zeit langsamer als für den Rest der Welt. Uhren gehen nach oder bleiben ganz stehen, wie dies am 9. September 1969 in Potten End, einem Vorort von Warminster (England) geschehen ist. Hier kam es, wie der dort ansässige Journalist Arthur Shuttlewood nach einer Blitzumfrage zu berichten wußte, zu einem einstündigen »Stillstand« der Uhren. Küchen-, Nachttisch- und Armbanduhren waren genau um 20 Uhr auf unerklärliche Weise stehengeblieben.

John Booth aus Dunbar Cottage hatte den Stillstand zweier Uhren selbst beobachtet. Er und seine Frau mühten sich ab, sie wieder in Gang zu bringen. Vergeblich. Die Zeiger wollten sich nicht weiterbewegen. Am nächsten Morgen arbeiteten sämtliche Uhren in Potten End wieder einwandfrei, allerdings mit einer Stunde Verspätung.

Irgend jemand hatte inzwischen die »Zeitsperre« aufgehoben. Die Zeit außerhalb des zeitneutralisierenden Feldes war normal weitergelaufen, und viele Personen kamen zu spät zur Arbeit. Potten End muß sich damals in einer Art »Dornröschenschlaf« befunden haben. Interessant ist, daß einige Ortsansässige während dieses Vorfalls einen aufdringlichen Summton vernommen und merkwürdige »Gebilde« am Himmel beobachtet haben wollen, die später als Ufos identifiziert wurden.

Durch das unerklärliche Zeitphänomen aufgeschreckt, informierten Bürger von Potten End die Behörden. Ein Sprecher des dem britischen Verteidigungsministerium unterstellten Wissenschaftlichen Forschungsrates am Observatorium der Royal Navy in Herstmonceux nahe Eastbourne meinte zu dem mehrfach verifizierten Vorfall hilflos, nie zuvor sei er mit einem solchen Phänomen konfrontiert worden.

Vor kurzem ließ der TASS-Korrespondent Sergeij Bulantsew seine westlichen Kollegen wissen, daß im Sommer 1989 bei Ufo-Landungen in der Nähe von Moskau ebenfalls Zeitanomalien gemeldet worden seien. Wörtlich: »Ich bin mir sicher, daß Sie nichts über den sonderbaren Zeiteffekt wissen, der nahe der Landungsstellen registriert wurde. Die Uhren gingen dort langsamer. Das traf auch für elektronische Uhren zu, was beweist, daß dies nicht ausschließlich ein magnetisches Phänomen ist. Ich glaube eher an eine Art Zeitverschiebung. Die Ufos hatten offenbar ein (Zeit-)Feld aufgebaut.«

Eine sowjetische Ufo-Studiengruppe aus dem nordöstlich von Moskau gelegenen Jaroslavl machte Mitte Juni 1984 an einer Stelle, wo unweit des Dorfes Schchedrino tags zuvor ein unbekanntes Flugobjekt »gelandet« war, eine hochinteressante Feststellung, die auf gravitativ bewirkte Zeitmanipulationen der Ufonauten hindeuten könnte. Juri A. Smirnow, Leiter der Gruppe berichtet: »Die elektrische Armbanduhr von A. Pyatkin (er war Zeuge der Ufo-Manifestation gewesen) ging innerhalb der Landezone um zwei Sekunden langsamer als außerhalb derselben. Nachdem man seine Uhr mehrmals über die äußere Begrenzung der Landestelle hinweg nach draußen und wieder zurück transportiert hatte, betrug der Zeitverzögerungseffekt 27 (!) Sekunden, d. h. seine Uhr ging, verglichen mit den Uhren außerhalb des

Ufo-Einflußbereiches, um 27 Sekunden nach.« Man muß sich fragen, was wohl geschähe, wenn in solchen Zonen mit Schwerkraftgeneratoren, starken elektromagnetischen Feldern oder auch nur mit elektronischen Aufzeichnungsgeräten experimentiert werden würde. Möglicherweise ließen sich gerade an diesen Stellen auf einfache Weise Öffnungen zu anderen Zeitperioden bzw. parallelen Welten herstellen. Über ähnliche zeitverändernde Effekte berichten nahezu sämtliche Kontaktler, die sich in unmittelbarer Nähe von Ufo-Zeitmaschinen aufhielten. In diesem Zusammenhang sei auf die zahlreichen Beispiele weiter vorn verwiesen.

Antigravitation als Indiz für Zeitmanipulationen: Immer wieder kommt es bei Ufo-Nahbegegnungen zu eigenartigen, antigravitativen Bewirkungen. Da werden Autos oft sekundenlang in der Schwebe gehalten, vom Absturz bedrohte Sportflugzeuge sanft zur Erde geleitet und schwere Objekte vorübergehend gewichtslos – alles gravitative Begleiterscheinungen, die dem Zeitreise-Szenarium entstammen könnten.

An einem sonnigen Dezembertag im Jahre 1970 war der damals 43jährige spanische Viehzüchter Juanito aus El Castañuelo mit seinem Hund und einigen Ziegen unterwegs, als er gegen Mittag nahe der Hauptstraße, etwa 1,5 Kilometer südöstlich des Dörfchens Huelva, plötzlich ein Geräusch wie von einer Kreissäge vernahm. Die Tiere liefen sofort in Richtung Straße. Besorgt eilte Juanito hinterher. Schon aus 60 Meter Entfernung sah er etwas am Straßenrand stehen, das einem großen Kühlschrank auf vier Auslegern glich. Als sich Juanito dem Objekt neugierig näherte, verspürte er mit einem Mal so etwas wie eine Lähmung. Auch die Tiere blieben abrupt stehen. Der schwere Sack mit Eicheln, den er auf dem Rücken trug, schien jetzt völlig gewichtslos zu sein. Nach etwa zwei

Minuten entfernte sich der Apparat geräuschvoll in einer grauen Rauchwolke. Im gleichen Augenblick ließen die Lähmungserscheinungen nach, und der Sack mit den Eicheln war wieder genauso schwer wie zuvor.

Wir wissen bereits, daß starke gravitative Felder ähnlich wie hohe relativistische Beschleunigungen und damit zeitverzögernd wirken. Gewisse Begleitumstände, die sich beim Auftauchen von Ufo-Zeitmaschinen bemerkbar machen, lassen die Vermutung aufkommen, daß hier mit Gravitationswellen-Generatoren gearbeitet wird, um bei Reisen in die Vergangenheit zeitverzögernde oder -neutralisierende Effekte auszulösen. I. v. Ludwiger hält es für denkbar, daß die Umgebung solcher Generatoren wie ein »mediumistisches Feld« wirken müßte, in dem psychische, d. h. paranormale und paraphysikalische Phänomene, ja sogar spukhafte Erscheinungen auftreten könnten. In Verfolgung dieser Theorie vermutet er, daß sich »ein solcher Generator möglicherweise überhaupt nicht auf die übliche Weise im dreidimensionalen Raum bewegt, sondern über fünfdimensionale Parallelräume, daß er sich im Sinne der Heimschen Syntropodenbrücken projektorartig materialisiert bzw. teleportiert«.

So gesehen erscheinen Zeitreisen – die spätere Entwicklung vorwegnehmend – kaum noch sensationell. Sie dürften in absehbarer Zeit sogar unumgänglich sein, um allmählich in weniger hektische und kritische Alternativsituationen überzuleiten. Zeitreisen – ganz gleich, welchen Zweck sie auch immer erfüllen mögen – werden irgendwann einmal so selbstverständlich sein wie alle anderen technischen Errungenschaften unserer Zeit. Wer die Manipulation der Zeit beherrscht, wird die Welt mit anderen Augen sehen. Die Generation der Temponauten wird sich von unserer jetzigen rein materialistischen Realität lösen und Aufgaben übernehmen müssen, die der Schaffung einer besseren, mehr vom Geistigen bestimmten Weltordnung dienen.

5 Erinnerungen

Der große Parabolspiegel des Funkmeßgerätes, das elektronische »Auge« unserer Flak-Großraumbatterie in unmittelbarer Nähe des vielbombardierten Frankfurter Osthafens hatte Sendepause. Träge hingen die Rohre der großkalibrigen Flakgeschütze in ihren Schwenklafetten. Kein Wölkchen trübte den Buttermilchhimmel. Die 6. Schwere Flakabteilung 255 genoß ein alarmfreies Wochenende.

Es war Samstag, der 28. August 1943. Deutschland befand sich im fünften Kriegsjahr, die Lage erschien aussichtsloser denn je. Wenige Wochen zuvor hatte das Wehrbezirksamt uns Sechzehnjährige von der Schulbank weggeholt und in die blaue Uniform der Luftwaffenhelfer gesteckt. Bombenfutter für die Heimatfront. Unsere Begeisterung hielt sich in Grenzen.

Dann aber kam jener bewußte Tag, jenes unglaubliche Erlebnis, das ich im Stenogrammstil in meinem Tagebuch festhielt, das bis heute in meinem Bewußtsein verankert ist, so als ob es sich gestern zugetragen hätte.

Zusammen mit zwei meiner Kameraden war ich für den späten Nachmittag als Flugmeldeposten eingeteilt worden, ein fauler Job, vor dem sich keiner drückte, weil die einzige Beschäftigung darin bestand, mit einem modernen binokularen Flakfernrohr den Luftraum nach unwillkommenen »Besuchern« – nach feindlichen Einzelmaschinen mit Spezialauftrag – abzusuchen.

Als wir den Beobachtungsposten in Batteriemitte erreicht hatten, wurden wir von der abzulösenden Mannschaft mit der Nachricht überrascht, daß sie in etwa 10 000 Meter Höhe fünf unbekannte Objekte entdeckt hätten, die dort schon seit Stunden regungslos an einem Fleck verharrten.

Wir überzeugten uns selbst. Was wir zu sehen bekamen, verschlug uns den Atem. Da standen sie, nahe beieinander, wie angegossen: fünf runde, weißleuchtende Scheiben, die unser in Flugzeugerkennungskunde geschultes Gedächtnis nicht einzuordnen vermochte.

Der eilends herbeigerufene Offizier vom Dienst besah sich die Fremdobjekte mit dem Kommandogerät – einem hochpräzisen optischen Zielerfassungssystem, von dem aus bei Luftangriffen die gesamte Abwehr geleitet wurde. Sein Gesichtsausdruck verriet Erstaunen und Ratlosigkeit. Mehr aus Verlegenheit tippte er auf außer Kontrolle geratene Wetter- oder Sperrballone. Aber gleich fünf dieser Exemplare – allesamt auf engstem Raum vereint, ohne von Höhenwinden auch nur um ein Jota abgetrieben zu werden? Und dies nun schon seit Stunden. Das ergab keinen Sinn.

Da wir über das Wochenende nur in Ausnahmefällen das Feuer eröffnen durften, bat der wachhabende Offizier das Luftgaukommando um baldige Entsendung eines Jagdflugzeuges. Er war fest entschlossen, dem Spuk ein Ende zu machen.

Doch: Aus dem Spektakel sollte nichts werden. Als ich, bei fest eingestellten Höhen- und Seitenwinkeln, Minuten später erneut durch das Glas schaute, waren die fünf Objekte mit einem Mal verschwunden – wie weggeblasen. Fieberhaft suchten wir den gesamten Raumsektor nach den fünf »Dingern« ab. Nichts. Wo waren sie abgeblieben? Immer wieder stellten wir uns diese eine Frage. Es war, als hätten sie sich in Luft aufgelöst. Hatten sie das?

Durch das Kriegsgeschehen, die nervenzerfetzenden Bombennächte, geriet dieses Erlebnis allmählich in Vergessenheit, blieb es zunächst bei der Eintragung in mein Tagebuch. Heute aber bin ich fest davon überzeugt, daß wir an jenem August-Nachmittag etwas gesehen hatten, das noch heute, nach fast 50 Jahren, jede Menge Rätsel aufgibt. Wer aber kannte damals schon »Ufos«?

Doch lassen wir einmal unserer Phantasie freien Lauf, spekulieren wir ein wenig. Könnte es nicht so gewesen sein, daß sich damals ein zeitreisendes Historiker-Team aus der Zukunft den Luftkrieg über Europa aus zeitlich sicherer »Entfernung« angesehen, die Schrecken des Krieges »vor Ort und Zeit« persönlich erlebt hatte? Vielleicht um Konfliktforschung »live« zu betreiben, um zu erkunden, wie Kriege entstanden, wie es mit der systematischen Zerstörung des einst blauen Planeten ihrer Vorfahren begonnen hatte.

Wem diese Gedankengänge zu abstrakt, zu phantastisch erscheinen, möge sich daran erinnern, was wir allein in den vergangenen 50 Jahren an zuvor Unvorstellbarem alles erlebt haben: die Kernspaltung, die Entwicklung von Raumfahrzeugen bis hin zur Mondlandung, atemberaubende Fortschritte in der Elektronik, in der Computertechnik und tausend Dinge mehr. Wer könnte da behaupten, daß die Manipulation der Zeit niemals gelingen werde, zumal die theoretischen Grundlagen bereits erarbeitet sind. Erinnern wir uns Freeman Dysons Worte zu Beginn dieses Buches: »Jede Vermutung, die nicht auf den ersten Blick verrückt erscheint, ist aussichtslos.«

Begriffserläuterungen

Apporte: Das psychophysikalische Herbeischaffen lebender oder toter Objekte ohne erkennbaren Kontakt zu diesen. Das Verbringen in einen geschlossenen Raum durch Materie (z. B. Wände hindurch = Penetration), ohne diese zu beschädigen. Die Objekte können von anderen Orten (möglicherweise auch aus anderen Zeiten) bzw. aus Parallelwelten stammen.

Archetypen: Urtümliche Bilder, die bei Senkung des Bewußtseins-niveaus (Dämmerzustand, Träume) auftreten können. Die Archetypen treten aus dem Kollektiven Unbewußten hervor, in dem Urerfahrungen der Menschheit gespeichert sind. C. G. Jung versuchte selbst Ufo-Manifestationen archetypisch zu deuten.

Aspect-Experiment: Der französische Physiker Alain Aspect von der Universität Paris führte 1982 zahlreiche Experimente, unter anderem zur Deutung des Einstein-Podolsky-Rosen-(EPR-)Paradoxons durch. Dieses bestätigt eine »Welt« der Synchronizität, Nicht-Lokalität und Akausalität (s. »EPR-Paradoxon«).

Astralprojektionen (auch: Astralreisen oder außerkörperliche Erfahrungen, AKE): Loslösen des hypothetischen feinstofflichen (psychischen) Körpers, des Astralleibes eines Lebewesens, vom materiellen Körper und seine Aussendung. Dabei ist der Astralkörper durch die sogenannte »Silberschnur« (feinstoffliche »Nabelschnur«) mit dem physischen Leib verbunden. AKE-Zustände sind nicht mit Wachtraumerlebnissen zu verwechseln. Sie lassen sich gelegentlich sogar willentlich herbeiführen.

Autoteleportation (auch: Selbstteleportation): Teleportieren der eigenen Person ohne Vermittlung eines fremden Bewußtseins (s. »Teleportation«).

Beobachtereffekt: Ein Begriff aus der Quantenphysik. Vom Beobachtereffekt hängt es ab, wann ein subatomares Teilchen ein festes Objekt und wann es eine Welle ist. Der Akt des Beobachtens, die Art und Weise, in der die Beobachtung durchgeführt wird, verändert die Natur dessen, was man beobachtet. Beim Beobachten kommt es zum Zusammenbruch der »Wahrscheinlichkeitswelle«, und es erscheint ein Teilchen.

Bilokation (auch: Zweiörtlichkeit): Die Fähigkeit einer Person, an zwei oder mehr Orten zur gleichen Zeit zu sein. Aber nur eine der erscheinenden Personen ist real, d. h. dreidimensional existent.

Biofeedback-Effekt: Ein Rückkopplungseffekt, der bei Heilbehandlungen unter Einsatz von Biofeedbackgeräten technisch genutzt wird. Die Rückmeldung führt dazu, daß man nach einem gewissen Training die Körperfunktionen bis zu einem gewissen Grad willentlich beeinflussen kann.

Biogravitationsfeld: Hypothetisches, auf der Existenz sogenannter Biogravitonen aufbauendes Feld. Der sowjetische Physiker W. Bunin definierte 1960 erstmals die Biogravitation als die Fähigkeit lebender Organismen, Gravitationswellen zu erzeugen und zu empfangen. W. Puschkin glaubt durch Biogravitationsfelder auch Psi-Phänomene (Teleportationen, Apporte, Levitationen, Biegeeffekte usw.) erklären zu können (s. »Bioplasmafeld«).

Bioplasmafeld (auch: biologischer Plasmakörper; früher: Ektoplasma): Ein dem physischen Körper mit seinen Zellen, Molekülen, Atomen und Kernteilchen entsprechendes, durch ionisierte Teilchen charakterisiertes Energiefeld (Energiekörper). Das sowjetische Forscherehepaar S. und W. Kirlian und der Biophysiker V. Adamenko von der Staatsuniversität Kasachstan wollen die Existenz des biologischen Plasmakörpers durch Hochfrequenzfotografie nachgewiesen haben. Der Autor vermutet hinter der durch HF-Fotografie sichtbar gemachten »Aura« organischer Objekte ein höherdimensionales Ordnungsprinzip, das auf Fotos und Filmen selbst *nicht* erscheint. Es handelt sich hierbei offenbar um eine Art »Reibungseffekt« zwischen korrespondierenden Feldern unterschiedlicher Dimensionalität.

Blip: Radartechnik: Zielerkennungssignal (Zacken).

Branching Universe Theory: Theorie vom sich ständig verzweigenden Universum. Sie ist in der von Wheeler, Everett und Graham
konzipierten »Viele-Welten-Interpretation der Quantenmechanik«
enthalten und überträgt die ursprünglich für den mikrophysikalischen Bereich gedachte Quantentheorie auf Weltenebene. In jedem
Sekundenbruchteil entstehen unzählige neue Realitäten.

Casimir-Effekt: Der holländische Physiker Hendrik Casimir konnte
rechnerisch und später auch experimentell nachweisen, daß zwischen
zwei parallelen Metallplatten durch die Störung des Quantenvaku-
ums, d. h. das »Einsperren« virtueller Photonen zwischen beiden
Plattenoberflächen, ein winziger negativer Druck erzeugt wird.

Cyberspace: Totalsimulation einer Computerrealität; Integration
des »Bewußtseins-Menschen« in ein künstlich geschaffenes, (später
einmal) real wirkendes Computer-Szenarium.

Einstein-Podolsky-Rosen-Paradoxon (EPR-Paradoxon): Ein von
den Physikern A. Einstein, B. Podolsky und N. Rosen ausgedachtes
Gedankenexperiment. Es besagt, daß Teilchen aus einer Emissions-
quelle auch dann, wenn sie schon beliebig weit voneinander entfernt
sind, so tun, als könnten sie sich *simultan* verständigen, unabhängig
von der Signalgeschwindigkeit.

Einstein-Rosen-Brücken: Hyperraum-Verbindungssystem zwischen
Schwarzen und Weißen Löchern, die Raumzeit-Sprünge zwischen
unterschiedlichen Stellen im eigenen Universum bzw. zwischen differenten Welten (Parallelwelten) bzw. Realitäten ermöglichen.

Energiesatz (auch: Entropiesatz oder Zweiter Hauptsatz der Thermodynamik): Bei allen Energieumwandlungen bleibt der Betrag der
Gesamtenergie erhalten. Ferner: In der Natur geht der unwahrschein-
liche Zustand der Ordnung von selbst in den wahrscheinlichen der
Unordnung über.

Entropie: Physikalische Größe, die die Richtung des Verlaufs von
Prozessen kennzeichnet (umgekehrter Verlauf: Negentropie).

Ereignishorizont: Im Makrokosmos: Umgebung eines kosmischen
Schwarzen Lochs – ein Bereich, von dem aus keine Kommunikation

mit der Außenwelt mehr möglich ist, weil die Fluchtgeschwindigkeit über der Lichtgeschwindigkeit liegen müßte. Rotierende Schwarze Löcher besitzen zwei Ereignishorizonte: einen äußeren und einen inneren. Ein Schwarzloch-Weißloch-Verbundsystem – auch Einstein-Rosen-Brücke genannt – besitzt somit vier Ereignishorizonte. Im Mikrokosmos: Randbereiche der rotierende Mini-Schwarzen und Mini-Weißen Löcher (analog zu den Makro-Varianten).

Explizite Ordnung: Entfaltete Ordnung; die für uns wahrnehmbare, materielle Welt in ihrer Gesamtheit (gem. D. Bohm).

Extraterrestrische Hypothese (ETH): Die klassische ETH besagt, daß Ufos mit relativistischer Geschwindigkeit bewegte Raumschiffe sind, die von Extraterrestriern (fremdrassischen Außerirdischen) gesteuert werden (diese Wesen sind keine Erdabkömmlinge).

Geomantie (auch: Geomantik): Beobachtungen des Erdbodens oder eines die Erde repräsentierenden Objekts führen zu Antworten auf bestimmte Fragen. Auch: Kunst (besonders der Chinesen und Araber), aus Linien und Figuren im Sand wahrzusagen.

Geonenraumwand: Prof. J. A. Wheeler vergleicht unser Universum auch mit einem Kranz, auf dessen fester, gekrümmter Oberfläche, der sogenannten Geonenraumwand, sämtliche Sterne und Galaxien angesiedelt sind; das Kranzloch symbolisiert den zeitfreien Hyperraum.

Gravitonen (auch: Gravitationsquanten): Hypothetische Träger des Gravitationsfeldes.

Halluzinationen: Sinnestäuschungen ohne vorhandenen Sinnesreiz, ohne sensorische Erregung.

Holismus (griech. »holos«: »ganz«): Hierunter versteht man eine Ganzheitslehre, in der man davon ausgeht, alle psychischen, biologischen und physischen Vorgänge könnten in einem hierarchischen System aus einem Weltganzen abgeleitet werden (nach Prof. F. Moser).

Holobewegung: Nach Prof. D. Bohm sind alle sichtbare Substanz und Bewegung Illusion. Sie treten aus einer ursprünglichen Ordnung des Universums hervor; dieses Phänomen nennt Bohm »Holobewegung«.

Hologramm: Das Prinzip des Hologramms besteht darin, daß man aus einem Teilbereich das Ganze reproduzieren kann. Hier: Räumlich wirkendes (3 D)-Gebilde; materiell erscheinende Projektion. Nach Marilyn Ferguson stellt das Gehirn ein Hologramm dar, das ein holographisches Muster interpretiert.

Illusion: Verfälschte Wahrnehmung tatsächlicher Gegebenheiten (meist unter Affektdruck).

Implizite Ordnung: Eingefaltete Ordnung. Alles für uns nicht unmittelbar Wahrnehmbare, Nichtmanifeste, d. h. alles Immaterielle (gem. D. Bohm).

Kontrabatoren: Geräte, die elektromagnetische Strahlung großflächig in Gravitationswellen (gravitative Felder) umwandeln, um interdimensionale Operationen zu bewerkstelligen. Nach v. Ludwiger können sie durch Ändern ihres fünfdimensionalen Organisationszustandes unter bestimmten Bedingungen den physischen Raum verlassen und nach bestimmten räumlichen Abständen vom Standort wieder in den 3 D-Raum eintauchen.

Leerer Raum (auch: Vakuum): Der Raum zwischen den Materiepartikeln, aber auch die Leere im Weltraum. Dieses Vakuum enthält ein unerschöpfliches Reservoir an sogenannter »freier Energie« (s. auch »Nullpunkt-Energie«).

Mentalismus: Psychologische Richtung, die mentalen Vorgängen besondere Aufmerksamkeit widmet.

Mini-Schwarze und -Weiße Löcher: Mikroskopische Entsprechungen der kosmischen Schwarzen und Weißen Löcher. Ihr Durchmesser ist mit nur 10^{-33} cm kalkuliert worden. In Biogravitationsfeldern soll ihr Durchmesser jedoch bei 10^{-4} cm liegen.

Morphisches Feld (auch: morphogenetisches Feld): Eine hypothetische Feldkraft, die für die Ausbildung sowie mögliche Regeneration von Form und Gestalt von Organismen verantwortlich ist.

Nahtoderlebnisse (NTE): Reanimierte – Menschen, die klinisch tot waren und im letzten Moment wieder ins Leben zurückgeholt wurden – berichten sehr häufig über faszinierende Erlebnisse aus einem »Zwischenreich«, ähnlich wie bei Astralkörperaustritten. Einige typische Merkmale:

– den Sterbenden überkommt ein Gefühl tiefen Friedens;
– er vernimmt »Knackgeräusche«;
– er hat das Gefühl, seinen Körper zu verlassen;
– er glaubt, sich durch ein tunnelartiges Gebilde (Hyperraum-Transit?) auf eine strahlend weiße Lichtquelle hinzubewegen;
– blitzschnelle Rückschau auf bisheriges Leben;
– gelegentlich: Kontakte mit verstorbenen Eltern, Verwandten und Freunden;
– schmerzlich empfundene Rückkehr in den materiellen Körper (Reanimation).

Nebelkammer: Gerät zum Sichtbarmachen der Bahnen elektrisch geladener Teilchen in einem staubfreien Gas, das mit Wasserdampf übersättigt ist.

Negentropie: Negative Entropie; umgekehrt verlaufende Entropie (s. »Entropie«). Der Autor hält es für denkbar, daß über eine höhere Dimensionalität rückwärts verlaufend der anfänglich geordnete Zustand wiederhergestellt wird; es wäre eine Art Kreislauf »Entropie – Negentropie – Entropie ... usw.«

Neutronensterne (auch: Pulsare): Es sind schrumpfende Sterne, bei denen sich der Schwerkraftkollaps fortsetzt, bis sich ihre Atome gegenseitig zerstört haben und nur noch die extrem dicht gepackten Neutronen übrigbleiben. Sie haben einen Durchmesser von (kalkuliert) etwa 15 Kilometer und eine hohe Massendichte.

Nichthumanoide: Hypothetische außerirdische Wesen, deren Körperbau (Aussehen) und Organe mit den typischen Charakteristika des Menschen nicht im entferntesten übereinstimmen (z. B. insektenartige Entitäten).

Nullpunkt-Energie: Sie heißt so, weil die Elektronenzitterbewegung nahe dem absoluten Nullpunkt (bei etwa −273 °C) stattfindet, wo jede thermische Aktivität zum Stillstand kommt. Die durch diese

Zitterbewegung freigesetzte Energie wird auch »freie Energie« genannt.

Paraphysik: Teilgebiet der Grenzwissenschaften. Es untersucht paranormale Effekte »physikalischer« Natur, die sich als materielle Veränderungen beobachten lassen. In der Paraphysik äußert sich der Einfluß des Bewußtseins auf materielle Systeme; man könnte sie auch als »Bewußtseins-Physik« bezeichnen. Paraphysikalische Effekte sind z. B. Apporte, Teleportationen, Levitationen (Schwebezustände ohne physikalische Stützung), Biegephänomene, Materialisationen und Dematerialisationen, Stoffumwandlungen, Gedankenfotos usw.

Projektorprinzip: Nach diesem hypothetischen Prinzip lassen sich mittels »Kontrabatoren« (s. »Kontrabatoren«) über Transbereiche Bilder (vgl. »Getreidefeld-Formationen«) und physikalisch erscheinende Flugobjekte (vgl. »Ufos«) in unsere 3 D-Welt hineinprojizieren. Es wäre dies die eleganteste Methode raumzeitlicher Versetzungen. I. v. Ludwiger: »Die projizierten physikalischen Objekte könnten Fahrzeuge sein, die als Kontrabatoren in selbst generierten Gravitationsfeldern operieren.«

Psi-Phänomene: Alle paranormalen und paraphysikalischen, naturwissenschaftlich noch nicht (zufriedenstellend) erklärbaren oder erfaßbaren Phänomene, d. h. »außersinnliche Wahrnehmungen« (ASW) und »Psychokinese« (PK).

Psychokineten: Personen, die psychokinetische Phänomene hervorzubringen vermögen. Hierunter versteht man Bewegungen und/oder Veränderungen von Körpern, ohne daß man deren Ursache mit den heute bekannten Mitteln der Wissenschaft erklären könnte. Neuerdings bemüht man sich um quantenphysikalische Erklärungen.

Psychosen: Seelische Störungen; Geistes- oder Nervenkrankheiten.

Quanten: Kleinste Energieeinheiten, die bei mikrophysikalischen Prozessen als komplette »Pakete« aufgenommen oder abgegeben werden.

Quanten-Computer: Eine weit fortgeschrittene Generation von Computern, die für uns akzeptable Entscheidungen treffen könnten.

Sie basieren auf Daten sowohl aus der Vergangenheit als auch auf solchen aus der (in Parallelwelten bereits existierenden) Zukunft. Prof. David Deutsch, Universität Oxford (England), sagt Quanten-Computer bereits für die nahe Zukunft voraus. Er glaubt, daß sie als wesentliche Logikeinheiten Magnetfluß-Quanten enthalten werden, da diese sich zur Einholung von Daten aus der Zukunft im quantenphysikalischen Sinne eigneten. Mit solchen Computern wären schicksalhafte Eingriffe möglich, was auch ethische Probleme aufwirft.

Quantenfluktuation: Hierunter versteht man ständige mikroskopische Veränderungen im »Quantenschaum-Teppich«, die fortlaufend neu auftretenden und verschwindenden Minibläschen, d. h. Öffnungen der Mini-Wurmlöcher.

Quanten-Geometrodynamik: Geometrie der gekrümmten Raumzeit auf Quantenebene. Das Heimsche Modell der Quanten-Geometrodynamik umfaßt sechs Dimensionen (vier raumzeitliche und zwei sogenannte Transkoordinaten).

Quantenschaum: Professor Wheeler vergleicht den Raum der Quantengeometrodynamik allegorisch mit einem Schaumteppich, der über eine wellenförmig bewegte Landschaft ausgebreitet ist.

Quantensprung: Nach den Erkenntnissen der Quantenphysik gehen die Elektronen spontan (sprunghaft) vom Anfangs- zum Endzustand über, ohne dabei Zwischenzustände einzunehmen; sie springen übergangslos von einem Energieniveau zum anderen (hier jedoch nur im übertragenen Sinne zu verstehen).

Quanten-Vakuum: Leerer Raum zwischen den Materiepartikeln.

Quanten-Zeittranslationsmaschine: Eine hypothetische Zeitversetzungsmaschine entsprechend der Konzeption von Yakir Aharanow und Mitarbeiter, vorgestellt im Physik-Journal »Physical Review Letters« Nr. 64, 1990. Durch Überlagern unterschiedlicher Zeitabschnitte in *einem* Zeitbereich will man Versetzungen rückwärts oder vorwärts in vergangene bzw. zukünftige Zeitperioden bewirken.

Regression: In der Psychoanalyse: Das Zurückgehen auf eine frühere

Stufe der psychischen Entwicklung. In der Reinkarnationsforschung: Meist hypnotische Rückversetzung in frühere Leben.

Retrokognition: Hellsehen in die Vergangenheit. Unter psychometrischer Retrokognition versteht man die Rekonstruktion vergangener Sachverhalte mit Hilfe sogenannter »Induktoren«, Gegenständen, die mit dem früheren Geschehen in Verbindung standen und dem Sensitiven die Rückschau erleichtern.

Schwarze Löcher: Es sind unsichtbare Gravitationsfallen im Universum, die durch den Gravitationskollaps entarteter Sterne – Neutronensterne mit mehr als drei Sonnenmassen – zustande kommen. Man vermutet, daß die materieverschlingenden Schwarzen Löcher, um die sich der Raum abkapselt und in ein geschlossenes Universum verwandelt hat, mit materieausstoßenden »Weißen Löchern« (eine Art »Ventil«) in Verbindung stehen.

Schwarzschildradius: Kritische Größe eines kollabierenden Sterns, sein Ereignishorizont. Sie wurde bereits im Jahre 1916 von dem deutschen Astronomen Karl Schwarzschild anhand der Einsteinschen Relativitätstheorie grob errechnet.

Singularität: Die Stelle im Mittelpunkt eines Schwarzen Lochs, an der die Dichte nahezu unendlich groß und das Volumen nahezu unendlich klein ist. Hier wird alles, was vom Schwarzen Loch eingefangen wird, vollständig vernichtet.

Syntropoden: Hypothetische höherdimensionale Informationskanäle aus Transbereichen oder Parallelwelten, die Kontakte zu unserer 4 D-Welt (der Raumzeit) ermöglichen (Wortneuschöpfung gem. der Heimschen 6-dimensionalen Quanten-Geometrodynamik).

Tachyonen: Hypothetische Teilchen, die sich in einer Welt jenseits der »Lichtmauer« (Lichtgeschwindigkeit rd. 300 000 Kilometer pro Sekunde) rückwärts in der Zeit bewegen. Der Physiker Gerald Feinberg erwähnte diese Teilchen erstmals 1967. Nach Auffassung vieler Wissenschaftler stellen die Tachyonen eine notwendige Ergänzung der Relativitätstheorie dar.

Teleportation: Das auf psychischem bzw. paraphysikalischem Wege erfolgende Versetzen eines Menschen oder Objekts an einen anderen Ort, evtl. auch in eine andere Zeit (s. auch »Autoteleportation«).

Transkoordinaten: Dimensionen, die unser bekanntes vierdimensionales Raumzeit-Universum (drei räumliche, eine zeitliche) überschreiten. Nach B. Heim handelt es sich hierbei um imaginäre Weltkoordinaten (x_5 und x_6), mit denen sich unter anderem Psi- und Ufo-Phänomene, Erscheinungen, Zeitanomalien, nachtodliche Bewußtseinszustände sowie physikalisch bislang unerklärliche Effekte deuten lassen.

Transvideo: Fernseh-/Videobilder aus Jenseitsbereichen. Es wird angenommen, daß sich die Bewußtseinsinhalte Verstorbener mittels bewußtseinsphysikalischer Techniken in ihrer früheren Gestalt auf dem Bildschirm manifestieren. Gem. dem verstorbenen Transvideo-Pionier Klaus Schreiber können sich die Bewußtseinsentitäten sogar in unterschiedlichen Lebensaltern präsentieren (vgl. hierzu Rainer Holbes Buch »Bilder aus dem Reich der Toten«).

Tunneleffekt: Ein quantentheoretischer Effekt, demzufolge eine kurzzeitige Verletzung des Energiesatzes (s. »Energiesatz«) möglich ist. Er besagt, daß atomare Teilchen auch dann noch durch einen Potentialberg (Energiewall) hindurchtreten können, wenn ihre Bewegungsenergie nach der klassischen Mechanik nicht ausreichen würde, um die beim Anlaufen gegen den Berg auftretenden abstoßenden Kräfte zu überwinden.

Vakuum (s. »Quanten-Vakuum«).

Viele-Welten-Interpretation der Quantenmechanik (VWI): Sie wurde von den an der Princeton University, New Jersey dozierenden Physik-Professoren Hugh Everett III und John A. Wheeler 1957 vorgestellt und bestätigt ausdrücklich die Existenz praktisch unendlich vieler orthogonaler, d. h. dimensional versetzter Welten (Parallelwelten bzw. Realitäten). Wegen ihrer Verbundenheit mit allem Lebenden (Biosystemen) werden sie auch Biofelder genannt. Demzufolge besitzen Gedanken(objekte), Träume, Halluzinationen, Erscheinungen und andere Ausdrucksformen unseres Bewußtseins oder Unbewußten innerhalb ihres spezifischen Wirkungsbereiches einen ihrer Stofflichkeit angepaßten Realitätsstatus. Sie sind dort ebenso real und greifbar wie materielle Objekte innerhalb unseres eigenen vierdimensionalen Universums.

Weiße Löcher (s. »Schwarze Löcher«).

Wurmlöcher: Grundeinheiten der Vernetzung, die im dreidimensionalen Raum zeit- und entfernungslos alles mit allem verbinden. Sie lassen sich jedoch dreidimensional nicht darstellen. In die Ebene projiziert, gleichen sie etwa einem hohlen Teetassenhenkel. Durch die ständig auftauchenden und wieder verschwindenden (virtuellen) Wurmlochverbindungen bewegen sich Signale, die eine *sofortige* Kommunikation zwischen allen Teilen des Raums erlauben (zeitlos).

Zweiter Hauptsatz der Thermodynamik (s. »Energiesatz«).

Zwillingsparadoxon: Erscheinung, die beim relativistischen Raumflug (Geschwindigkeit ab etwa 90 Prozent der Lichtgeschwindigkeit) auftritt. Ein mit relativistischer Geschwindigkeit in die Weiten des Alls entschwindender Astronaut altert, je nach Beschleunigung, wesentlich langsamer als auf der Erde zurückbleibende Personen. Der relativistische Raumflug ist keine echte Zeitreise.

Weitere Begriffserläuterungen sind der hier aufgeführten Fachliteratur zu entnehmen.

Literatur

II Das Jahrtausend-Rätsel – Dem Mysterium Zeit auf der Spur

Cholon, M.: »Can photons travel ›faster than light‹?«; »New Scientist«, 7. April 1990
Clay, R. W. und Crouch, P. C.: »Possible Observations of Tachyons Associated with Extensive Air Showers«; Adelaide 1974
Eddington, A.: »Space, Time, and Gravitation«, Cambridge 1920
Feinberg, G.: »Possibility of Faster-Than-Light-Particles«; »Physical Review« 159, 1967
Freedman, D.: »Beyond Einstein«; »DISCOVER« 2/1989

III Realität paradox – Ungewöhnliche Zeitphänomene

Bearden, T. E.: »Excalibur Briefing«; San Francisco 1980
Berlitz, Ch.: »Spurlos«; Wien/Hamburg 1977
Bloecher, Clamar, Hopkins: »Abductees are ›Normal People‹«; »International UFO Reporter«, Vol. 9, 7/8, 1974
Bonin, W. F.: »Lexikon der Parapsychologie und ihrer Grenzgebiete«; Bern/München 1976
Burdick, St. C.: Persönliche Korrespondenz und Telefonate mit dem Informanten 1990/1991
»Córdoba«; Córdoba, Ausgaben vom 4. und 5. Juni 1968
Eddington, A.: »Fundamental Theory«; London 1953
»Flying Saucer – An Analysis of the Air Force Project Blue Book Special Report No. 14«; 4th Edit., White Planes, Jan. 1971
Gamow, G.: »Eins, zwei, drei . . . Unendlichkeit«; München 1958
Hasted, J.: »The Metal Benders«; London 1981
Jamaludin, A.: »The Amnesia Factor in Hypnotic Recalled Ufo Abduction«; »BUFORA Bulletin« No. 14, August 1984
Keel, J.: »FATE«, Mai 1990
»La Razón«; Buenos Aires, Ausgaben vom 3., 4. und 6. Juni 1968
v. Ludwiger, I.: »Hypnoseregression in der Ufo-Forschung«; »MU-

FON-CES«-Bericht Nr. 10, 1989: »Unerwünschte Entdeckungen im Luftraum«

– : »Ungewöhnliche Eigenschaften nichtidentifizierbarer Lichterscheinungen«; Bericht von der »MUFON-CES«-Herbsttagung an der Universität Tübingen 1978

McClenon, J.: »Children with extraordinary Talents«; »FATE« 6/1990

Meckelburg, E.: »Wege durchs Nichts – Apporte, Penetrationen, Teleportationen – Paranormale ›Transporte‹ durch Überwindung von Raum und Zeit«; »esotera« 4/1978

– : »Die lautlose Invasion«; »esotera« 8/1980

– : »Der Überraum«; Freiburg 1978

– : »Psycholand«; Berlin 1986

– : »Herausgefallen aus Raum und Zeit«; »esotera« 3/82

– : »Unheimlich, Unglaublich, Ungeheuerlich – Begebenheiten der übersinnlichen Art«; Frankfurt/Berlin 1990

– : »Geheimwaffe Psi«; Bern/München 1984

– : »esotera« 3/1978

– : »Schnittstellen der Universen«; »esotera« 1/1982

»nature«, Vol. 268, S. 301

Penrose, R.: »Structure of Space-Time«; New York 1967

»PSI Research«; Vol. 2, No. 1, 1983

Rucker, R.: »Die Wunderwelt der vierten Dimension«; Bern/München/Wien 1984

Salam, A.: »f-Dominance of Gravity«; »Physical Review D«, Feb. 15; 1971

Sänger, E.: »Raumfahrt – technische Überwindung des Krieges«; Hamburg 1958

Schaifers, K., Traving, G.: »Meyers Handbuch über das Weltall«; Mannheim/Wien/Zürich 1973

Schneider, A.: »das geheimnis der unbekannten flugobjekte«; Freiburg 1976

– : »Automatische Registrierung unbekannter Flugobjekte«; »MUFON-CES«-Bericht Nr. 7, 1981

Slater, J.: »International Ufo Reporter«, 7/8, 1984

Toben, B.: »Raum-Zeit und erweitertes Bewußtsein«; Essen 1980

Visser, M.: »Physical Review D«, Vol. 41, S. 1116

Welk, G. A.: »Proposed Use of the Apport Technique as a Means to Strengthen the U. S. Intelligence System«; 15. Oktober 1970, »MIO«-no. 7, ST-CS-01-169-72

Wheeler, J. A.: »Superspace and the Nature of Quantum Geometro-dynamics«, New York 1967

Zöllner, F.: »Populäre Beiträge zur Theorie und Geschichte der vierten Dimension«, Leipzig 1881

IV Die Zukunft ist jetzt – Zeitreisen des Bewußtseins

Andreas, P.: »Jenseits von Einstein – Die Suche nach der Schicksals-formel«; Düsseldorf/Wien 1978

Berger, L.: »Das eigene Universum«; »esotera« 2/1990

Bohm, D.: »Wholeness and the implicate order«; London/Boston/Henley 1980

Brookesmith, R.: »Life after Death«; London 1984

Brown, J.: »Is the Universe a Computer?«; »New Scientist«, no. 1725, 14. Juli 1990

Davies, P. C. W.: »Space and Time in the Modern Universe«; Cambridge 1977

Deyo, St.: »The Cosmic Conspiracy«; Sydney 1978

Dossey, L.: »Die Medizin von Raum und Zeit – Ein Gesundheitsmodell«; Basel 1984

Feinberg, G.: »Precognition: A Memory of Things Future?«; Conference of Quantum Physics and Parapsychology, 1. 8. 1974

Fiore, E.: »The unquiet dead«; New York 1987

Floyd, K.: »Of Time and the Mind«; »Fields within Fields«, Winter 1973/1974

Heim, B.: »Postmortale Zustände?«; Innsbruck 1980

Heisenberg, W.: »Physics and Beyond«; New York 1971

Jahn, R. G., Dunne, B. J.: »On the Quantum Mechanics of Consciousness – With Application to Anomalous Phenomena«; Princeton, Dez. 1983; 1. revid. Ausgabe, Juni 1984 (Universitätsausgabe)

– : »Margins of Reality – The Role of Consciousness in the Physical World«; San Diego/New York, London 1987

Jeans, J.: »Physics and Philosophy«; Cambridge 1943

– : »Der Weltraum und seine Rätsel«; Stuttgart/Berlin 1931

Kahan, M.: Interview; Oktober 1990

Koestler, A.: »Die Wurzeln des Zufalls«; Bern/München/Wien 1972

Krippner, S.: »The paranormal dream and man's pliable future«; »Psychoanalytic Review« 56, Baltimore 1969

Leonow, A. A., Lebedew, V. I.: »Cognition of Distance and Time in Space«; Moskau 1968 (russ.)

LeShan, L.: »Von Newton zu Psi«; Hamburg 1986

Meckelburg, E.: Interview mit Prof. Dr. E. O. Senkowski, Mainz, am 8. November 1990

– : »Zeitlose Zukunft«; »esotera« 9/86

– : »Der Überraum«; Freiburg/Berlin 1978/1989

– : »Signale aus der Zukunft«; »esotera« 12/1980, 1/1981

– : »Geheimwaffe Psi – Psychotronik«; Bern/München 1984

Meek, G. W.: »After we die, what then?«; Franklin (USA) 1980

Moser, F.: »Bewußtsein in Raum und Zeit«; Graz 1989

Musès, Ch.: »Trance States, Precognition and the Nature of Time«; »Journal for the Studies of Consciousness«; Bd. 5, Nr. 1, 1972

Penrose, R.: »The Emperor's New Mind«; Oxford 1989

Resch, A. (Hrsg.): »Fortleben nach dem Tode«; Innsbruck 1981

– : »Veränderte Bewußtseinszustände – Träume, Trance, Ekstase«; Innsbruck 1990

Rogo, D. S.: »Other lives than this«; »FATE« 6/1988

Ruyer, R.: »Jenseits der Erkenntnis«; Wien/Hamburg 1977

Senkowski, E. O.: »Instrumentelle Transkommunikation – Dialog mit dem Unbekannten«; Frankfurt 1989

– : »Chronologische Entwicklung der ITK«; Vortrag anläßlich des 14. Intern. Kongresses der ASTRA/Mailand, in Riva del Garda am 20/21. 10. 1990

Stevenson, I.: »Twenty Cases Suggestive of Reincarnation«; ASPR 1966

Steiger, B.: »Mysteries of Time and Space«; New York 1976

Wilber, K. (Hrsg.): »Das holographische Weltbild«; Bern/München/Wien 1988

V *Aus anderen Zeiten – Aus anderen Welten*

Adams, D.: »The Restaurant at the End of the Universe«; New York 1980

Bennett, E.: »Apparitions and Haunted Houses«; London 1939

Berger, L.: »Eine Welt aus nichts als Bits«; »esotera« 1/91

Bergmann, P. G.: »The Riddle of Gravitation«; London 1969

Berry, A.: »Die Eiserne Sonne«; Wien/Düsseldorf 1981

Bord, J.: »Strange Magazine«; Nr. 3/1988

Chorvinsky, M.: »Our Strange World«; »FATE« 5/90

Delgado P., Andrews, C.: »Circular Evidence«; London 1984

– : »Die Zeichen mehren sich«; Frankfurt 1990

Ernetti, A. P.: Vortrag in Riva del Garda am 18./19. 10. 1986: »Theologie – Wissenschaft und Magie«; Teile 2 e und 2 f (Übers. von E. O. Senkowski)

Feldmann, H.: »Psychiatrie und Psychotherapie«; Basel/München u. a. 1984

Friedman, J. L.: »Back to the future«; »nature«, vol. 336, 24. 11. 1988

Fuller J. G.: »The ghost of flight 401«; New York 1976

Green, C., McCreery: »Apparitions«; Oxford 1975

Gribbin, J.: »Timewarps«; London/Melbourne/Toronto 1979

Hoyle, F.: »The Intelligent Universe«; London 1983

Kahn, F. D., Palmer, H. P.: »Quasars – Their Importance in Astronomy and Physics«; Manchester 1967/1968

Kaufman, W. J.: »The Cosmic Frontiers of General Relativity«; Boston 1977

Krönig, J.: »Was kreist im Korn«; aus: »Übermorgen«; Heft 4/1990

Lake, K.: »White Holes«; »nature«, vol. 272, 1978

v. Ludwiger, I.: Leserbrief »Naturphänomen«; »esotera« 2/90

– : »Ungewöhnliche Eigenschaften nichtidentifizierbarer Lichterscheinungen«; »MUFON-CES«; Feldkirchen-Westerham 1978

Meckelburg, E.: Korrespondenz mit Gladys E. Galvin; Seattle (USA)

– : Korrespondenz mit Mark S. Graham; York (England) 1990/ 1991

– : Korrespondenz mit K. Webster, Dodleston (England), 10. 8. 1989 u. a.

– : »Geheimwaffe Psi – Psychotronik«; Berlin 1987

– : »Der Überraum«; Freiburg 1978

– : »Sie kamen aus der Zukunft«; »esotera« 3/90

– : »Die unerforschte Wirklichkeit«; »esotera« 2/81

– : Schnittstellen der Universen«; »esotera« 12/86

Mittelbach, Chr.: »Ein Phänomen das Eindruck macht«; »esotera« 8/90

Morris, M. S., Thorne, K. S., Yurtsever, U.: »Wormholes, Time Machines and the Weak Energy Condition«; »Physical Review Letters«, vol. 61, no. 13, 26. 9. 1988

Müller-Hanpft, S.: »Reisewege zur Kunst – Yorkshire, der Norden«; Fernseh-Feature in SWF III und in anderen Sendern, 1989

276

Nelson, C.: »Prepared to meet the Drought«; »TODAY«, 20. Juli 1990
»OGGI«, Nr. 44 vom 29. 10. 1986 (Übers. E. O. Senkowski)
Permutt, C.: »Fotos aus einer anderen Welt«; München 1990
Resch, A.: »Fortleben nach dem Tode«; Innsbruck 1981
Rogo, D. S.: »Durchbrüche aus ferner Zeit«; »esotera« 4/83
Schneider, A.: »Besucher aus dem All«; Freiburg 1973
Senkowski, E. O.: »Instrumentelle Transkommunikation – Dialog mit dem Unbekannten«; 2. Aufl. Frankfurt 1990
Toben, B.: »Raum-Zeit und erweitertes Bewußtsein«; Essen 1980
»Transkommunikation – Zeitschrift für Psychobiophysik und inter-dimensionale Kommunikationssysteme«; Vol. I, Nr. 1, 1990
Webster, K.: »The Vertical Plane«; London 1989
Wilber, K. (Hrsg.): »Das holographische Universum«; Bern/München/Wien 1988
Wolf, F. A.: »Parallel Universes – The Search for Other Worlds«; New York 1988

VI Besucher – Die Zukunft hat uns eingeholt

Aharanow, Y., et al.: »Superpositions of Time Evolutions of a Quantum System and a Quantum Time-Translation Machine«; »Physical Review Letters«; vol. 64, 18. 1. 1990
»Annales Laurissenses, Migne's Patrologiae«; Tom. CIV, Saeco-lorum IX, Anno 840
Ballester Olmos, V.-J.: »A Catalogue of 200 Type-I UFO Events in Spain and Portugal«; Center for Ufo Studies, Evenston (USA) 1976
Bonin, W. F.: »Lexikon der Parapsychologie«; Bern/München 1976
Cassisus Dion: »Römische Geschichte«; Buch XXI, Kap. 52
Clarke, C. J. S.: »Opening a can of wormholes«; »nature«, vol. 348, 22. Nov. 1990
Cramer, J. G.: »The Transactional Interpretation of Quantum Me-chanics«; »Review of Modern Physics«, vol. 58, no. 3, 7/1986
Dunne, J. W.: »An Experiment with Time«; London 1934
Fenoglio, A.: »Cronistoria su Oggetti Volanti nel Passotto«; Clypeus Anno 111, Nr. 2, Turin 1967
Fiebag, J.: »Die Geschichte der fliegenden Scheiben«; »esotera« 6/77
Guérin, P.: »Flying Saucer Review« (FSR); Bd. 25, Nr. 1/1979
– : Brief an FSR; vol. 16, 1970

Hjellming, R. M.: »Black and White Holes«; »Nature Physical Science«, Bd. 236, 3. 5. 1971

Hoyle, F.: »The Intelligent Universe«; London 1983

– : »Hyperspace Crystals«; »FATE« 3/1986

Jung, C. G.: »Ein moderner Mythus«; Zürich 1958

Kirch, D.: »Tachyonen – Teilchen schneller als Licht«; »UM-SCHAU« 77, 1977, Heft 23

»Komsomolskaja Prawda« (UdSSR), 17. 10. 1989

v. Ludwiger, I.: »Unerwünschte Entdeckungen im Luftraum«; »MU-FON-CES«-Bericht 10/1989

– : »Ansätze zu einer Theorie über die Eigenschaften unidentifizierter Lichterscheinungen auf der Basis der Heimschen Einheitlichen 6 D-Quantengeometrodynamik«; »MUFON-CES«-Bericht 6/1979

Lycosthenes/Obsequens: »Prodigiorum libellum«; Lyon 1770

Meckelburg, E.: Korrespondenz mit I. Redmount, Physik-Department, Washington University, St. Louis, 1991

– : »Geheimwaffe Psi – Psychotronik«; Bern/München 1984

– : Korrespondenz mit Professor E. O. Senkowski, Mainz 1990/1991

– : »Die lautlose Invasion – Temponauten«; »esotera« 11/80

– : »Besucher aus der Zukunft«; Bern/München 1980

– : »Reisende aus einer anderen Realität«; »esotera« 4/81

– : Vortrag des Autors anläßlich des Treffens der AAS mit E. v. Däniken in Fulda am 24./25. 10. 1980

Misner, C. W., Thorne, K. S., Wheeler, J. A.: »Gravitation«; San Francisco 1973

Monteiro, T.: »Wormholes may permit travel through time«; »New Scientist«, 11. 11. 1990

Musinskij, V.: »The KGB and Encounters of the Third Kind«, »Flying Saucer Review«, 1/1991

Poher, C., Vallee, J.: »Basic Patterns of the Ufo Phenomenon«; Paper 75-42, Proceedings of the American Institute of Aeronautics and Astronautics Symposium, Januar 1975

Pratt, B.: »The Belgium Ufo Flap«; »MUFON UFO JOURNAL«, Nr. 267, Juli 1990

Redmount, I.: »Wormholes, time travel and quantum gravity«; »New Scientist«, 28. 4. 1990

Schneider, A.: »Physiologische und psychosomatische Wirkungen der Strahlen unbekannter Himmelserscheinungen«; Innsbruck 1982

Smith, W.: »A second look«; »MAGONIA« Nr. 6, 1981

»Sowjetische Kultur« (UdSSR), 10. 10. 1989

Sudberry, T.: »A quantum time machine«; »nature«, vol. 346, 23. 8. 1990

Sullivan, N.: »Am Rande des Raums – am Ende der Zeit: Schwarze Löcher«; Frankfurt 1980

Titus Livius: »Römische Geschichte«; Buch VIII, Kap. 6

– : »Römische Geschichte«; Buch XXI, Kap. 52

Vallee, J.: »Messenger of Deception«; Berkeley 1979

Wald, G.: »The Origin of Life«; »Scientific American«, 8/1954

Wolf, F. A.: »Parallel Universes«; London 1988

Register